我们这样做 PPP

政府和社会资本合作（PPP）金准案例与思考

北京金准咨询有限责任公司　编著

中国计划出版社

图书在版编目（CIP）数据

我们这样做PPP：政府和社会资本合作（PPP）金准案例与思考 / 北京金准咨询有限责任公司编著. -- 北京：中国计划出版社，2018.8
ISBN 978-7-5182-0884-5

Ⅰ．①我… Ⅱ．①北… Ⅲ．①政府投资－合作－社会资本－金准备制度－研究－中国 Ⅳ．①F832.48 ②F124.7

中国版本图书馆CIP数据核字(2018)第140551号

我们这样做 PPP

政府和社会资本合作（PPP）金准案例与思考
北京金准咨询有限责任公司　编著

中国计划出版社出版发行
网址：www.jhpress.com
地址：北京市西城区木樨地北里甲 11 号国宏大厦 C 座 3 层
邮政编码：100038　电话：（010）63906433（发行部）
新华书店经销
北京汇瑞嘉合文化发展有限公司印刷

787mm×1092mm　1/16　15.25 印张　271 千字
2018 年 8 月第 1 版　2018 年 8 月第 1 次印刷

ISBN 978-7-5182-0884-5
定价：78.00 元

版权所有　侵权必究
侵权举报电话：（010）63906404
如有印装质量问题，请寄本社出版部调换

序 言 一

　　政府和社会资本合作（PPP）模式是国家增强公共服务供给能力和效率、创新基础设施投融资机制的一项重大举措。PPP秉承"专业人做专业事"的精神，自2014年国家大规模推广PPP以来，各种专业咨询服务一直伴随PPP发展。众多咨询和专业服务机构在PPP理念引领、知识传播、项目服务、探索创新和政策建言等方面发挥了积极而重要的作用。

　　PPP实施讲究合法合规、理念正确和方法得当，讲究合作共赢、风险共担和公正公平，也讲究专业、责任和创新。金准咨询集结他们发表的文章编著成这本《我们这样做PPP》，通过众多案例反复强调了上述PPP的核心内涵和价值观。书中涉及PPP项目几乎都是在这几年完成，其中不乏国家部委评选出的PPP典型案例和示范项目；也注意到有些案例文章的作者还包括相关项目的管理者、决策者或投资者，体现了相关参与方在特定时期和在特定项目上对PPP的理解。作为众多专业服务机构中的一员，金准咨询依托他们在PPP项目上的具体实践，把所做、所思集中起来，形成一个样本以供业界参考，这是一件十分有益的事情。

　　是为序，希望广大专业服务机构不断为PPP持续健康发展作出更多贡献。

国家发展和改革委员会投资司副司长　韩志峰
2018年7月18日

序言二

大约是2007年上半年，当时清华师弟、金准咨询的陈宏能打来电话，邀请我出席一个专家研讨会，为某电力央企集团一个对外BOT电力项目出谋划策，一周后又为该集团相关高管讲解境外BOT项目开发。当时在座专家、央企高管和金准咨询估计都不会想到在多年以后的2014年，PPP在我们自己的国家迎来一场空前发展并持续至今。

因为1996年起我开始关注BOT/PPP考研与推广，加上校友关系，自此我一直很关注金准咨询等较早就从事PPP咨询的机构，他们一直默默耕耘，在这轮PPP热潮中才开始逐渐被社会所熟悉。有好几次碰到金准咨询的专家受邀给清华PPP研究中心组织的培训班讲课，他们都是一线咨询人员，最擅长讲解的就是项目实务操作。现在金准咨询出版的《我们这样做PPP》，堪称一次集中性系统讲述。

书中案例较为丰富，项目咨询结果业内也有较好评价，令人印象最深刻的是书中所反映出的钻研精神和务实努力。例如，金准咨询通过构建项目"财务利益主体模型"，对各种内部收益率指标进行全新角度的诠释，进而提出指标应用建议；自主研发了轨道交通PPP项目"车公里补贴模式"并在实操中得以推广应用；结合其工作认识体会提出了"五维度"PPP知识体系框架，对咨询实操者完善知识结构和能力提升有实际意义。书中文章也直接或间接探讨了PPP项目运营和绩效、政府平台分红和发展、项目风险管控、财务会计处理，以及工程技术与PPP有机衔接等若干实操性问题，具有相应的参考性和启发性。总之，本人认为这是一本值得业内人士花时间一读的PPP参考书，对从事PPP学术研究的师生的研究和教学也很有价值。

十分高兴能看到有众多像金准咨询这样的专业公司在PPP领域勤勉工作，并不断总结经验，促进行业发展，希望他们不断推出好项目、好成果、好理念、好作品。

清华大学建设管理系教授/博导
清华大学PPP研究中心首席专家　　王守清博士
2018年7月31日

前 言

政府和社会资本合作（PPP）在我国已有超过30年实践和探索。自2014年以来，PPP已上升为我国基础设施和公共服务投融资和管理领域的国家战略。

金准咨询秉承"诚信是金，科学唯准"的行为准则，始终坚持投融资咨询和工程咨询紧密结合，长期为政府部门、投资机构提供PPP咨询服务。在PPP咨询工作中，我们深感正确理念引导和科学方法应用的重要性，同时也清楚意识到PPP理念方法有着丰富的外延内涵，必将随着PPP实践不断发展而发展。本书主要收录汇集了金准咨询刊载于国家发展改革委《中国投资》杂志及其他出版物的文章计40余篇。这些文章所涉及的PPP项目基本上是2014年国家大力倡导PPP以来所完成，我们希望相关案例对业内有一定参考价值，期待与同行形成交流探讨，也藉此将我们沧海一粟之实践和思考汇入壮阔起伏的PPP大潮。

感谢各位文章作者和相关项目PPP工作者。感谢中国计划出版社对本书出版给予的大力支持和帮助。

北京金准咨询有限责任公司董事长　陈宏能
2018年8月

目 录

第一篇　PPP 金准理念和方法

PPP 咨询的责任、知识体系和技术标准　陈宏能 / 3
PPP 项目收益率指标探析和应用建议　陈宏能　肖靓 / 8
PPP 项目政府出资主体该不该分红？　陈宏能　郑敬波 / 14
PPP 项目投资控制及其风险承担　李莉　韩婷婷 / 19
PPP 项目中的"运营"是什么？　陈宏能　肖靓 / 24
PPP 项目绩效评价机制应以目标为导向　陈宏能 / 28
破解存量 PPP 项目落地难题　李飞贞 / 32
PPP 项目的会计核算问题初探　郑敬波 / 37

第二篇　轨道交通 PPP 案例与思考

城市轨道交通行业 PPP 模式应用和发展　陈宏能　肖靓 / 45
轨道交通 PPP 项目车公里补贴模式简介　任宇航　肖靓 / 55
扩展前期工作，收敛核心机制　陈宏能　肖靓 / 61
突破单一打分考核方式　肖靓　李成勇 / 65
北京地铁 14 号线 PPP 项目　郝伟亚　陈宏能 / 70
北京地铁 16 号线 PPP 项目　任宇航　肖靓 / 75
乌鲁木齐轨道交通 2 号线一期工程（之一）　苑宝华　刘利民 / 79
乌鲁木齐轨道交通 2 号线一期工程（之二）　潘安　陈宏能 / 85
乌鲁木齐轨道交通 2 号线一期工程（之三）　肖靓　牛嘉 / 90
PPP 模式助力旅游轨道交通发展　朱飞跃　韩松延 / 94

I

第三篇　固废处理 PPP 案例与思考

迅速发展的环卫 PPP　李菲　李小豹 / 101
株洲市城市垃圾焚烧发电项目　郑敬波　杨云和 / 105
湖南省某市餐厨废弃物处理项目　郑敬波 / 109
安岳县城乡生活垃圾一体化处置 PPP 项目　邓蓓　王燕 / 113
某市环卫 PPP 项目绩效激励设计　童玫 / 118

第四篇　水务和水环境 PPP 案例与思考

杨家溪污水处理厂 PPP 项目　杜鹏　王盈盈 / 125
寻乌县太湖水库工程 PPP 项目　张贤 / 132
江苏徐州沛县供水 PPP 项目　李颖　张勇　胡齐丰 / 137
江苏镇江海绵城市 PPP 项目　魏保平　柏云 / 141
泉港石化工业园南山片区污水处理厂　李菲　庄国永 / 147
华东地区某污水处理厂提标扩建项目　李菲 / 152
磐石市应急供水 PPP 项目　林麟育　张晓图 / 156
儋州市滨海新区供排水一体化 PPP 项目　章雯 / 162
水环境综合治理 PPP 项目机制创新探讨　李菲　刘大庆 / 167
河流综合治理 PPP 项目几个典型问题思考　徐亮 / 171

第五篇　医养及其他 PPP 案例与思考

医疗养老行业 PPP 模式应用情况　童玫 / 179
江苏如东县中医院医养融合 PPP 项目　朱亚洲　童玫 / 188
长沙市某县扩容提质基础设施 PPP 项目　龚维 / 194
某县公共信息平台 PPP 项目　李刚 / 200
平潭综合实验区地下综合管廊干线 PPP 项目　林彦　匡思维 / 205
片区综合开发 PPP 项目土地问题实务操作思考　彭奕晖　王海涛 / 211
PPP 模式在增量配电网领域将大有可为　宋炜　罗智 / 215
田园综合体 PPP 探索　刘云　章雯 / 223

附录 1：本书相关文章作者简介 / 228
附录 2：北京金准咨询有限责任公司简介 / 231

第一篇
PPP 金准理念和方法

PPP 咨询的责任、知识体系和技术标准

陈宏能

阅读提示

PPP 项目承载公共服务和民生利益，PPP 咨询机构是在各种利益碰撞、诉求交织的局面和背景中提供服务和开展工作的，咨询服务质量保障来源于咨询机构应有的责任感和专业能力，在整个咨询过程，需要咨询机构秉持的基本出发点就是责任意识。在咨询能力方面，根据实践经验，金准公司提出了"法律法规—投融资—政府管理—项目管理—工程技术"的五维度 PPP 专业知识结构体系模型，并对 PPP 咨询机构能力建设和 PPP 技术标准制定提出了相关建议。

一、PPP 咨询风生水起

在 2014 年之前，国内从事 PPP 咨询的专业机构屈指可数。近两年来随着国家相关部委大力推动在基础设施和公共服务领域实行政府和社会资本合作（PPP），各地政府部门对 PPP 咨询需求出现爆发式增长，相应催生 PPP 咨询业出现爆发式发展。短短两年，PPP 咨询已从较少受到关注和重视的小众服务演变为行业重大热点，吸引了一大批工程咨询单位、科研院所、设计院、金融投资机构、律师事务所、会计师事务所以及外资咨询等服务机构进入和参与。同时，伴随"大众创业"热潮，一大批瞄准 PPP 咨询市场需求的企业也在不断注册成立。

在此之前尽管有为数不多的公司专业从事 PPP 咨询，但更多具有 PPP 特征的咨询工作几乎都融合在工程咨询或投融资决策咨询之中，并未成为一个受到广泛关注的业务。目前各地政府部门 PPP 咨询需求强烈，引入第三方 PPP 咨询机构协助 PPP 实施已成项目主办单位的普遍共识，成为 PPP 项目推动的工作"标配"，PPP 咨询企业成为 PPP 项目运作中必不可少的参与者。PPP 咨询已然成为与传统上工程咨询、财务咨询、管理咨询等细分行业相提并论的咨询业新兴分支。PPP 咨询异军突起，风生水起，成为当下咨询界一

道亮丽风景。

而狂飙突进式的发展难免泥沙俱下。面对巨大的需求，一方面是PPP咨询机构大量涌现，各地政府部门和投资方热盼高水平、高质量和高效率的PPP咨询服务；另一方面，在实践中也出现不少问题，需要认真对待和解决。

二、PPP咨询应强调责任意识

目前PPP咨询领域存在的一个首要问题是应强调责任意识。现在全国涌现一大批PPP咨询机构，政府项目需要大量咨询机构来提供服务，是市场需求的客观反映。但咨询机构从事PPP咨询动机各异，往往导致责任意识不到位，在一定程度上损害了PPP咨询应有的客观公正公平精神。在现实中，有的机构介入PPP咨询主要目的是为其上下游业务开拓机会（如造价咨询机会、工程招标代理机会等）；有的则与工程、设备或资金方结为共同体，作为代理人角色而为政府部门提供PPP咨询服务；也有不少咨询机构把PPP咨询作为一个临时性市场逐利机会，短期思维突出。

PPP项目大多是涉及民生发展的基础设施项目和公共服务项目，政府部门都高度重视PPP项目实施质量，强调项目发挥应有的社会经济效益，服务社会公众。PPP项目牵连政府、社会资本、公共利益等各方面诉求，可以说，PPP咨询机构是在利益碰撞、诉求交织的局面和背景下提供服务和开展工作的。PPP咨询机构应通过PPP方案研究论证协调各种诉求，切实维护公共利益；要开展多层次市场测试，摸底和尊重社会资本期望；要通过公开竞争方式选择社会资本，稳妥处理政府和社会资本合作关系。在整个咨询过程，咨询机构的责任意识既是其基本出发点，也是须始终秉持的工作理念，没有责任也就谈不上专业服务和质量水平。无论是PPP咨询机构还是咨询人员，都应不断加强责任意识，并将其内化为专业追求和有效的质量管控。

加强和提升责任意识，是咨询机构自身一项必不可少的功课，也建议国家相关部门或行业协会对咨询机构咨询质量、责任担当等方面予以关注和监督指导，共同为保障PPP项目运作质量奠定责任机制基础。

三、提升PPP咨询专业能力

2014年以来国家相关部委发布了关于PPP实施的一系列指导意见、办法、方法、指南等政策性文件，对统一认识、规范运作、提高项目运作质量和水平、引导和促进PPP行业及PPP咨询业健康发展发挥了巨大作用。大量咨询机构也为政府部门提供了大量PPP咨询服务，为我国现阶段PPP发展做出了巨大贡献。但另一方面，不少项目咨询实施效果往往与项目单位预期形成较大落差，这有PPP项目本身的复杂性原因，更主要的则是PPP咨询机构专业能力尚不尽如人意。为应对市场需求、满足PPP服务需要，强化PPP专业服务能力建设正成为各家PPP咨询机构管理工作重点之一。

金准咨询公司长期从事PPP咨询，对于PPP咨询专业知识体系结构形成一定认识，在此简要介绍，以供PPP咨询同行参考，希望有助于专业能力建设。我们认为PPP咨询知识体系至少应包括五个方面的内容：

一是法律法规知识体系。对各种相关法律法规和政策文件的全面理解和解读，是保障PPP方案设计和PPP实施过程合法合规的前提条件，掌握相关法律法规和政策，是开展PPP咨询的基础性工作。

二是政府管理知识体系。需要PPP咨询机构对政府相关部门运作的一般程序、基础设施和公共服务项目管理模式、政府项目投资决策模式、项目审查审批、验收流程和要求等予以全面了解，以利于PPP项目的推动实施。

三是投融资和经济财务分析理论及方法体系。可依托相关知识和方法并结合项目实际情况在项目投融资模式结构设计、项目价值评估、回报机制设计、价格分析测算、风险管理定量分析等诸多方面提供专业服务。投融资和经济财务分析是PPP咨询的重要服务内容，也是与项目利益机制安排最为密切相关的工作，其重要性不言而喻。

四是工程建设项目管理知识体系。需要了解项目前期工作一般流程和要求，以及全面深入掌握项目进度管理、质量控制、投资控制、招标采购管理、项目风险管控等方面的相关技术方法和管理措施。熟悉项目管理知识体系对科学设计项目投融资模式和安排PPP监管模式具有重要意义，同时也是咨询机构做好PPP咨询项目管理的方法论基础。

五是行业和专业技术知识体系。PPP咨询机构应了解或熟悉所服务项目涉及的行业现状、技术趋势和市场结构，对所服务项目的工程技术特点、建设条件、主要工艺技术需求和方案进行深入研究，结合项目技术特点制定有针对性的PPP项目方案（如风险处理方案、绩效考核方案等）。在现实中不少PPP咨询成果"概念化""空心化"倾向明显，究其深层次原因，就是咨询工作严重忽视项目的行业和专业技术特征，缺少行业和专业技术知识体系支撑，致使PPP咨询工作严重脱离项目实际情况，仅剩PPP概念堆砌和理念推演，严重损害了PPP咨询质量。

以上五个角度的专业知识体系，基本覆盖了PPP咨询必须具备的专业素质，共同构成PPP咨询的知识体系全貌（参见图1）。需要指出的是，上述五个方面的专业能力并非需要特定PPP咨询机构将其全部集于一身,特定咨询人员更不可能将其集于一身,PPP咨询机构需要具备的是相应的专业动员和资源整合能力。同时,PPP咨询能力建设是一项综合性任务,除如上所述在专业知识和技能技术水平上提升咨询能力外,尚有其他同样重要的能力,如业务组织、专业资源整合、服务网络建设、知识管理系统、业务组织和培训等。

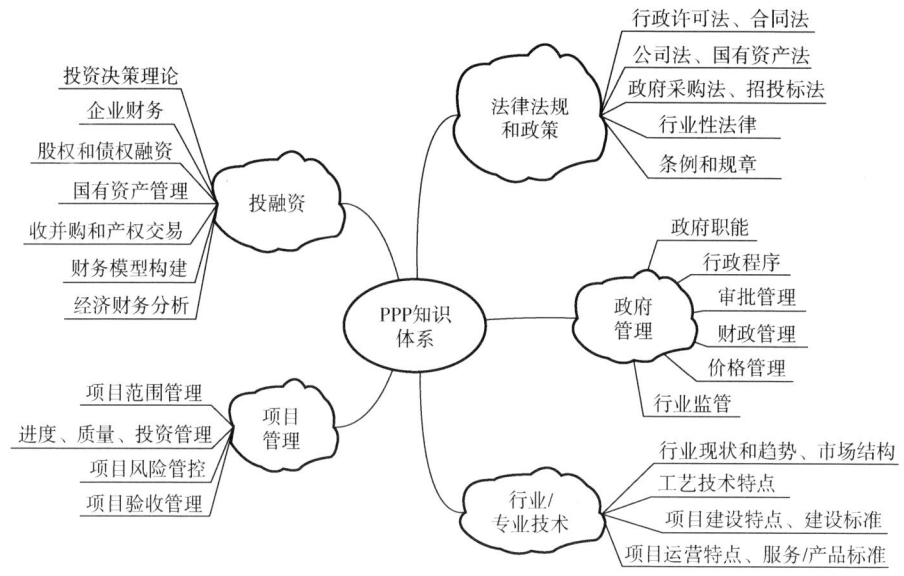

图1 金准咨询PPP知识体系观

四、建立PPP技术标准和创新

目前PPP咨询领域另一个必须引起重视的问题是各家咨询机构在具体项目服务中所依托的具体PPP理念和采用的具体技术方法呈现各自为政的局面,这也是导致目前咨询质量和服务水平良莠不齐的原因之一。PPP咨询行业正处在发展初期,尽管各相关部委出台了系列政策性和指导性文件,但在操作层面仍亟待建立一套规范化、专业化、对共性专业问题具有现实指导作用的PPP技术标准。

按"急用先行"的原则,我们感到目前需要尽快研究制定的PPP技术标准主要包括三个方面:一是PPP项目回报水平的确定方法,应尽量统一或协调各省区、各行业、各项目间的项目回报水平差异,从源头上规范项目回报水平,有效协调政府和社会资本利益关系,确保项目基本投资吸引力,维护公共利益；二是应结合项目行业特点，就重点行业项目主要监管事项、监管内容和监管程序进行研究，提出相应的监管标准，以实现PPP项目的规范、高效、低成本监管，切实提高项目监管质量和水平；三是研究PPP项目共性风险的一般处理方法，以实现PPP项目中风险管理的规范化和标准化，尽量保证地区之间、行业之间和项目之间在风险处理方面的公平性和公正性。

与建立PPP技术标准既对立又统一的另一方面则是PPP创新。目前在PPP咨询领域，"拿来主义"随处可见，项目模式机械抄袭、文档直接复制（有的连项目名称都没改过来）的做法较为普遍；一旦推出一个落地的示范项目，似乎所有的项目机制、方法、文档都往一个模子看齐，这为特定项目PPP运作埋下或多或少的风险隐患。总体来看，除个别较为成熟的行业外，现阶段大多数行业PPP实施还处在探索阶段，作为PPP咨询机构，结合项目具体情况，深入研究、勇于创新，不断提高服务质量和水平是做好PPP咨询的必然要求。我们预计，经过2—3年的实践，各领域PPP项目将会收敛到相对成熟的一种或几种可选PPP模式上来，相关PPP机制和技术方法也将逐步走向标准化。

各专业咨询机构和各项目的实践创新和总结提炼，将为推出相应PPP技术标准奠定实践基础；同时PPP相关技术标准即便形成也并非一成不变，仍须结合实际情况不断深化、完善、扬弃和突破。在这一过程中，PPP咨询理念和技术方法应紧跟时代步伐和国情变化不断推陈出新，PPP咨询机构有责任依托其专业性、实操性和前瞻性优势扮演重要角色，担负起我国PPP不断创新发展的生力军、引领者重任。

五、结束语

PPP咨询已成为政府和社会资本合作项目推进过程中不可或缺的重要保障，PPP咨询方兴未艾，PPP咨询机构任重道远。责任、专业和创新，正是当前每个PPP咨询机构都面临的重要课题。金准咨询长期从事PPP咨询，从实践中总结了上述看法和观点，局限和不足在所难免，谨以此文与广大咨询同仁交流共勉，共同促进PPP咨询事业繁荣发展。

（本文以"PPP咨询服务质量有待提升"为题原载于《中国投资》2016年7月刊）

PPP 项目收益率指标探析和应用建议

陈宏能　肖　靓

阅读提示

在 PPP 项目实施中，构建项目财务机制是项目实施 PPP 的核心工作，它综合体现了项目的边界条件、交易结构、风险分担机制和收益共享机制。这其中重要工作之一就是科学选取项目收益率指标。本文以国家发展改革委颁布的《建设项目经济评价方法与参数（第三版）》为基础，另辟视角以 PPP 项目中涉及的财务利益主体及其组合为考察对象，系统阐述了对项目各种"财务内部收益率"指标的理解，辨析了项目投资财务内部收益类、项目投资资本金内部收益率等指标的经济财务含义和内在关系，并对各指标在 PPP 项目中的应用提出建议。本文对各种 IRR 的理解突破了《方法与参数》对相关决策指标"融资前""融资后"的解释框架，对相关指标提供了基于财务主体现金流模型的内涵揭示，在 PPP 背景下对《方法与参数》形成扩展性认识和补充性解释，对丰富和完善建设项目经济评价方法具有现实意义。

在 PPP 项目大量涌现的情况下，国家发展改革委颁布的《建设项目经济评价方法与参数（第三版）》（以下简称《方法与参数》）中定义的各种"财务内部收益率"指标已被广泛应用于 PPP 项目收益水平确定、项目补贴机制设计、PPP 招标标的控制价制定等方面，但在具体指标的选择应用方面，因认识上的差异以及其他因素影响，PPP 项目方案设计中"财务内部收益率"指标选用方法"因人而异"现象突出，不同的 PPP 咨询机构对于提供咨询服务的同类 PPP 项目或同一地方政府对于管辖区的同类 PPP 项目存在使用不同收益率指标的现象，在一定程度上极易在 PPP 项目间造成公平性失衡，同类项目间也缺少比较基础，给相关项目决策造成困惑。本文拟在对收益率指标辨析基础上，对 PPP 项目实施中合理选择应用"财务内部收益率"指标提出相应建议。

一、"财务内部收益率"基本概念

按《方法与参数》,财务内部收益率涉及三种指标,一是"项目投资财务内部收益率",二是"项目投资资本金财务内部收益率",三是"投资各方财务内部收益率"。这也是目前PPP项目中经常使用的三个指标。三个指标皆是以项目全周期净现金流为考察对象的动态指标,是指在项目计算期内各年净现金流量(现金流入-现金流出)现值累计值为零时的折现率。"财务内部收益率"一般都是通过编制现金流量表而计算获得,可用以下公式予以概括:

$$\sum_{t=1}^{n}(CI-CO)_t(1+IRR)^{-t}=0$$

其中:
CI:项目现金流入量;
CO:项目现金流出量;
$(CI-CO)_t$:第t年的净现金流量;
n:财务计算期(对于PPP项目为政府和社会资本合作期);
IRR:财务内部收益率。

"项目投资财务内部收益率""项目投资资本金财务内部收益率"和"投资各方财务内部收益率"指标皆根据以上公式计算,但所使用的现金流入和流出不同。

按国家发展改革委《方法与参数》的解释,"项目投资财务内部收益率"属"融资前"分析指标,包括所得税前和所得税后两项指标,融资前分析可选择计算所得税前指标和(或)所得税后指标;"项目投资资本金财务内部收益率"和"投资各方财务内部收益率"则属"融资后"分析指标。

《方法与参数》对投资项目评价所涉及的各种"财务内部收益率"指标以时间轴为核心按"融资前"指标和"融资后"指标的划分和定义,符合建设项目资金筹措方案随前期工作不断推进而逐步明晰落实的演进过程,并与我国基本建设程序中"项目建议书——可行性研究报告"的审批递进程序相匹配和衔接,在投资项目决策评估中发挥着重要作用。

二、基于利益主体模型对内部收益率的再认识

在PPP项目中,尤其对于贯穿投资、建设、运营和移交全周期的BOT项目,以上三种财务内部收益率指标通常是政府方在引入社会资本过程中用于确定项目收益水平、制定招标控制价和测算可行性缺口补贴的依据,是构

建政府和社会资本利益关系的核心因素,在 PPP 项目中重要性地位十分突出。

一个基础设施项目,一旦开始启动 PPP 实施,往往已经过了投资主管部门审批程序,意味着应用《方法与参数》相关规定对项目进行经济财务评估的前期论证阶段已经结束或基本结束。因此,在 PPP 实施阶段,在涉及 PPP 项目收益水平的内部收益类指标选取、分析、测算等相关工作中,需要结合 PPP 项目构建各方利益关系的需要,进一步厘清各种收益率指标之间的相互关系,明确在 PPP 项目中的合理应用。

PPP 项目的财务利益相关方可简化归纳为四个主体,分别是政府税务主体(国税和地税)、项目股权方、项目债权方,以及由股权方组建的项目公司。在此简化的利益模型中,对于涉及政府补贴的项目,将提供补贴的地方政府仅视为项目支持方,不作为本文所构建利益模型的相关方。分别以上述四个财务主体为中心形成项目利益主体模型,可构建各财务利益方的净现金流量,以及测算相应的"财务内部收益率"指标,具体如下:

1. 政府税务主体净现金流

政府税管主体净现金流入体现为税收收入(存在政府补贴的情况下,补贴视为项目收入,而补贴支出不作为税管主体支出),项目缴纳的各种税费是项目对政府方的贡献,该净现金流包括项目缴纳的增值税(实际税负)、营业税和企业所得税等收入。该净现金流计为 A1 净现金流。

2. PPP 项目债权方净现金流

以债权方为考察对象,该现金流的流入为债权方从项目收回的各类贷款利息,以及收到的项目借款本金偿还,现金流出为债权方为项目提供的债务资金流出。该现金流入和现金流出所构建的净现金流计为 A2 现金流。在当前贷款基准利率为 4.9% 的情况下,A2 净现金流的财务内部收益率必大于 4.9%,亦即债权方财务内部收益率必然高于其为项目提供贷款的利率水平。

3. PPP 项目股权方净现金流

股权方即 PPP 项目中所称的"社会资本方"以及政府指定的其他政府出资主体的总称,股权方现金流入为利润分红(暂不包括项目公司清算时归属股权方的清算收入);现金流出为项目全部股权方的资本金出资。该现金流入和现金流出所构建的净现金流计为 A3 净现金流。股权方净现金流与《方法与参数》中的投资各方净现金流相对应，如在现金流入中计入项目公司清算收益，则股权方净现金流即为《方法与参数》中的投资各方净现金流的总和。如PPP项目中股权方实行不对称分红，则可分别构建各股权方的净现金流和计算相应的股权方财务内部收益率。

4. 项目公司净现金流量

项目公司由股权方按股份比例合资组建，项目公司净现金流量以项目公司为考察对象，该净现金流依据《方法与参数》所定义的"财务计划现金流量表"予以构建，由项目经营活动净现金流量、投资活动净现金流量和融资活动净现金流量的总和形成项目公司净现金流，计为A4净现金流。

A1、A2、A3、A4净现金流具有明确的经济财务含义，代表不同财务主体在PPP合作期间所实现的净现金流。不同财务主体净现金组合则具有以下进一步的经济财务含义，组合现金流的财务内部收益率与《方法与参数》定义的各种财务内部收益率的关系如下所述：

（1）"A1＋A2＋A3＋A4"组合：其含义为项目各类财务主体（税务主体、股权方、债权方和项目公司）净现金流的总和，对于特定项目，该净现金流为常量现金流，相应的财务内部收益率亦为一个固定的常量值，不随项目资本金比例、融资方案、融资条件，以及税务条件的变化而发生变化。该指标与《方法与参数》中"项目投资财务内部收益率"所得税前指标相接近，但前者考虑了项目的所有纳税情况，而后者则仅考虑了项目的所得税纳税情况，未完全体现项目缴纳的增值税金等全部税收贡献。

（2）"A2＋A3＋A4"组合：其含义为项目股权方、债权方和项目公司（项目公司由股权方拥有）三方实现净现金流的总和，该净现金流的财务内部收益率（暂称为"PPP项目财务内部收益率"）与《方法与参数》中"项目投资财务内部收益率"所得税后指标相接近；如后者计算时不使用《方法与参数》中要求的"调整所得税"方法进行处理，而直接使用与项目融资方案相匹配的所得税支出（即按"融资后"模式进行计算），则该指标即演变为"PPP项目财务内部收益率"。

（3）"A3＋A4"组合：此为股权方净现金流和由其拥有的项目公司留存净现金流的总和，该净现金流的财务内部收益率即为《方法与参数》中所定义的"项目投资资本金财务内部收益率"，二者具有相同的含义和数值。

以上从利益主体及其组合角度对项目涉及的各种"财务内部收益率"指标进行辨析，以期有助于形成对《方法与参数》相关财务内部收益率指标的扩展性认识，以利于在项目中的正确应用。

三、PPP 项目相关收益率指标选用建议

PPP 项目围绕基础设施和公共服务项目构建政府和社会资本之间长期合作关系，在决策或招商阶段合理确定项目收益水平是建立政企之间财务关系的重要工作，事关公正公平和项目可持续健康运营。基于对 PPP 项目涉及的财务利益相关方净现金流的认识，对相关内部收益率指标的具体应用提出以下建议，供业内参考使用：

1. 关于"项目财务内部收益率"税后指标

该指标以《方法与参数》中定义的"项目投资现金流量表"为计算基础（所得税支出科目不做"调整所得税"处理），真实体现了股权方（含项目公司）和债权方所实现的综合收益率水平，适用于项目公司中全部股权实行"同股同权"的 PPP 项目。PPP 实施通常以为项目引入股权方为主要目标之一，而项目债务资金筹集则是由股权方通过所组建的项目公司予以实现落实，政府方对项目债务不承担筹措、担保、偿还等责任，采用"PPP 项目财务内部收益率"指标充分体现了 PPP 项目这一本质特征。进一步测试分析表明，"PPP 项目财务内部收益率"指标受项目融资方案和融资条件变化的影响相对较小，融资成本的增减变化主要体现为股权方（含项目公司）与债权方之间的财务利益格局的此消彼长。因此本文建议政府方在进行 PPP 项目财务方案设计时宜优先选用"PPP 项目财务内部收益率"指标。

2. 关于"项目投资资本金财务内部收益率"指标

该指标对于 PPP 项目投标人而言意义重大，依托该指标，投标人可对项目投资效益和资本金使用效率做出科学判断。对于政府方，本文不建议在 PPP 项目财务方案设计时使用该指标，因为使用该指标的一个潜在风险是，政府方将为 PPP 项目融资成本变化承担责任，有可能出现社会资本（或项目公司）在融资条件发生变化时向政府方提出补偿诉求，需要在 PPP 合同中对融资成本变化风险予以进一步约定和明确。

3. 关于"投资各方财务内部收益率"指标

在项目公司各股东方实行不对称分红情况下（如经常见到有的 PPP 项目中约定政府投资主体不参与项目公司分红），则在 PPP 项目财务方案设计时科学使用该指标。在政府投资主体不参与项目分红情况下，需以项目分红为基

础针对社会资本构建专门的社会资本方净现金流，测算相应的"社会资本财务内部收益率"指标，以及在PPP合同中应明确政府投资方对项目公司现金流的管理控制权限、项目清算时的分配方式等事项。

4. 避免误用"社会资本自有资金财务内部收益率"指标

在个别PPP项目中笔者曾见在政府投资方不分红情况下，政府方在项目招标阶段按"社会资本自有资金财务内部收益率"控制项目收益水平，该指标以项目资本金现金流量表为基础，在"项目资本金"科目中扣除政府投资方资本金出资后进行测定。本文认为该指标计算方法缺少明确的经济财务含义和理论支持，《方法与参数》也未见此等处理。在相同项目条件下，该指标计算值也将高于依托社会资本实际利润分红所计算的"社会资本财务内部收益率"指标，存在误导投资决策的可能。另一方面，以资本金现金流量表为基础的处理方法，无法处理诸如"运营期前十年政府投资方不分红，后十年按股比分红"等类型的利益安排，因此对于股权实行不对称分红的情况不具有方法上的普适性。建议在实操中不用或慎用上述"社会资本自有资金财务内部收益率"的测算处理方式。

（本文原载于《中国投资》2016年9月刊）

PPP 项目政府出资主体该不该分红？

陈宏能　郑敬波

阅读提示

PPP 实操中政府出资主体在项目中"按股分红"和"不参与分红"的模式皆有存在。政府出资主体不参与项目分红有助于减少地方政府对项目的支出责任，但并不意味着可减少 PPP 项目对社会资本股东和融资贷款方的付出。政府付费（或补贴）的 PPP 项目存在"地方财政倒贴中央税收"的现象，建议国家层面研究出台 PPP 项目税收和转移支付相关支持措施，缓解目前 PPP 方案设计过程中来自央地税收分成方面的利益掣肘。PPP 项目公司实行同股同权、政府出资"按股分红"将十分有利于加强项目公司治理和管理，充分发挥来自政企两个方面的积极性；"按股分红"也是 PPP 项目重要的利益平衡和风险防范机制之一，在风险冲击下可发挥项目"稳定器"作用；政府融资平台公司在 PPP 项目中"按股分红"，有利于促进平台转型发展和提升财政资金使用效率，并为相关领域地方国有专业力量发展创造条件。

在政府和社会资本合作（PPP）项目中，当地政府通常指定特定政府出资主体与通过竞争程序引入的社会资本方共同合资组建项目公司。按国家部委相关政策文件要求，在项目公司中政府出资主体股份比例不超过 50%，且不应具有实际控制力。而在 PPP 项目公司分红安排方面，则出现两种常见做法：一是政府出资主体与社会资本方按股份比例享受分红，在分红安排上充分体现同股同权，此模式在本文中简称"按股分红"模式；二是政府出资主体按其出资比例占有项目公司相应的股份比例，并按《公司法》和 PPP 合同文件相关约定享有对项目公司的相关治理或管理权利，但在项目分红方面不参与项目公司利润分配，此安排在本文中简称"不参与分红"模式。

关于两种模式孰优孰劣的问题，在实操中一直存在争论，而采用两种安排模式的项目也都大量存在。对于策划中的特定 PPP 项目，政府出资主体到底是与社会资本股东实行"按股分红"还是"不参与分红"，笔者认为影响因素众多，不能一概而论，需结合项目具体情况和诸多因素进行综合考虑。

一、从财务分析角度看分红模式选择

不少 PPP 项目具有公益性或准公益性特点,无使用者付费或使用者付费不足,为支撑 PPP 项目正常运营,使项目投资者获得合理回报,在运营期需由政府完全付费或提供"可行性缺口补贴"支持。对于此类需政府付费(或补贴)的 PPP 项目,从项目全周期财务测算分析角度,在维持社会资本方财务内部收益率为合理水平的前提条件下,如政府出资没有投资回报要求,政府出资主体不参与分红,项目收入(含政府付费或补贴)仅需满足项目中社会资本投资资金回报需求,相较于"按股分红"模式,所需的项目收入现金流量减少,政府付费额减少,项目公司企业所得税支出也相应减少,其中节税效益较为明显,因此"不参与分红"模式在项目全周期中可降低政府方的支出责任。这是不少项目采用政府出资"不参与分红"安排的直接原因,甚至是唯一原因。"不参与分红"相较于"按股分红"模式,由于项目收入减少,项目利润实现时间相对后延,为维持相同的社会资本方出资收益水平,从项目流入社会资本方的利润分红总额会增加;由于项目收入减少,还可能导致项目运营过程中出现现金流需求缺口问题,迫使项目公司使用流动资金贷款,进而可能导致项目财务成本上升,亦即项目因维持资金链稳健需付出额外代价。

表 1 展示了某大型基础设施项目在"按股分红"和"不参与分红"两种模式下的财务分析数据差异细节。该项目总投资约 160 亿元,资本金比例 40%,政府出资主体和社会资本方在 PPP 公司中占股分别为 49% 和 51%。从该案例数据可见,"按股分红"相较"不参与分红"方案,在 30 年运营期中政府方"净补贴支出"[①] 增加约 9 亿元。从数据分析可见,增加的具体原因是中央分成的企业所得税增加约 20 亿元,而向社会资本和债权人的支付则减少 11 亿元,综合结果是"按股分红"方案比"不参与分红"方案政府净支出增加 9 亿元。因此,仅从减少地方政府支付考量,政府出资主体不参与项目分红的安排有其相应的合理性。但另一方面,在考察 PPP 项目政府方收支情况时,如突破地方政府视角,将项目全部纳税支出(包括中央分成部分)皆视为项目对国家的贡献和政府方收益,则"按股分红"相较于"不参与分红"方案,政府方(包括地方和中央)的总支出反而减少,其原因是项目向社会资本和债权人的支付代价减少,在上述案例中减少额约 11 亿元。

---

① 政府净补贴支出＝运营期付费或补贴支出－政府出资主体分红收入－政府出资主体从 PPP 公司清算时获得的清算收入－企业所得税地方分成。

表1 "按股分红"和"不参与分红"案例数据对比（万元）

比较项目	政府主体 按股分红	政府主体 不参与分红	差值
1. 政府净补贴支出	3987459	3893649	93810
2. 各利益方收益净流入	2594085	2500275	93810
2.1 社会资本方收益净流入	1456571	1512761	−56190
2.2 贷款方收益净流入	661411	715291	−53880
2.3 所得税中央分成净流入	476103	272223	203880
3. 项目全投资内部收益率（%）	6.99	4.97	2.02
4. 社会资本方内部收益率（%）	7.60	7.60	0

以上案例分析可带给我们一些基本认识：一是政府出资按"不参与分红"模式安排较之"按股分红"模式有助于减少地方政府对项目的支出，其主要原因是政府出资无回报诉求以及相应产生的节税效益；二是"不参与分红"模式下政府支出减少并不意味着项目对社会资本和债权人的支出减少，反而会有所增加；三是如扩展"政府"定义的口径范围，将全部税收支出皆视为政府方的收益，则在经济财务方面"按股分红"模式也有其合理性。

同时我们看到，对于需要政府付费（或补贴）的PPP项目，都存在"地方财政倒贴中央税收"的现象，在PPP模式大规模应用的背景下，建议国家层面针对PPP项目的税收优惠和转移支付研究出台相关支持措施，缓解目前PPP方案设计中来自央地税收分成方面的利益掣肘，以利于PPP长期发展。

二、从项目公司治理角度看分红模式选择

本文认为"按股分红"相较"不参与分红"模式，在分红方面赋予了政府资金和社会资本投资资金相同的地位和权益，更有利于项目公司按《公司法》要求建立健全公司治理和管理的相关机制。实行同股同权，有利于政府出资主体和社会资本依托项目公司载体形成合力，充分发挥各自优势保障PPP项目健康持续运作。业内专家经常把PPP比喻为一场婚姻，男耕女织共建美好家园是夫妻双方的共同追求，但试想如约定了其中一方不享受家庭利益，且该方依凭其特殊身份还要承担"看住"自己另一半的重任，这样的家庭结局必然不容乐观。

在政府出资"不参与分红"模式下，在PPP合同中除需详细明确政府投

资主体责权利外，更需明确其对项目公司现金流的管理控制权限和义务，以及项目清算时的分配方式等事项，避免因分红权益不对称安排而导致政府出资主体不作为或乱作为的现象。

三、从项目风险防范角度看分红模式选择

PPP项目无疑会在建设和运营过程中接受各种风险因素冲击。尽管在前期PPP运作策划期间，项目PPP方案（包括风险应对方案）经过多方论证和审查，但囿于项目前期工作深度、咨询者和决策者认识水平，以及未来不确定性因素的客观存在等原因，PPP项目风险不可能在前期阶段即通过各种机制设计和PPP合同而全部覆盖或有效解决。

"按股分红"体现了政府出资主体作为项目公司股东在"利益共享，风险共担"方面的承诺，在项目出现不利风险事项时，"按股分红"机制将促使项目公司各股东积极协助项目公司应对风险，同时政府出资主体也将按股份比例分担项目利润损失；相反，在项目出现大幅盈利事项时，政府出资主体也将依托"按股分红"机制享有项目相关收益，平抑社会资本过度盈利。因此"按股分红"可视为项目风险防范的重要机制之一，在面对各种风险冲击时可有效发挥利益"稳定器"作用，也有助于提高社会资本对项目的信心。

四、从平台转型和地方国有专业力量发展看分红模式选择

在PPP项目的政府出资主体大多为当地特定基础设施和公共服务领域的政府投融资平台公司。目前融资平台面临市场化转型挑战，PPP模式为平台转型提供了机遇，参与PPP项目成为融资平台实现转型发展的重要方向和抓手。实施"按股分红"，赋予政府出资主体与社会资本相同的股权分配地位，有利于政府出资主体完全按市场化规则参与PPP项目，在理念、能力、人才、经验和自身造血机制等方面为市场化转型创造条件和奠定基础。实施"按股分红"也有利于财政部门考察财政资金在PPP项目中利用情况，为评估财政资金使用效率和效益提供贴近市场的指标体系，助推平台转型发展。

对于特定领域的PPP项目，政府出资主体是否参与PPP项目分红，也与地方政府对促进当地特定领域国有专业化力量发展的必要性认识密切相关。以城市轨道交通领域为例，对于线网规划规模体量大的城市，促进本地国有

轨道交通企业发展十分必要,当地轨道交通企业参股轨道交通PPP项目,则以安排"按股分红"模式为宜;而对于规划规模小的城市,对于参股PPP项目的政府出资主体则可考虑安排不参与项目公司分红或安排较小比例参股的"按股分红"模式。

(本文原载于《中国投资》2018年6月刊)

PPP 项目投资控制及其风险承担

李　莉　韩婷婷

阅读提示

投资控制责任和风险承担的方法在 PPP 项目中至关重要，直接关系到政府的职责权限和支出责任，更关系着 PPP 项目公司的收益水平，是 PPP 项目机制的重要组成部分。投资控制的范围和界限、建安费如何控制、工程变更如何处理、征地拆迁责任如何划分、基本预备费的使用原则等问题是双方在 PPP 合同谈判时的重要内容，本文结合 PPP 项目实践，试图从 PPP 项目投资控制方法和责任划分角度对上述问题进行简要归纳总结，以供业内参考。

PPP 项目参与方中至少存在政府方和社会资本方两个主要的交易对手，因此在 PPP 运作中必须在相关利益主体间明确工程投资控制责任和风险承担方法，在项目投资控制方面，PPP 模式与政府作为单一投资主体的传统模式将形成明显区别。PPP 项目中工程投资控制责任及风险承担是 PPP 项目方案设计阶段的重要内容，也是政府和社会资本在 PPP 合同谈判中关注的焦点之一。

一、PPP 项目投资控制前提条件

PPP 项目投资控制基于坚实的项目前期工作。按国家发展改革委《关于印发〈传统基础设施领域实施政府和社会资本合作项目工作导则〉的通知》（发改投资〔2016〕2231 号，下文简称《工作导则》）的要求，"可行性研究报告审批后，实施机构根据经批准的可行性研究报告有关要求，完善并确定 PPP 项目实施方案"，对于重大基础设施政府投资项目，"应重视项目初步设计方案的深化研究，细化工程技术方案和投资概算等内容，作为确定 PPP 项目实施方案的重要依据"。由此可见，确定 PPP 实施方案须在项目完成可行性研究报告之后，对应于投资控制，其基础和前提条件是须具备工程投资估算成果；而对于重大基础设施项目实施 PPP，《工作导则》并未要求一定要取得初步设计的批复，但须重视深化研究和细化工程技术方案，并以投资概算作为确定 PPP 项目实施方案的重要依据。

因此,对于政府方而言,在确保项目可行性研究和初步设计质量基础上夯实工程投资估算或概算成果,是有效控制 PPP 项目投资规模、控制政府支出责任、提高项目经济效益的关键性基础,也是在 PPP 项目运作中科学合理、公正公平划分政府和社会资本投资控制责任和风险承担的前提条件。

二、PPP 项目常见投资控制和风险承担方法

1. 建安工程费投资下浮机制

建安工程费是 PPP 项目投资构成的重要组成部分。在 PPP 项目招标阶段,政府方通常要求社会资本投标人对建安工程费予以下浮,按下浮后的总投资进行可用性服务费或影子价格等 PPP 招标指标进行报价。在项目实施期间,对于 PPP 合同安排中需要依据工程竣工决算成果计算补贴回报的项目,则要求在竣工决算时按招标阶段确定的下浮率计算投资基数;对于采用影子价格报价的项目,在计算相关合理投资超支补偿时则要考虑招标阶段所明确下浮率的影响。通过建安投资下浮率机制的设立,政府方在招标阶段即对社会资本报价水平实现有效控制,一方面挖掘了社会资本项目管理能力,有利于筛选出有实力的社会资本;另一方面,政府方在招标阶段就对工程投资"挤水分",从一开始即实现了投资节约效益,有利于政府方从总体上控制项目投资规模。

2. 政府方承担的前期工作及设计阶段投资差异处理

PPP 项目前期工作通常由政府方负责完成,在大多数情况下,政府方负责的前期工作会延续至项目可行性研究阶段或初步设计阶段结束,在此阶段的前期工作投资控制责任主体是政府方,如此部分投资纳入 PPP 项目投资范畴,则项目公司对此部分投资据实承担,在回报机制安排中予以全额补偿。

在实操中 PPP 合同投资控制安排往往以批复的概算作为基础,但在 PPP 运作实施时前期工作可能只进行到可行性研究阶段。为此可以可研估算成果或经深化的初步设计概算成果(尚未及审批)作为 PPP 招标时的项目投资口径,所有投标人皆以此"招标投资"作为 PPP 报价的统一前提条件,同时在 PPP 合同中明确"招标投资"与最终批复概算成果之间出现差异的回报调整或投资补偿机制。如初步设计仍由政府方承担,则该差异责任全部由政府方承担。

3. 政府方负责实施的征地拆迁和工程

对于建设项目所涉及的征地拆迁工作由政府方负责实施有利于项目顺利推动。在部分 PPP 项目中，征地拆迁工作由政府方负责实施，但其投资纳入 PPP 项目范围，由项目公司负责提供资金。在此情况下，征地拆迁投资控制责任完全由政府方负责，项目公司对此部分投资据实承担，在 PPP 回报机制安排中予以全额补偿。同时，由于开工压力等原因，部分纳入 PPP 投资范围的工程项目可能已由政府方先期开工实施，此部分工程的投资控制责任也归于政府方，项目公司对此部分投资据实承担，在 PPP 回报机制安排中予以全额补偿。

对于政府方负责实施的征地拆迁和前期实施工程，除明确投资控制责任和出资支付责任外，尚须明确相应的质量和工期保障要求，如由于此部分工作导致项目整体进度延误，应对项目公司另行设置补偿方法。

4. 工程变更处理

PPP 合同中对工程变更设立处理机制，所针对的对象是政府方和项目公司（即通常所谓的项目业主）之间的关系，这与传统方式下工程变更处理关注项目公司与工程承建方之间的关系形成本质区别。因此需要在 PPP 合同中明确界定何为工程变更和相应的处理方法。

在 PPP 项目实践中，常见处理方式是将经政府批准的涉及工程项目范围、建设规模、设计标准和功能、工艺技术方案的变化纳入工程变更的范畴，此类变更无论是由政府方提出还是由项目公司提出，按程序经政府实施机构和（或）其他有权部门批准后则构成工程变更。对于经批准的工程变更，如导致工程投资增加，增加部分应纳入 PPP 回报机制安排中对项目公司予以补偿，当然补偿须考虑投标阶段所明确的工程降造下浮率这一影响因素的作用；如实现投资节约，则通过 PPP 回报机制从项目公司予以扣回，如该类变更提议来源于项目公司则可给予适当奖励。对于由施工组织和施工方法变化导致的投资增减，通常不纳入政府与项目公司之间的投资补偿调整机制，此类风险由项目公司自行承担，效益由其享有，但为保证工程建设质量和工期，实施机构对重大施工组织和施工方法变化予以监管也是十分必要的。对于因项目公司原因导致的设计缺陷、深度不足或设计错误等原因引起的设计变更致使项目建设费用的增加，由项目公司负责承担。

5. 基本预备费的使用管理

由于项目投资估算或概算成果中计列的"基本预备费"在工程建设过程

中是否一定发生和发生多少额度存在不确定性，其管理使用模式往往成为政府和社会资本进行 PPP 合同谈判时的重要博弈内容之一。结合一些 PPP 项目的实践，该项费用的一种可选使用管理方式是：首先，基本预备费计入 PPP 项目投资口径范围，在 PPP 招标阶段纳入 PPP 报价指标的测算；其次，在工程建设期间基本预备费由政府实施机构全额控制和管理，用于政府方对可能出现的工程变更进行投资补偿的资金来源；三是工程竣工决算后剩余的基本预备费由政府方通过投资回收或调整项目公司补贴的方式予以收回。该模式最大特点是基本预备费的全部权益归政府方所有，由政府方完全掌控，体现了政府方相对于社会资本方在投资控制思路方面的强势地位。如何科学合理和公平公正设置基本预备费的使用管理模式，尚需结合具体项目进行具体研究。

6. 建设期利息的计算

建设期利息为项目公司在建设期为项目建设筹措资金发生的利息，该项费用计入固定资产投资。由于 PPP 项目融资责任在于项目公司，因此在不少 PPP 项目中，政府方对项目公司的建设期利息并不进行管控，项目债务资金融资成本高低体现项目公司或社会资本的能力，融资成本高则项目公司承担相应成本，融资成本低则由项目公司享有相应效益，这有利于调动项目公司融资积极性和落实项目资金。

但对于采用竣工决算投资审核作为项目回报计算基础的 PPP 项目（如按"建设可用性"付费的项目），则须在 PPP 合同中对建设期利息的计算规则予以明确。实操中对此有多种做法，我们认为其中较为合理的是以 PPP 招标阶段所确立的项目融资结构和利率水平作为 PPP 回报框架中确定"建设期利息"的计算基础，以发挥项目公司在融资问题上的能动性，体现其在融资上的风险承担责任。我们不赞成有的项目以项目公司实际融资成本作为确认建设期利息基础的做法。需要说明的是，在 PPP 项目合同中根据 PPP 回报机制安排对"建设期利息"明确相应的计算方法和风险处理机制，并不能代替政府机构和项目公司根据国家或行业相关管理规定开展相应的投资管理工作和采用相应的数据口径，这是两套体系。

三、结束语

在 PPP 项目方案设计和合同安排中，项目投资管理控制思路与项目 PPP 模式密切相关。对于政府付费类 PPP 项目或需要政府提供可行性缺口补贴的使用者付费项目，PPP 项目投资控制和风险承担与政府方的支出和项目公司收益水平密切相关，是 PPP 项目机制的重要组成内容，需要妥善处理政府方和项目公司之间在 PPP 项目投资范围认定、投资规模确定、投资管理和责任配置、投资变化风险处理、竣工决算审核，以及投资补偿或回报调整等方面的相关事项，需要本着科学合理、公正公平和合作共赢的原则予以安排。而对于完全由使用者付费支撑的项目，除非政府方在项目建设规模、建设标准和工艺技术路线等方面有调整，则投资控制责任宜完全交由项目公司自行负责，由项目公司自行权衡和平衡在投资、建设和运营全周期环节中的利益安排。

（本文原载于《中国投资》2017 年 12 月刊）

PPP 项目中的"运营"是什么？

陈宏能　肖　靓

阅读提示

从众多 PPP 项目实施情况看，项目决策者和操作者对"运营"的理解直接影响到政府方对 PPP 项目的筛选决策、PPP 合同中各方权利义务安排、回报模式设计和绩效考核方式等 PPP 实施的核心内容。本文以 PPP 项目目标实现为出发点，提出对 PPP 项目"运营"概念的理解，即：PPP 项目"运营"应理解为使项目持续性发挥作用、实现服务目标而在运营期应具有的状态或安排。这一理解将对澄清 PPP 运营的各种分歧性认识，科学合理设计相关 PPP 机制产生积极影响。

随着基础设施和公共服务领域政府和社会资本合作模式（PPP）的推广，PPP 理念不断成熟，技术方法不断进步，大量 PPP 项目不断实施落地。与此相应，"建设—运营—移交（BOT）""移交—运营—移交（TOT）"等专业术语已在业内耳熟能详，深入人心，但 PPP 项目中"运营（O）"的内涵究竟是什么，仍是一个值得业界不断研究探讨的问题。从目前众多 PPP 项目实施情况初步分析，项目决策者和操作者对"运营"的理解，直接影响到政府方对 PPP 项目的筛选决策、PPP 合同中各方权利义务安排、回报模式设计和绩效考核方式等 PPP 的核心内容。从近期国家相关部委密集出台规范 PPP 发展的一系列文件看，不少需要规范的事项即源于项目实施中对"运营"的认识问题。为此，我们将关于对政府和社会资本合作项目中与"运营"相关的一些思考和观点在此予以探讨，欢迎批评指正，希望有益于 PPP 规范实施，并提供相应参考。

观点一："运营"是 PPP 项目实现并验证是否达成其服务目标的唯一环节

PPP 项目目标无疑是要发挥项目相应的作用，提供相应的公共服务（或产品）。从任何一个建设项目全生命周期观察，投资建设仅是获得或形成项目及其服务（或生产）能力的必要措施或必经阶段，而实现项目功能、发挥项目社会经济效益才是项目所追求的最终目标，以提供公共服务为目标的 PPP

项目更不能例外。项目能否按期保质实现服务目标，与建设期间投资到位和控制、工期和质量保证密切相关，但项目建成、履行竣工验收程序仅使项目具备了提供服务的基本条件，其目标达成尚需通过后续运营环节予以实现。在技术层面"建设"和"运营"是两个紧密相连的阶段，共同为项目目标达成做出贡献，缺一不可。项目"建设"使公共服务具备了实体设施的实现载体，而项目只有通过"运营"，才能实现和验证是否达成服务目标，也才能验证检验建设阶段所形成的项目成果。PPP 项目以提供公共服务为目标，"运营"环节纳入政府和社会资本合作范围是必要的，如果"运营"环节未纳入 PPP 范围，则将蜕变为 BT 或其他投融资模式，不能称其为 PPP 项目。

鉴于建设和运营在技术层面的紧密关联性，PPP 合同设计应进一步强化项目公司在合作期间的全周期主体责任，需要研究和落实项目公司在运营期间为其前期工程建设承担责任和享有效益的相关机制安排。在运营期间，项目公司不仅要承担通常意义下的运营工作，更需对工程建设成果（工程质量、项目功能和产出等）承担全周期持续性责任，履行工程竣工验收程序仅是建设期结束的阶段性标志，代表 PPP 项目工程建设责任承担的结束。

观点二：PPP 项目"运营"应理解为使项目持续性发挥作用、实现服务目标而在运营期应具有的状态或安排

这种状态或安排体现在技术、经济和法律等方面。在技术方面，项目公司需要组织项目生产、运行设备设施、从事维护维修、管理管护等工作，即通常意义下的"运营工作"；项目公司的运营技术工作总体上可划分为两类，一是项目生产运行或服务组织，开展具体项目运营工作，二是保障性的项目设施设备维护和管理，以维持建设阶段所形成的项目实体成果和技术功能状态，亦可理解为是为保持项目"建设可用性"而付出的努力。根据项目特点不同，两类运营工作对项目发挥作用的"贡献占比"不同，强弱不同，但都是构成项目技术运营工作的重要内容。在经济方面，项目公司需要依法开展经营活动，获得收入，支付成本，偿还债务等。在法律方面，项目公司要按法律法规和 PPP 项目合同的约定以项目法人主体（包括承担运营责任）身份持有或拥有项目，履行相关权利和承担义务。这些工作的目的都是使项目发挥应有作用，提供满足要求的公共服务，同时项目公司在这一过程中获得相应的回报。无可否认，项目公司投入大量人力物力使项目设备设施正常运转、工艺有序流动、管养到位高效是显而易见的有形的"运营工作"；但另一方面，无论此类有形工作或多或少，即便是"纯工程项目"，只要项目公司承担着主体责任，而项目在发挥着应有作用、提供着合格服务，且无论此种作用和服务是更多依赖于具体有形的运营管理工作还是主要依赖于项目建设阶段所形成的工程项目本身，都应当认为项目处于合格的"运营"状态。

基于此观点，并结合项目技术特点，我们建议 PPP 项目回报机制设计宜充分重视、有机嵌入和重点突出项目功能发挥和目标实现因素，找好、找准项目回报机制设计的抓手和关键点，以切实体现 PPP 项目绩效激励、风险共担原则。与此相对应，PPP 项目绩效考核安排也应以项目目标实现程度作为重中之重。

目前不少 PPP 项目回报机制设计严重脱离项目服务目标，更多围绕社会资本在建设期和运营期投入的资金成本和资金收益安排项目回报机制，带有明显的固定收益痕迹。比如在污水处理特许经营领域，有的项目放弃了应用已十分成熟的污水处理服务费价格回报模式，改而采用"建设可用性＋运维绩效考核"模式，这是一种退步。为此，结合不同类型基础设施项目特点，紧扣"运营"内涵，在 PPP 实施中，深化研究各类项目回报机制和绩效考核方法非常必要。

观点三：　政企合作项目是否有"运营"　取决于合同安排

这个观点是上述"观点二"的延续。对于基础设施项目，政府和社会资本之间可以建立多种合作方式。在运营问题上，一个需要厘清的前提概念，首先是所有基础设施项目都有或多或少、或简单或复杂但却是实实在在的运营管理工作需求；其次是这种运营管理责任在政府和社会资本合作框架中的配置模式，如按国家 PPP 政策相关要求以 PPP 合同约定方式配置到了项目公司中，则该项目无可争议地具有运营特性。因此在 PPP 项目运作实施中，项目有无"运营"的判断取决于 PPP 合同安排，如合同安排不当，则需要规范整改。

经常听到一些业内人士或专家"某某项目无运营"的说法，笔者认为这是误解，且有误导之嫌。被认为"无运营"的典型代表如市政道路工程，此类项目的特点是无使用者付费基础，且项目建成后无须再依靠大量投入即可实现服务功能。从技术层面分析，这类项目到底有没有运营？其实看看各城市政府为市政道路管理维护所形成的体系相对完善、具有相应规模的组织机构配置就一目了然了，这些项目不是没有运营需求。从社会资本方而言，尤其对于施工型社会资本而言，既然政府方已形成相应的运营能力和体系，谋求项目建成后即尽快和尽可能按固定收益方式实现投资退出则成为社会资本的常见策略。项目"无运营"之说，表面是技术判断上的误解，从另一个角度看，也体现了政企各方的相关利益诉求。

观点四：项目能否实施 PPP，并不必然以项目是否具有使用者付费基础的"经营性"为前提条件

政府和社会资本合作模式是公共服务供给机制的重大创新，《关于在公共服务领域推广政府和社会资本合作模式指导意见的通知》（国办发〔2015〕42号）明确，要"广泛采用政府和社会资本合作模式提供公共服务。在能源、交通运输、水利、环境保护、农业、林业、科技、保障性安居工程、医疗、卫生、养老、教育、文化等公共服务领域，鼓励采用政府和社会资本合作模式，吸引社会资本参与"。各地政府承担着 PPP 项目规划、入库、评审审批等职责，根据国家已出台的相关政策文件分析，在 PPP 项目筛选决策或 PPP 适用性方面，项目是否具有使用者付费基础并不作为项目能否实施 PPP 的取舍依据。特定项目是否具备实施 PPP 的条件受多种因素影响，如项目技术经济条件、服务需求稳定性、当地政府财政承受能力，等等。基础设施和公共服务领域实施 PPP 的项目皆为政府负有提供责任的公共项目，其特点之一就是不少项目使用者付费不足或根本没有使用者付费，社会资本投资效益有赖于政府方提供必要支持。如果项目具有充分的"经营性"，则可选择按企业投资的市场化方式实施，而非一定采用 PPP 模式，比如在同为公共服务领域的电力建设事业虽然并未依托 PPP 模式也取得了巨大发展。PPP 项目具有一定的使用者付费基础可有效减少政府支出责任，实施 PPP 具有相应的优势条件，但并不能因此排除或歧视政府付费类项目。建议在 PPP 项目规划、筛选、评审过程中，进一步厘清"运营"和"经营性"的关系，以在创新投融资机制、促进基础设施发展、提供高水平公共服务方面充分发挥 PPP 模式的应有作用。

（本文原载于《中国投资》2018 年 1 月刊）

PPP 项目绩效评价机制应以目标为导向

陈宏能

阅读提示

本文认为现实中大量存在的以建设期结束为标志、将项目绩效考核划分为"建设可用性＋运维绩效"的分段式绩效付费模式割裂了项目建设和运营的内在联系，不能充分体现 PPP 项目全周期理念和项目公共服务目标导向的基本原则。提出了 PPP 项目应按全周期、目标导向设计"按效付费"机制的相关建议，提出应明确区分和按不同的机制分别处理项目目标绩效考核和项目公司"工作表现"考核的关系。

政府和社会资本合作模式（PPP）模式是公共服务供给机制的重大创新，目前 PPP 模式正在传统基础设施领域和公共服务领域全面、深入和持续推进。在此过程中无论政府方、社会资本、金融机构和社会公众都对 PPP 项目的绩效评价高度关注，相关部委和地方政府在 PPP 政策文件中对绩效评价及其运用都提出相关要求，业内机构和专家学者对 PPP 项目绩效评价指标设置、按效付费机制设计、绩效评价实施和管理模式也开展了大量研究，PPP 项目必须重视和开展绩效评价已成为共识。从实操环节看，尽管相关行业领域已逐步形成 PPP 项目绩效评价的一些常规做法或"准标准"，但仍有必要对目前 PPP 项目绩效评价相关理念进一步探讨，相关方法也有必要在实践中不断优化完善。

一、PPP 项目绩效评价类型

结合目前政府部门发布的相关文件以及实践情况，从评价实施主体、评价目的和评价内容方面可将 PPP 项目绩效评价归纳为三种类型。

一是政府综合管理部门以完善 PPP 项目管理为目标的绩效评价。此类绩效评价通常由政府综合管理部门主导开展，实施评价的主要目的是发现和解决问题，总结经验教训，完善项目管理，以保证 PPP 项目健康和可持续运营。笔者供职的金准咨询曾受托开展了北京地铁 4 号线 PPP 实施效果评价、亦庄东区燃气特许经营项目特许经营评价等专题工作，此类项目评价的主要内容包括了PPP项目前期招商实施工作评价、项目公司在投资、建设和运营环节的绩效评价、PPP合同条款执行情况、相关政府部门监管情况评价、公众满意度评价、项目可持续性评价等内容，为政府把握项目整体情况、完善项目管理提供了相应的参考。

二是政府特定主管部门为履行特定管理职责而开展的绩效评价。如财政部门为实现预算和支付管理目的而对PPP项目开展的绩效评价，以及价格主管部门为价费调整目的而对PPP项目开展的绩效评价等。笔者所在金准咨询曾为北京市若干固废处理PPP项目提供价格调整咨询服务，即需首先对相关PPP项目在投资控制、融资管理、运营成本投入等方面开展相应绩效评价为前提和基础。

三是政府实施机构为履行PPP项目监管职责而开展的绩效评价。此类绩效评价以PPP合同约定为依据，评价结果将运用于项目公司履约监督、政府补贴调整和违约处理等方面。此类绩效评价结果往往与政府付费或补贴支付挂钩，作为PPP项目实行"按效付费"的依据。本文下面将重点探讨该种类型的绩效评价。

二、分段式"可用性"绩效付费模式存在的问题

目前对于水环境、城市道路、管廊等完全依靠政府付费或主要依靠政府补贴支撑的PPP项目，不少项目采用了分阶段考核项目"可用性"的付费模式。该模式的通常做法是：以PPP项目实现竣工验收为阶段划分标志，将政府付费划分为针对建设环节的"建设可用性绩效"和针对运营环节的"运维绩效付费"两个独立的部分分别予以考核；"建设可用性付费"总额在工程竣工时以项目投资额为基础，并针对工程质量、进度工期等建设管理绩效因素的考核予以一次性确认，随后在项目运营期内按每年等额的方式对"建设可用性绩效"予以支付，以实现工程投资的回收和回报；"运维绩效付费"则以项目运营期间年度运维费用额为基础，并对项目运营和管理情况实行"运营绩效"评分考核，如未达到相应的"绩效标准"，则按评分结果对运维费用打折调整后向项目公司付费。

该模式目前较为流行，尤其受到以施工为主营业务的社会资本欢迎，深层次原因是水环境、城市道路等项目通常工程投资额巨大而运维费用相对较小，采用该模式对项目公司的资本投入提供了类似于"BT"的回报保障安排，项目公司承担相对较低的风险。

该模式尽管已广泛应用，但是也应看到其局限性和不足。一是该模式对项目建设和运营分阶段实施绩效考核，尽管看似实现了"全周期"考核，实则人为割裂了建设环节和运营环节的有机联系和内在关系，使项目绩效考核难以体现项目整体情况。如不少水环境改善项目按DBFO（设计—建设—融资—运营）模式运作，假如项目建成后工程设施通过竣工验收，按目前的分段式"可用性"付费机制，无论未来运营期间项目承担的水环境改善目标是否达成，项目公司都将获得资本投入的回收和回报，即使达不到项目绩效考核要求，所扣减的付费也仅只针对有限的运维费用，政府方承担了很大风险。二是绩效评价指标设置方面不区分项目产出因素和投入因素，将项目公司"工作表现"（如项目公司资金管理、团队配置、档案管理等）也纳入"项目绩效"评价，在一个评分体系中统一评价打分。这一方面使绩效评价演变成管理考核，丧失了"绩效评价"的应有之义，另一方面也使政府方"有形之手"过多过频地介入项目公司日常经营管理，增加了监管成本和企业负担。三是评价方法科学性尚需进一步优化，在各类绩效指标评价权重配置、定量指标向评分分数转化方法，以及评价评分结果与政府付费挂钩的模式等方面，较少看到令人满意的专题论证，加之部分指标采用人工主观判断打分，更使此种"按效付费"机制的科学合理性和公正公平性蒙上阴影。

业内已认识到上述"可用性"绩效评价的问题和局限，也开始尝试优化完善，如将与工程建设投资密切相关的"建设可用性"付费额划出一个比例纳入"运维绩效"进行考核，以增加项目公司对运营环节的重视，缓解政府方承受过多风险，但依然不能克服分段式"可用性"绩效评价内在的缺陷，也引发了政府方和社会资本的进一步博弈。

三、建议探讨目标导向的PPP"按效付费"机制

可以预计，无论现在还是将来，完全由政府付费和政府提供补贴的PPP项目数量庞大，因此在已取得经验基础上不断优化完善和研究创新PPP项目"按效付费"绩效评价方法十分必要。为此，笔者建议业内研究探讨以项目目标为导向的"按效付费"评价机制，相关概要性思路如下，以供广大PPP研究者和实践者参考。

一是树立项目绩效评价突出项目目标导向的理念，围绕项目应向社会提供的功能和服务目标建立绩效评价指标体系。项目目标可层次化设置，但应抓住主要目标。比如城市道路项目主要目标是为城市车辆和行人提供"交通通道服务"，以此为出发点，可将现行的分阶段"可用性"付费考核扩展至全

周期整体性的"可用性"考核付费,"可用性"的内涵由"竣工验收合格"调整为"提供合格的通道服务",相应"按效付费"的计量考核标准可按年度内实现合格"通道服务"的天数予以设置(如因项目公司原因断路,无论此断路是因工程建设质量引发还是运维管理缺位所致,皆按相应天数比例扣减当年可用性计划付费额),以此为核心指标再辅以其他次级目标指标建立相应的绩效评价方法。不同的PPP项目功能目标各异,体现目标要求的技术特性各异,针对不同项目准确识别项目目标和进行相应的量化处理,是建立以目标为导向的绩效评价指标体系的关键性和基础性工作,需要工程技术专家的深度参与,对PPP绩效方案制定者也提出更高要求。

二是明确区分并按不同机制分别处理项目目标绩效考核和项目公司"工作表现"管理考核。相关建议是项目绩效考核应针对项目目标实现程度进行设计,考核结果运用对应PPP项目的"按效付费";对项目公司"工作表现"管理考核(包括达到的建设质量标准、进度、运维状态、公众满意度等)以违约金机制处理,体现政府对项目全过程必要环节和重点工作的监管。对项目公司"工作表现"管理考核应尊重落实项目公司管理自主权,政府监管不错位、不越位和不缺位。

三是在进一步总结评估相关模式经验基础上,进一步论证以目标导向的绩效评价方法所涉及的相关技术问题,如绩效评价与付费的挂钩方法、项目可融资性论证、绩效评价风险模拟测试等。在绩效评价方面目前存在的一个问题是不少项目将"绩效评价"和"按效付费"完全依托"打分评价"这一机械化、数学化的模式来承载和体现,往往忽视项目绩效机制的复杂性和"按效付费"实现途径的多样性。因此也建议进一步厘清和处理"绩效评价"和项目激励机制设计之间的关系,更新和扩展对PPP项目绩效评价的相关理念认识,以最大程度达成项目目标为准则,研究探索不拘一格的绩效评价方法和"按效付费"机制。

(本文原载于《中国投资》2017年8月刊)

破解存量 PPP 项目落地难题

李飞贞

阅读提示

存量项目指已经完成了项目立项、设计、建设、试运营等主要环节，已进入运营期的项目。我国城镇化建设过程中积累了大量的基础设施和公共服务类存量项目，在投融资体制改革和严控地方债的大背景下，引入社会资本，采用 PPP 模式继续这些存量项目的建设和运营，盘活存量资产的同时提高项目服务水平，成为当前改革的重要思路，存量 PPP 项目将成为 PPP 领域下一阶段工作的重点方向之一。存量 PPP 项目涉及存量资产的处置及对价、人员安置及体制改革等诸多难题，需要在政策允许甚至结合体制改革突破政策的情况下，进行交易结构的创新，以增加项目吸引力，促进项目落地。本文就存量项目实施 PPP 面临的若干重难点问题进行了详细阐述分析。

随着《国家发展改革委关于加快运用 PPP 模式盘活基础设施存量资产有关工作的通知》（发改投资〔2017〕1266 号）、财政部等《关于政府参与的污水、垃圾处理项目全面实施 PPP 模式的通知》（财建〔2017〕455 号）等文件的相继出台，可以预见存量 PPP 项目将迎来更大的发展机遇。存量 PPP 项目相比于新建项目，具有项目数据相对透明、运作周期短、项目前期建设投资压力较小、风险低等特点，越来越受到社会资本的青睐，同时，政府方存量项目采用 PPP 模式可有效盘活存量优质资产，提高市政公用产品和服务供给的质量和效率。

一、资产评估是特许经营权转让的必要环节

存量 PPP 项目运作过程中，政府方采用股权转让或者资产所有权转让方式时，从防止国有资产流失角度考虑，资产评估是实施存量项目的前置程序。但由于政府方的存量资产往往存在着复杂的历史债务问题，且为避免较为繁杂的国有资产转让的审批、评估、进场交易程序，不少地方采用转让特许经营权的方式进行 PPP 合作。在转让特许经营权时，虽不涉及资产所有权的转

让，但经营权也是国有产权之一，需要进行资产评估，并作为转让定价依据。

财政部、发展改革委、人民银行《关于在公共服务领域推广政府和社会资本合作模式的指导意见》（国办发〔2015〕42号）规定："存量公共服务项目转型为政府和社会资本合作项目过程中，应依法进行资产评估，合理确定价值，防止公共资产流失和贱卖。"财政部《政府和社会资本合作项目财政管理暂行办法》（财金〔2016〕92号）第五条规定："存量项目实施方案的编制依据还应包括存量公共资产建设、运营维护的历史资料以及第三方出具的资产评估报告等。"因此，存量项目进行PPP合作时，资产评估程序是不可避免的，资产评估报告是存量项目实施方案编制的重要依据。不管是采用产权转让还是经营权转让的方式，存量项目资产评估都是必不可少的环节。

二、特许经营权定价依据

存量PPP项目进行特许经营权转让时，特许经营权如何定价尚无统一的标准。根据《国家发展改革委关于开展政府和社会资本合作的指导意见》（发改投资〔2014〕2724号）第八条规定："涉及政府向社会资本主体授予特许经营权等特定权利的，应明确社会资本主体获得该项权利的方式和条件，是否需要缴纳费用，以及费用计算方法、支付时间、支付方式及程序等事项。"政府方在授予特许经营权时，须对社会资本主体是否需要缴纳费用和费用的计算方法进行明确。财金〔2016〕90号文规定："对于使用者付费项目，涉及特许经营权的要依法定程序评估价值，合理折价入股或授予转让，切实防止国有资产流失。"财政部《政府和社会资本合作项目财政管理暂行办法》（财金〔2016〕92号）第三十一条规定："PPP项目中涉及特许经营权授予或转让的，应由项目实施机构根据特许经营权未来带来的收入状况，参照市场同类标准，通过竞争性程序确定特许经营权的价值，以合理价值折价入股、授予或转让。"

由此可见，在特许经营权定价过程中，政府方可以参考资产评估确定底价，也可以根据市场价格确定底价，最终需要通过竞争性程序确定转让价款。在实际运作环节中，也有很多项目参考资产原值定价，如国家发展改革委典型案例中的铜陵市城市排水一体化PPP项目。从目前已经实施的项目来看，采用资产评估价格或资产原值作为特许经营权定价依据的情形更多。

三、存量PPP项目涉税问题

在特许经营权转让过程中，地方税务部门对于此项转让价款是否需要缴纳所得税和增值税也存在争议。财金〔2016〕92号文第二十二条规定："PPP项目中的政府收入，包括政府在PPP项目全生命周期过程中依据法律和合同约定取得的资产权益转让、特许经营权转让、股息、超额收益分成、社会资本违约赔偿和保险索赔等收入。"PPP项目中特许经营权的授权主体为政府方，政策中也已明确通过特许经营权转让获得的收益属于政府收入，全额收缴地方财政部门。《中华人民共和国增值税暂行条例》规定："在中华人民共和国境内销售货物或者加工、修理修配劳务（以下简称劳务）、销售服务、无形资产、不动产以及进口货物的单位和个人，为增值税的纳税人，应当依照本条例缴纳增值税。"经营权转让属增值税应税范围。

对于已经运行的项目设施，新的项目公司能否承继原有主体的所得税"三免三减半"优惠政策（即符合条件的企业从取得经营收入的第一年至第三年可免交企业所得税，第四年至第六年减半征收），从实际操作看，能否承继所得税优惠政策主要在于是否满足所得税法规定的条件，如在上述优惠期限内完成经营主体的变更，可将剩余的纳税优惠期限由新的项目公司承继。

环保处罚对于项目公司能否享受增值税即征即退的优惠政策至关重要。对于非项目公司原因造成的项目环保超标，政府方在签订PPP项目合同时，能否免除此种情况下项目公司的环保超标责任呢？根据实际项目运作经验，环保处罚一般由当地的环保部门出具，对于环保处罚的免除需报由环保部和省级环保厅审批决定，市县级政府无权对环保超标责任进行免除。在实际运作过程中，此种情况应注意在PPP项目合同中约定协商机制或补偿机制等事宜。

四、存量PPP项目的"两评"和社会资本采购

存量项目原有运行主体为社会资本控股的项目公司时，政府方已与项目公司签订PPP项目合同（或特许经营协议），并将项目设施交予项目公司运营的情形下，在运营期内，如政府方需要在原有工程设施的基础上升级改造或扩容时，是否需要重新开展物有所值评价和财政承受能力论证（后简称"两评"）工作、重新采购社会资本的问题，行业内也有不同意见。

根据财政部《关于规范政府和社会资本合作（PPP）综合信息平台运行的通知》（财金〔2015〕166号）的规定："未纳入PPP综合信息平台项目库的项目，不得列入各地PPP项目目录，原则上不得通过预算安排支出责任。"项目入库已成为地方政府安排预算支出的必要条件，而项目入库后有一系列规范的程序要求，各项程序缺一不可，包括项目识别、准备、采购、执行、

移交阶段等。财政部《政府和社会资本合作模式操作指南》(财金〔2014〕113号)第九条明确规定"通过物有所值评价和财政承受能力论证的项目,可进行项目准备",即"两评"通过是项目进入准备阶段的前提条件。出于规范流程的考虑,此情形下若涉及财政原有付费的调整,针对改扩建的部分须按照法定程序重新开展"两评"和社会资本采购的工作。对于改扩建部分与原有项目设施的关联性较大或不可分割的,建议采用竞争性磋商或者单一来源的方式采购。

五、存量 PPP 项目人员安置

1. 存量项目人员现状特点

存量项目多为劳动密集型项目,人员众多,现有人员共分为三大类,即事业编制人员、国有企业单位人员、合同工与临时工。未完成人员改制的地区,通常运营管理人员为事业编制人员和国有企业单位人员的情况较多,由于行业的垄断性和历史遗留问题,该部分人员不仅需要承担设施的运营、管理、维护的职能,还需要负担该行业的主要监察管理职责。该部分人员的特点就是经费支出由财政全额保障,相较于完全的市场化运作,其管理方式较为粗放,人员冗余且效率偏低。改制完成的所有制企业,通常运营人员为企业单位人员的情况居多。相较于完全的市场化运作,其人员结构和管理方式均向现代化企业管理制度看齐,如污水处理、垃圾处理等行业,现阶段政府方也有运营该项目设施的能力,经费支出通常由财政拨款保障。与完全市场化运作相比,政府方运营成本较高,运营的差距主要体现在人员的专业经历、综合素养和积极性方面,对运营效率有直接的影响。

2. 人员安置原则

对于事业编制的人员,安置原则大多为"身份保留、待遇不变"。尤其当涉及的事业编制人员较多时,政府方无法全部安置,通常需要 PPP 项目公司接收。如果能够结合国家及当地政策实现事业单位的转制是非常彻底的解决方案,由于支持政策有限,项目推动非常困难。从实操经验看,多数还是采用了保留员工事业编制身份、保证工资及待遇按原标准不变、项目公司统一管理和考核的安置原则。合作期结束后,原有人员全部恢复身份及相关待遇。该方案虽保证了员工的平稳过渡,但对未来项目公司的管理提出了更高的要求。对于国有企业单位的人员,安置原则大多为"大部分接收、待遇不降"。

关于此类人员，可要求项目公司按照一定比例或者全部无条件接收（员工有选择离职的权利），并与项目公司重新签订劳动合同，接收后的人员工资及福利待遇水平不低于原有标准且按照一定幅度增长。另外，为了原有人员的稳定过渡，通常要求项目公司承诺原有员工的岗位职级在一定期限内保持不变等条件。对于合同工与临时工，安置原则大多为"承继合同、到期考核"。关于此类人员，原属单位可能存在一些历史遗留问题，均是综合因素导致的，在清结历史旧账的基础上可与项目人员安置方案进行整合。在项目过渡阶段，一般要求项目公司承继该部分人员与原有单位签订的劳动合同，然后在考量专业经历、经验和综合素养后进行考核式的续约。

3. 人员安置工作的开展

人员安置是存量项目进行 PPP 合作过程中的核心问题之一，在制定人员安置方案时，行业主管部门一方面应与当地相关委办局进行密切沟通，因地制宜，根据本地事业单位和企业单位的人员改制相关经验，在相关法律、法规的基础上，制定出适合当地情况的人员安置方案。另一方面，应提前对人员进行摸底调查，提前做好宣传和沟通工作，如果人员安置达到一定数量，需要同对应的工会或者职工代表大会这一机构进行沟通和协商，并留存书面文件。在此基础上报上级劳动主管部门批准，方可进行其他事宜。

六、结论

随着政府进一步规范 PPP 操作、严控地方债务风险和金融风险、鼓励优先开展存量项目，存量项目将会成为地方政府实施 PPP 模式的重点照顾对象。存量 PPP 项目实际运作过程中遇到的问题还有很多，如何在为地方政府盘活存量资产、化解存量债务的同时，激活社会资本投资，实现良性投资循环，还需要针对具体项目对症下药，促使存量项目在 PPP 合作过程中顺利落地。

（本文原载于《中国投资》2018 年 2 月刊）

PPP 项目的会计核算问题初探

郑敬波

阅读提示

PPP 项目落地越来越多，PPP 实际交易情况也越来越复杂，但国家关于 PPP 业务会计核算的文件、制度、准则等相对较少，给 PPP 项目核算实务工作带来一些困惑。根据会计基本原则，结合 PPP 交易实质、实务，本文对 PPP 实际操作中有关会计核算、信息披露等问题提出相应的看法和建议。本文于 2017 年获国家发展改革委论文征文活动优秀论文一等奖，并收录于国家发展改革委投资司和清华大学 PPP 研究中心主编的《中国 PPP 专家论道：国家发展改革委 PPP 专家优秀论文集》。

一、引言

在 PPP 项目的会计核算方面，我国发布的文件相对较少，在会计制度、准则体系中，目前只有 2008 年财政部印发的《企业会计准则解释第 2 号》中有 BOT 业务会计处理的原则规定，但该文件主要是针对原建设部 2004 年的《市政公用事业特许经营管理办法》（建设部令第 126 号），所涉及业务也仅限于城市供水、供气、供热、公共交通、污水处理、垃圾处理等行业。2014 年以来，国家发展改革委、财政部发布了一系列 PPP 文件，涵盖能源、交通运输、水利、环境保护、农业、林业以及重大市政工程，保障性安居工程、教育、科技、文化、体育、医疗卫生、养老、旅游等公共服务领域，具体实施方式包括 BOT、BOOT、TOT、ROT、BOO 等。截至 2016 年 11 月 30 日，财政部政府和社会资本合作中心通过信息平台公布的 PPP 入库项目为 10828 个，入库项目金额为 129523.82 亿元，从行业覆盖的广泛性、交易结构的多样性来看，企业会计准则解释第 2 号中有关 BOT 业务的处理原则已经不能适应现 PPP 项目的会计核算要求，现结合笔者在 PPP 实际操作中遇到的问题，对 PPP 项目的会计核算提出一些粗浅的看法。

二、PPP 项目中有关会计核算处理

PPP 项目有其特殊性。政府与社会资本通过合同建立合作关系，以提高公共产品和服务的供给数量、质量和效率。首先是项目资产的公共属性决定了项目资产不能自由处置。这些资产或无经营现金流，或因现金流不足而缺交易对手，如城市道路、非收费公路、污水处理、垃圾处理、流域整治等 PPP 项目；或是虽有现金流但有附着不可分开的普遍服务义务，如城市供水、供暖、供气等项目。其次是 PPP 项目价格主要属于政府定价或政府指导价，价格的限制将影响资产的计价。按照会计准则定义，只有能给企业带来未来现金流的才是"资产"。如无经营现金流的项目、需要财政补贴的项目，这些项目资产计价依附于 PPP 合同约定。再次是 PPP 项目资产核算周期为有限期而不是全生命周期。通常情况下，财务对资产的折旧摊销处理是按资产的经济寿命周期作为参考进行成本费用的分摊，例如一台机器设备的经济寿命是 15 年，通常折旧年限也是 15 年。但 PPP 项目资产的折旧或摊销是依据 PPP 合同的约定，合作期限、合作期终止时无偿移交还是有偿移交都决定了 PPP 资产的不同核算方式。例如，项目资产的经济寿命为 15 年，合同约定经营期为 10 年，到期资产无偿移交政府，PPP 资产摊销期就为 10 年。

正是因为 PPP 项目产出为公共产品或服务、现金流依附于 PPP 合同的特性，PPP 项目资产权属、核算方式是区别于其他项目的。通常情况下，我们按资本投资、付费机制、自然垄断性等将 PPP 项目分为特许经营类、政府付费类、政府购买服务类三大类 PPP 项目，根据项目交易和事项的实质，区别见表 1。

表 1　PPP 项目类别的区分

类别	政府购买服务类		政府付费类		特许经营类		
典型实施方式	O&M	MC	TOT	BOT/ROT	TOT/BOT/ROT	BOOT	BOO
付款来源	财政	财政	财政	财政	用户或用户和财政	用户或用户和财政	用户或用户和财政
资产所有权	政府方	政府方	政府方	政府方	政府方	社会资本或项目公司	社会资本或项目公司
资本投资	政府方	政府方	社会资本或项目公司	社会资本或项目公司	社会资本或项目公司	社会资本或项目公司	社会资本或项目公司
需求风险	政府方	政府方	共担	共担	共担	共担	社会资本

续表

类别	政府购买服务类		政府付费类			特许经营类	
典型合作期限	3—5 年	3—5 年	10—30 年	10—30 年	10—30 年	10—30 年	10—30 年
剩余权益	政府方	政府方	政府方	政府方	政府方	政府方或社会资本	社会资本
相关准则	CAS 14	CAS 14	CAS 6/CAS 22 需要出台新的准则解释规范			CAS 4/CAS 14	

注：由于我国 PPP 项目实施中普遍成立项目公司，而项目公司大部分不进行建造施工，本文未考虑建造合同的核算。污水、垃圾处理财政采用收支两条线的视同为用户或用户和财政共同付费。

按照会计准则要求，企业应当按照交易或事项的经济特征确定会计要素；应当按照交易或事项的经济实质进行会计核算，而不应当仅仅按照它们的法律形式作为会计核算的依据。参照上表，可将 PPP 项目资产确认为金融资产、无形资产、固定资产。在进行具体的确认与计量时，应遵循实质重于形式原则按 PPP 合同的交易实质进行。提供的参考判断如图 1 所示。

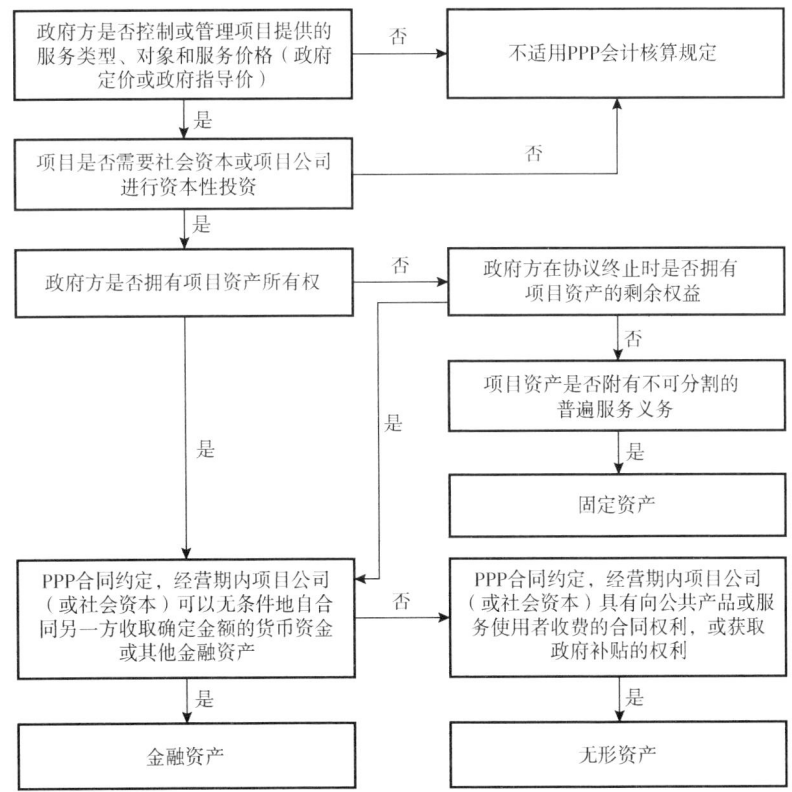

图 1 PPP 项目资产确认判断流程

通常情况下，委托运营合同（O&M）、管理合同（MC）社会资本并不进行资本性投入不会形成项目资产，可以按 CAS 14 收入准则进行会计核算；特许经营类的 BOOT、BOO 项目政府不拥有项目资产的所有权、不拥有协议终止时项目资产剩余权益、不承担需求风险，这些资产符合固定资产准则，应按 CAS 4 固定资产准则核算。这类项目要特别注意其合作期终止时的剩余权益对 PPP 项目财务测算的影响。除上述类别外，ROT、TOT、BOT 等项目资产是确认为金融资产还是确认为无形资产、怎样计量资产金额、后续追加投资及承担义务导致的现金流出处理等问题，都需要国家出台企业会计准则解释提出具体的核算规定，以利于国内财务数据使用人对 PPP 财务数据的对比、使用。

例如市政工程项目。这类项目的交易结构大多设有可用性服务费和运维绩效服务费。对于可用性服务费，虽然根据绩效考核付费，但在达到资产可使用状态时，基本符合项目公司（或社会资本）可以无条件地自合同授予方收取确定金额的货币资金或其他金融资产的条件，应确认为"金融资产"。在计量金融资产时，我们应注意实际利率的确定。笔者认为按社会资本投标文件的实际收益率与项目公司实际融资利率中的高者进行确定较为合适。这样符合可比性原则，可以避免有些项目社会资本以收益率为"0"或明显低于实际融资利率拿到项目，虚增前期利润，将部分亏损留在后期核算。

再如设置有保底量的污水、垃圾处理项目。有些案例将保底量内的现金流确认为金融资产，笔者认为不符合交易实质。从众多的污水、垃圾处理项目特许经营协议的约定条款分析，保底量只是政府对部分需求风险的分担，不构成无条件付款以及支付确定金额的义务。污水、垃圾处理政府付费的前提条件是服务达标，污水污泥处理达标排放，垃圾处理达标。其付费金额也与进水水质标准、超处理量等诸多因素有关。合同约定的经营期调价机制也不利于按 CAS 22 金融工具确认与计量准则进行资产计量。本人认为这类项目采用无形资产核算更合适。

在 PPP 项目会计处理中，我们还要重点关注项目更新改造后续投资及其义务的处理。《企业会计准则解释第 2 号》规定，按照合同约定，企业为使项目资产保持一定的服务能力或在移交时满足合同约定的使用状态，预计发生的支出应按照 CAS 13 或有事项处理。根据一些项目的实际处理情况，笔者建议采用两种方式进行处理：

一是合同约定的更新改造义务明确，履行义务产生的成本可以估计，合同收入以及包含上述义务并不再调整。满足该条件建议按照 CAS 13 或有事项处理。从经营期第一年开始每年预计负债，计入当年成本。

二是合同约定有移交资产标准和服务标准，履行义务产生的成本无法合理估计。这类项目建议按更新改造义务发生当期计入无形资产，在合同期和经济寿命期孰短的时间内摊销进入成本。

上述方式符合实质重于形式原则和可比性原则，有利于会计核算的进行。

三、PPP 项目会计信息的披露

会计信息是反映企业财务状况、经营成果以及资金变动的财务信息，作为会计核算过程和结果的重要载体，通常通过财务报表、财务报告或附注等形式向投资者、债权人或其他信息使用者进行披露。PPP 项目的会计核算是依据 PPP 合同等相关资料进行的，PPP 的相关资料构成会计信息之一，是会计报表附注的重要内容，也是报表使用人判断会计信息真实性、准确性的参考依据。目前我国没有专门的 PPP 项目会计信息披露规定，众多的上市公司、央企、地方国企都在实施 PPP 项目，规模庞大，现有信息披露已经不符合经济核算的要求。PPP 项目信息披露不完整，公众投资人、所有权人无法知晓项目核算的真实性和准确性，国家需要尽快出台相关的 PPP 信息披露会计准则解释。

参考国际会计准则及其解释体系有关 PPP 项目的会计信息披露要求，PPP 项目会计信息披露建议包括如下信息：

（1）对 PPP 协议中交易架构、边界条件的描述。

（2）可能影响未来现金流金额、时间、确定性的 PPP 协议条款。

（3）相关权利、义务、事项的性质和范围，如：资产权属，使用指定资产的权利；普遍服务义务；更新改造义务；协议终止时项目资产剩余权益所有人；提前终止及补偿约定；其他的权利和义务。

（4）本期发生的协议变更。

（5）期间确认收入、成本、利润所适用的会计政策、准则等。

PPP 项目会计信息的披露作为 PPP 项目综合信息披露的一部分，将有利于社会公众、政府职能部门对 PPP 项目的监督。

四、总结

PPP 项目的公共性、特殊的权属关系和对 PPP 合同的依附性，决定了其核算的特殊性，我们要遵循实质重于形式的原则，穿透项目交易结构，找出项目交易实质进行核算。同时，在会计信息披露中，特别是会计报表附注信息中，需要就影响投资人决策的PPP项目核心信息作为会计信息进行披露。我国PPP经过几年的发展已经积累了10万亿以上的规模，对社会经济构成重大影响，急需在会计准则体系内制订专门的PPP项目资产确认与计量、信息披露等准则解释来规范PPP项目的核算和披露，为社会提供可比性的财务信息。

同时，我国正在构建政府会计准则体系，对于PPP项目形成的资产，当合同约定不设立项目公司时，其项目资产核算主体如何确定？设立项目公司的PPP项目，在移交资产阶段，移交到政府的资产如何核算？这些问题都需要在政府会计准则体系中予以阐释、进行衔接。

（本文原载于国家发展改革委投资司和清华大学PPP研究中心主编的《中国PPP专家论道：国家发展改革委PPP专家优秀论文集》）

第二篇
轨道交通 PPP 案例与思考

城市轨道交通行业 PPP 模式应用和发展

陈宏能　肖　靓

阅读提示

本文应清华大学政府和社会资本合作研究中心之邀请为《中国 PPP 年度发展报告（2017 年）》而撰写，文中所使用相关数据和资料截至 2016 年底。在 2003—2014 年的十余年间，中国政府引入香港铁路公司采用较为单一的 PPP 模式相继成功实施了 5 个地铁项目；2014 年以来，我国大量轨道交通项目开始运用 PPP 模式，以乌鲁木齐轨道交通 2 号线一期工程等一批 PPP 项目为代表，在新时代背景下探索不止，创新不断，大量 PPP 项目陆续落地，极大丰富了我国轨道交通 PPP 模式科学应用的理念库和方法库。本文回顾了中国轨道交通领域 PPP 模式应用现状，总结了相关经验教训，并对我国未来轨道交通 PPP 可持续健康发展提出了相关建议。

一、行业应用概述

1. 我国城市轨道交通 PPP 发展历程

城市轨道交通（Rail Transit）是指具有运量大、速度快、安全、准点、保护环境、节约能源和用地等特点的交通方式，简称"轨交"。按国家标准《城市轨道交通技术规范》（GB 50490—2009）的定义，城市轨道交通（Urban Rail Transit）是指采用专用轨道导向运行的城市公共客运交通系统，包括地铁系统、轻轨系统、单轨系统、有轨电车、磁浮系统、自动导向轨道系统、市域快速轨道系统。本文所提及"轨道交通"或"轨交"皆指城市轨道交通。

历经 2003—2014 年十余年的探索实践，截至 2014 年国家开始大规模推广 PPP 模式之前，我国轨道交通 PPP 模式应用主要集中在地铁建设领域，共有 5 个项目相继应用 PPP 模式，分别是深圳地铁 4 号线、北京地铁 4 号线、14 号线和 16 号线，以及杭州地铁 1 号线。

上述 5 个项目对推动我国轨道交通乃至基础设施 PPP 模式应用产生了积

极深远的影响。从实施方面分析，上述5个项目体现了以下共同特点：

（1）引资对象皆为香港铁路公司，引入外资特征明显；

（2）PPP运作模式方面，皆为将项目划分为土建和机电（含车辆）相对独立的A、B两个部分，对于B部分实施PPP，引入社会资本投资建设和运营；

（3）合作期限通常达到25—34年，其中运营期多以30年安排；

（4）政府为项目提供可行性缺口补贴，补贴模式皆采用以客流预测为基础的"约定票价"补贴模式。

2014年以后，随着城镇化发展的需要，我国轨道交通建设掀起了新一轮建设高潮。截至2016年9月底，全国有43个城市的轨道交通建设规划获得批复，规划总里程约8600公里。城市轨道交通平均每公里投资7亿元，按照规划测算，一年投资将超过3000亿元，我国城市轨道交通投融资需求空间巨大。在国家基础设施和公共服务领域大力推广政府和社会资本合作（PPP）的政策引导推动下，以及轨道交通投融资创新、深化供给侧改革的引领下，除地铁项目外，国内大量轨道交通项目开始采用PPP模式运作。

从本轮轨道交通PPP实践分析，有两个特点最为突出，一是由于轨道交通建设的巨大投资压力，在政策推动下，各地以实现项目筹资目标为主要诉求，轨道交通项目实施PPP的需求较为强烈，预计以实现项目筹资为首要目标的状况在可见的未来将难以从根本上改变；二是在PPP理念亟须进一步形成、PPP政策正逐步完备的当下，各地结合项目实际情况，突破既有的5条线所代表的"港铁投资模式"，在新形势下呈现"百花齐放"的新一轮PPP模式探索和应用局面。

2. 政策支持

为适应国家轨道交通建设新形势需要、加强行业管理，自2014年起，国家出台了一系列有关轨道交通规划、前期工作、审批程序、投资建设管理等方面的政策性或规范性文件，对促进和规范轨道交通建设发挥了重要作用。这些政策文件包括但不限于：

（1）住房城乡建设部《关于印发城市轨道交通建设工程验收管理暂行办法的通知》（建质〔2014〕42号）；

（2）住房城乡建设部《关于加强城市轨道交通线网规划编制的通知》（建城〔2014〕169号）；

（3）《城市轨道交通运营管理办法》（中华人民共和国建设部令第140号）；

（4）国家发展改革委《关于加强城市轨道交通规划建设管理的通知》（发改基础〔2015〕49号）；

（5）国家发展改革委、住房城乡建设部《关于优化完善城市轨道交通建设规划审批程序的通知》（发改基础〔2015〕2506号）；

（6）住房城乡建设部《关于印发城市轨道交通工程质量安全检查指南的通知》（建质〔2016〕173号）；

（7）住房城乡建设部《关于印发城市轨道沿线地区规划设计导则的通知》（建规函〔2015〕276号）；

（8）住房城乡建设部《关于印发地铁国家建筑标准设计体系的通知》（2016年）。

二、行业 PPP 项目及实践的特点

1. 轨道交通及 PPP 项目特点

（1）项目社会效益巨大，具有明显的准公益性特点。轨道交通建设将促进沿线城市区域发展，沿线区域发展也将为轨道交通聚集客流，相互促进。轨道交通为城市生活的重要组成部分，居民可以通过地铁站快速到达城市的商业中心、办公地点以及居住地，同时相关站点逐渐成为城市社交活动的场所以及商业货物供给的主要通道之一；轨道交通作为城市重要的交通系统将极大改善城市距离格局，增强投资、置业、就业吸引力；轨道交通的开通运营，为城市直接带来沿线社区发育、经济发展、土地升值等"地铁经济"，为城市沿线区域社会经济发展注入强大动力。与其他基础设施相比，轨道交通项目对城市发展的促进效益巨大。但另一方面，由于轨道交通项目投资大、票款收入受制于居民承受能力，项目本身财务盈利能力弱，具有明显的准公益性特点，需要政府承担相应的投资责任，如实施 PPP 模式，需要政府提供相应的补贴支持。

（2）承载巨大公共利益关切，且影响牵涉面大。城市轨道交通是实现城市板块之间连通的重要桥梁，为城市居民出行提供服务，是城市公共交通的重要组成部分，承载着巨大的公共利益关切和民生期盼。同时，轨道交通项目利益相关方众多，牵涉面大，项目规划、建设、运营对各方面造成的影响较大。对于轨道交通 PPP 项目，相较其他基础设施项目，更应妥善安排好"政府—社会资本—公共利益"的多元关系，要体现"风险共担、利益共享、激励相容"的 PPP 原则，在提高公共交通服务水平、兼顾社会资本利益诉求

的同时，确保公共利益最大化。

（3）投资规模巨大，要求参与的社会资本具有雄厚资金实力。城市轨道交通项目初始投资额大，动辄上百亿甚至几百亿元，同时运营期间更新改造和追加投资额也巨大。尽管在轨道交通 PPP 项目中政府方往往以直接投资承担部分工程建设、参与 PPP 公司股份、提供投资补贴等方式减轻社会资本投资压力，但依然对参与的社会资本资金实力形成考验。在对社会资本投融资能力的要求方面，轨道交通 PPP 项目与其他基础设施形成明显区别。

（4）实施 PPP 边界条件复杂，需要完备的协议体系予以支撑。与其他基础设施相比，城市轨道交通项目技术体系复杂，设计、建设、运营技术复杂、要求高；对于实施 PPP 的轨道交通项目，需考虑的技术、管理、经济财务等方面的边界条件众多，需要处理的各种风险因素众多，需要科学合理设计各种机制。与此相应，在 PPP 实施过程中，轨道交通 PPP 合同体系和相关约定较为复杂，涉及轨道交通建设标准和运营标准确定、建设投资控制、工期质量安全控制、追加投资和更新改造安排、运营组织管理、客流风险处理、非票业务资源开发、补贴机制及调价机制、绩效评价考核、项目监管模式等方方面面，需要在 PPP 方案设计之初即予以全面研究和周密策划。

（5）项目自身收入不足，需要政府提供补贴支持。城市轨道交通项目作为准经营性项目，投资规模巨大、运营成本和资产更新追加投资压力也大，相应城市轨道交通自身盈利点有限，主要包括客运收入，以及依托于项目资产的广告、通信、零售商业、通道经营等开发性非客运业务收入。与项目投入相比，客运收入和非客运收入远远不能支持项目自身的投资回收和回报，因此，轨道交通项目由政府提供可行性缺口补助是必要的，尤其在 PPP 项目中，政府补贴机制安排成为各方关注的核心问题。

（6）涉及政府部门多，项目 PPP 推进协调难度大。城市轨道交通 PPP 项目规划、建设、运营等环节涉及的政府管理部门众多，包括发改、财政、建设、交通、国土、税务、城管、房管、环保、价格、法制办等职能部门，尤其是轨道交通 PPP 项目实施过程中，需要充分衔接和协调相关管理部门，与其他基础设施项目相比，来自管理部门的协调工作更多，来自管理层、投资方和公众各利益相关方的关注度更高，给 PPP 的实施推动带来相应挑战。

2. 轨道交通 PPP 项目实践特点

（1）地方轨道交通国企深度参与。在本轮轨道交通 PPP 实践中（2014—2016 年），地方政府轨交国企（平台公司）皆深度参与 PPP 实施。具体参与方式包括：

①地方政府轨交国企作为政府方指定的出资代表，参股PPP公司；其中大多数项目在政策范围内以较大比例（49%）参股PPP项目。在部分项目公司中，地方政府轨交国企与社会资本方实行"同股同权"，而在其他项目中地方政府轨交国企不参与项目公司分红。

②受PPP公司委托承担运营工作。大多数城市政府以全网整体运营技术要求和保障运营安全为名，提出了PPP公司须在项目建成后将项目运营任务以委托方式再交由政府轨交国企具体运营的要求或诉求。

③协助政府实施机构承担项目相关推动和监管工作。在PPP实施过程中，当地轨交国企协助实施机构承担大量推动支持工作，包括PPP前期策划、咨询机构选聘、招商对接、实施协调等，发挥巨大作用。同时，从相关项目PPP合同约定分析，当地轨交国企作为城市政府专业力量，还将受实施机构委托，协助承担项目投资、建设、运营和移交环节相关的监管工作。

（2）全投资口径的"整体PPP模式"受到重视。在本轮PPP实践中，乌鲁木齐轨道交通2号线一期PPP项目率先采用了按项目总投资口径将全部投资责任交由PPP公司承担、以BOT为运作特征的"整体PPP模式"；该模式得到业内关注，并在多个城市的多个项目中得以应用。该模式最大程度减缓了政府当期投资压力，有利于项目整体管理。此前香港地铁参与投资的5个项目皆采用"A/B"划分模式，即项目在总体上划分为土建（A部分）和机电及车辆（B部分），A部分投资由政府方负责，B部分由PPP公司负责。

（3）项目补贴模式呈现探索期特征。2014年之前实施的轨道交通PPP项目皆采用"约定票价"补贴模式，由于本轮轨道交通热潮中不少项目位于城市新区或连接中心城区与郊区的实际情况，客流预测准确性风险在PPP实施中凸显。为减缓该风险对PPP机制的影响而进行了一系列探索，加之在PPP理念方面的认识发展，相应催生了对多种补贴模式的研究，政府补贴模式呈现"百花齐放"现象，体现了较为明显的探索期特征。近两年在轨道交通PPP项目中或多或少得以应用的补贴模式主要包括：

①基于客流预测的"约定票价"补贴模式。该模式关注项目公司面向客户（乘客）的服务销售量（客流量），以预测客流为基础，以竞争程序确定的覆盖可行性缺口的"影子票价"（或"约定票价"）与项目实际人次票价之间的差额作为政府提供项目补贴的依据。该模式是目前轨道交通仅有的已有实际运营案例实证的模式，其最大特点是补贴机制面临客流预测不确定性的影响十分明显。采用该模式的项目包括本文前述由港铁投资的5个项目，以及杭州地铁5号线项目等。

②基于运营里程服务量的"车公里计价补贴"模式。该模式关注政府向

项目公司购买轨道交通公共服务的数量和价格,以项目公司向公众提供的轨交服务量(按运营里程)为计量考核基础构建相应的可行性缺口补贴机制。该模式以体现政府购买轨道交通公共服务的思路,减缓客流预测不确定性因素对PPP项目利益风险的影响,并可提升社会公众对轨道交通服务水平形成稳定预期。采用该模式的轨道交通项目包括乌鲁木齐轨道交通2号线、3号线和4号线,成都地铁18号线、9号线和17号线,北京轨道交通新机场线等多个项目,行业认同度不断提高。

③基于"财政部补贴公式"的补贴模式。财政部在其《政府和社会资本合作项目财政承受能力论证指引》(财金〔2015〕21号)中,针对PPP项目以实现项目投资回收和运营成本补偿为目标提出了一组补贴公式,要求在PPP项目财政承受能力论证阶段予以应用。该模式尚缺少进一步的政策性应用指导和规范,在轨道交通领域目前仅有少数项目采用,如呼和浩特轨道交通1号线和2号线项目等。

④"建设可用性绩效付费＋运营绩效付费"的补贴模式。该模式分别针对项目投资建设和运营两个环节分别构建"可用性"付费补贴模式:以竣工验收为标志就项目投资(或经"下浮率"竞争后的工程投资)根据建设管理考核予以补偿;以项目运营指标考核评价就项目运营支出予以补偿。该补贴模式兼顾了社会资本(尤其是大型施工承包型企业)按类似"BT"模式尽早收回工程投资的诉求,将工程投资回收风险与项目运营绩效相隔离。采用该模式的项目包括大连地铁5号线等。

⑤"现金流缺口补贴"模式。该模式关注项目运营期间项目公司现金流情况,以实现项目合理收益和实现项目公司运作资金保障为目标,以弥补运营期间社会资本方现金流缺口作为提供"可行性缺口"补贴的依据。目前有个别项目采用该模式,如福州地铁2号线项目。

(4)轨交国企投资分红安排差异。源于对轨交国企定位和发展、政府对项目支持模式,以及在PPP理念等方面的认识差异,在轨道交通PPP项目中,不同的项目对参与项目投资的政府出资主体实行了不同的分红安排。大部分项目采用了"同股同权"的利润分配模式,这些项目主要分布在当地轨交建设已形成相应规模或未来轨道交通建设规模大的城市,如北京市、成都市、乌鲁木齐市、杭州市等,而在其他一些首次启动地铁建设或轨交规划总规模有限的城市以及财力相对较弱的城市,则较多采用了政府出资主体占有股权但不参与项目分红的模式。

(5)央企占据主要地位,地方国企进入全国市场。从已完成PPP招标的轨道交通项目分析,参与项目的社会资本方绝大部分为以工程承包为主营业务的中央企业。这些央企资金实力雄厚，工程建设管理能力强，备受各地城市政府青睐，并依托可获得相应的工程施工或供货作为竞争比较优势，在轨道交通 PPP 市场竞争中占据主力军角色，"央企＋当地国企"几乎成为目前轨道交通 PPP 项目投资结构的标配。也有个别项目引入了以基金机构为代表的财务投资人参与，如贵阳市轨道交通 2 号线一期工程项目和青岛市轨道交通 1 号线项目。

在此轮轨道交通 PPP 实践中，另一个值得业内期待的进展是，部分具备实力的地方轨交国企开始走向全国市场，在其他城市谋求参与 PPP 项目。2016 年 4 月，北京市基础设施投资有限公司、中国铁建股份有限公司和北京市轨道交通建设管理有限公司联合体中标乌鲁木齐市轨道交通 2 号线一期 PPP 项目，标志着以京投公司为代表的地方市属企业成功跨出了 PPP 区域拓展的实质性第一步，将为全国轨交地方企业走向全国市场提供模式参考。

三、行业 PPP 项目实践主要经验

1. 政府主导推动轨交 PPP 发展

城市轨道交通项目因其投资巨大、影响面广，在各地皆为城市政府十分关注的重大项目。各地政府高度关注轨道交通项目 PPP 实施，为 PPP 实施皆配置了高规格和涉及多部门联动的领导和协调机制，使各项 PPP 项目得以有效推动。在这一过程中，政府方对轨道交通 PPP 理念认识进一步深化、PPP 项目管理组织机制进一步优化、PPP 实施质量和效率进一步提升，PPP 人才储备和能力得以加强，为后续 PPP 项目实施奠定了良好基础。

2. 咨询机构发挥重要作用

在所有 PPP 项目实施过程中，几乎全部项目都有咨询公司参与，选聘专业咨询机构参与轨道交通 PPP 实施已成政府实施机构共识。咨询机构在 PPP 方案设计、财务分析、采购文件编制、PPP 招标实施、合同谈判和签约等过程中发挥了重要作用。在轨道交通 PPP 开始大规模推广之际，咨询机构也往往在项目运作理念、技术方法应用等方面发挥不可忽视的引领主导作用，对成功实施 PPP 具有重要影响。目前轨道交通 PPP 项目多种补贴机制共存的局面除受既有补贴模式影响外，可归因于不同咨询机构在不同理念指导下推动形成。从政府方而言，在如何识别和优选咨询机构、充分发挥咨询机构作用

等方面也积累了相应经验。

3. PPP 运作模式不断创新发展

在本轮轨道交通 PPP 实践中，涌现了一批创新探索之举，为后续 PPP 项目实施积累了相关经验借鉴，主要包括：

（1）轨道交通项目实施 PPP 的投资范围进一步扩大，由传统（以港铁参与投资的 5 个 PPP 项目为代表）的以机电设备（含车辆）部分实施 PPP，扩展为项目全投资口径皆纳入 PPP 范围。同时，对于 A 部分的划分也出现相应变化，通常将土建工程纳入 PPP 范围，而将 A 部分的范围缩小为项目前期工作和征地拆迁。

（2）政府补贴模式多样化，由 2014 年以前单一的"约定票价"补贴模式扩展至出现 4—5 种补贴模式。其中值得一提的是由北京金准咨询有限责任公司自主研发推广的"车公里补贴模式"正不断得到行业认可，自乌鲁木齐轨道交通 2 号线一期 PPP 项目首次采用后，截至 2016 年底已在全国十个以上轨道交通项目中得以应用，该模式行业认同度初步显现并稳步提升。

（3）PPP 项目风险机制安排更加全面和精细。除一般性风险的处理外，结合轨道交通项目特点，在项目前期工作和审批、PPP 项目工程投资控制、工程进度和完工控制、客流预测、更新和追加投资管理、票制票价变化、物价变化、运营服务水平变化、非客运业务开发等方面的风险识别、风险分配和风险处理机制进一步完善和完备，集各项目的经验和做法，轨道交通 PPP 项目关键和主要风险正初步形成可资业界借鉴参考的经验库，为后续大规模 PPP 项目实施奠定了良好的基础。

（4）与社会资本互动更加透明、稳健和规范。PPP 实施中有策划、有计划、有组织的"市场测试"活动已贯穿 PPP 招标前的全部实施过程，大部分项目在 PPP 策划阶段、方案论证和实施方案编制阶段、资格预审和采购文件编制阶段即保持与社会资本密切沟通，充分吸纳社会资本市场的意见和建议，PPP 实施过程中积累了大量与社会资本互动的经验，与社会资本沟通更为公正、公平、规范和高效。

四、行业 PPP 项目实践面临的困难及发展趋势

1. 城市政府财政承受能力挑战

2016 年国家发展改革委已批复 43 个城市约 8600 公里的城市轨道交通建

设规划,目前在建的里程超过 3000 公里。到 2020 年我国拥有轨道交通的城市预计将达到 50 个,总里程将达到 6000 公里,总投资将达到 4 万亿元。不少城市制定了投资规模庞大的轨道交通建设规划,未来轨道交通建设任务艰巨,相应对城市政府财政承受能力提出巨大挑战和考验。按财政部要求,每一年度全部 PPP 项目需要从预算中安排的支出责任占一般公共预算支出比例应当不超过 10%,此条红线将对大规模铺开的轨道交通建设和 PPP 运作产生明显的制约和影响。

2. 地方轨交国企多重角色协调

轨道交通 PPP 为地方轨交国企市场化改革和转型提供了契机。从目前地方轨交国企以多种方式参与 PPP 项目的情况看,存在多重角色冲突现象,需要从政府管理、项目公司运作、受托承运等各方面各层次进一步厘清地方国企在 PPP 项目中的定位,以及与政府部门、社会资本和项目公司之间的关系,促进轨道交通 PPP 健康发展,并为地方轨交国企转型创造良好条件。

3. "轨道+土地" 模式亟待破题

在本轮轨道交通 PPP 实施中,由于受制于相关土地政策的要求,尽管业内呼声较高,但以土地资源开发和轨道建设打捆实施的"轨道+土地"案例极为个别。目前轨道交通建设中,大多数项目沿线土地开发皆由政府方另案处理,轨道建设和沿线土地开发各自实施,遵循项目管理独立、利益机制独立、招商程序独立的原则,这是目前政策条件下的必然选择。轨道交通建设极大促进沿线社会经济发展,如何将轨道交通建设产生的巨大外部效益内化为轨道交通项目自身效益,并结合 PPP 有效推动 TOD 模式开发,以最大程度发挥项目综合社会经济效益,仍将是目前和未来一段时期需要管理层和业内不断探索的课题。

4. 运营力量市场主体培育发展

在本轮轨道交通 PPP 项目中,大多数项目中标单位皆为施工承包企业,地方政府基本要求项目公司将项目运营任务委托当地轨交国企实施,这种状况除表明地方政府发展自身轨交运营力量的诉求外,也凸显轨道交通行业运营主体严重缺乏的现实情况。轨道交通 PPP 项目绝大部分按 BOT 模式运作,通过 PPP 引入专业运营主体,在同一个城市中安排不同运营主体实现运营服务水平对标效应,促进城市轨交服务水平整体提升是实施 PPP 的应有之义,但由于运营市场主体缺乏导致这一目标较难达成。值得期待的是,除香港铁路外，国内北京、深圳等轨道交通强市的专业力量开始尝试走向全国市场，同时也有个别项目提出了拟引入其他外资运营主体参与轨道交通的设想。创造条件培育和发展轨道交通运营市场主体是我国轨道交通PPP发展中需要着力解决的问题之一。

5. 审视和摈弃项目"可批性"对前期工作的影响

出于项目审批需要，现实中轨道交通项目工程可行性研究、初步设计等前期研究工作或多或少受到项目"可批性"诉求的影响。轨道交通前期研究论证工作尚需进一步结合国家大力推动政府和社会资本合作的新情况，在前期研究中为PPP实施创造必要的条件。为此，本报告建议地方政府在严格要求项目勘察设计单位按相关技术规范规程开展前期工作的基础上，结合本地PPP实施实际需要，进一步在客流预测、系统规模确定、行车组织计划、资产更新计划、分期建设安排等方面提出达到相应深度和有针对性的技术研究成果，尤其是应在前期阶段尽量夯实工程概（估）算成果，以避免工程（概）估算"戴高帽"形象或成为投资"钓鱼"工程。

6. 轨道交通PPP模式亟须由发散探索向合理模式收敛

轨道交通是国家大力发展的重大基础设施项目，目前各城市PPP运作模式差异明显，尚未形成较为稳定和成熟的模式。尽管各地实际情况和项目诉求千差万别，但轨道交通PPP发展应有其自身规律和内在要求，在PPP运作所涉及的重要理念、关键机制、核心方法等方面如长期处于"百花齐放"状态，将不利于行业健康发展。轨道交通PPP运作模式在实践中由各地的发散性探索向相对合理的模式收敛显得十分必要而迫切。在PPP模式稳健发展方面目前已出现一些可喜迹象，如轨道交通PPP项目"车公里补贴模式"自乌鲁木齐轨道交通2号线首次采用以来，已在数十项轨道交通项目中陆续得到应用，在业内的推广应用前景值得期待。

（本文原收录于清华大学政府和社会资本合作研究中心出版的《中国PPP年度发展报告（2017年）》）

轨道交通 PPP 项目车公里补贴模式简介

任宇航　肖　靓

阅读提示

金准咨询在完成北京地铁 4 号线 PPP 实施效果评价、14 号线和 16 号线顾问工作后，在相关工作总结基础上，于 2014 年 3 月提出轨道交通 PPP 项目"车公里补贴模式"思路，得到北京市基础设施投资有限公司（简称"京投公司"）高度重视和支持，随后金准公司主持开展了系统性的深度研发和全面论证，并首次应用于乌鲁木齐轨道交通 2 号线一期工程 PPP 项目，开启该模式业内应用先河。本模式由金准咨询公司自主研发，主要研发人员有陈宏能（负责人）、肖靓、童玫、尹晋等以及京投公司任宇航、冯璞、李艳萍、王盈盈等；京投公司郝伟亚总经理对研发工作给予了大力支持和悉心指导，乌鲁木齐市建委苑宝华副主任为模式应用落地提供了宝贵意见。

"车公里补贴模式"以政府购买公共服务为核心理念，补贴机制设计基于相对稳定的计量指标，较好地处理了效率激励、风险承担和有效监管的关系。在该模式下，政企双方客流风险皆得以显著降低，有利于项目各参与方形成利益风险共识，加快 PPP 实施；采用该模式，也可有效形成公众对地铁沿线交通服务水平的预期，在不断扩大地铁客流的同时促进沿线区域发展。"车公里补贴模式"作为轨道交通 PPP 领域一项最新应用型研究成果，凝聚了大量项目实践经验和行业同仁的共同支持，期待该模式为助力轨道交通 PPP 发展发挥积极作用。

自 2014 年我国投融资领域实施 PPP 新政以来，全国轨道交通建设也迎来新一轮发展时期，各地涌现一大批拟采用 PPP 模式运作的轨道交通项目。城市轨道交通项目投资巨大，运营成本也高，完全依靠项目客运收入和项目本身的多种经营业务不可能实现投资的回收和回报，在 PPP 模式下，政府为轨道交通项目提供相应的补贴必不可少。

鉴于轨道交通项目本身的复杂性，PPP 模式下合理安排项目补贴机制也是一项十分复杂的工作，需要考虑众多风险因素的影响，需要充分研究和平衡政府、企业和公众的利益诉求。伴随我国本轮 PPP 政策的大规模实施，效率导向、公正公平、利益共享、风险共担、保护公共利益等 PPP 理念不断深入人心。北京金准咨询公司依托大量轨道交通 PPP 项目咨询实践，在相关单位大力支持下，自主研发了轨道交通 PPP 项目"车公里补贴模式"，特撰文分享交流。

一、轨道交通 PPP 车公里补贴模式简介

"车公里"，是轨道交通（如地铁）列车运营里程的计量单位，具体含义为：1 辆车运行 1 公里即为 1 个车公里；"车公里数"，是一定时期内全部列车车辆运营里程的总和。

对于采用"投资＋建设＋运营"的轨道交通 PPP 项目，政府补贴计量目前存在两种方法：一是以客流为基础指标的"客流补贴模式"，即根据"运输了多少人"计算补贴；二是根据列车运营里程为基础指标的"车公里补贴模式"，即根据"跑了多少趟车"来计算补贴。

基于客流为计量基础的"客流补贴模式"发端于 10 年前实施 PPP 运作的北京地铁 4 号线，2012—2014 年期间北京地铁 14 号线和 16 号线 PPP 项目依然采用客流计价模式。初步统计，截至 2015 年底，全国仅约有 5 个轨道交通 PPP 项目采用"客流补贴模式"，该模式尚远未形成轨道交通 PPP 领域政府提供补贴的标准模式，本身仍处于不断探索和完善之中，尤其是在 PPP 新政环境下，还需要随 PPP 理念的不断拓展予以重新审视。

北京金准咨询公司自 2010 年以来，先后承担了北京地铁 4 号线 PPP 实施效果评价、北京地铁 14 号线和 16 号线 PPP 财务顾问工作，于 2014 年 3 月向北京市基础设施投资有限公司（京投公司）首次提出建议，得到京投公司高度重视。之后金准咨询开展了深度研发和全面测试，京投公司和北京市交通委对该模式也组织多次研讨和评审，并在北京市地铁 3 号线、12 号线、17 号线、首都新机场线项目等前期投融资方案论证中得以测试性应用。在本轮轨道交通建设大潮中，乌鲁木齐轨道交通 2 号线一期工程、北京首都新机场线等一批 PPP 项目，已决定采用"车公里补贴模式"，该模式在业内的应用正呈扩展之势。

"车公里补贴模式"以政府向特许公司（PPP 公司）购买轨道交通公共服务为核心理念，以在可预测性、稳定性和可监管性方面皆更具优势的"车公里"指标替代"预测客流"指标创新构建 PPP 项目补贴模式，使轨道交通 PPP 项目机制建立在更为稳定可靠的计量基础之上，大幅缓解客流预测风险对政企双方的风险影响，在 PPP 项目招商阶段政府和社会资本更易达成共

识，在运营阶段更能体现公正公平和共同的风险消减；该模式同时有利于公众对轨道交通公共服务形成稳定预期，有利于促进沿线区域和客流发展的良性互动。

二、采用车公里补贴模式的优势

1. 车公里补贴模式体现政府购买服务理念

轨道交通（地铁项目）是政府向社会公众提供公共交通服务的重要组成部分。轨道交通项目向社会提供的服务数量，存在两种量化指标，一是客流量指标，二是运营公里指标。通常情况下两种度量指标具有密切的正相关性，即客流量越大，运营公里量也越大；但另一方面，两个指标在内涵上又有本质区别，客流量是轨道交通项目最终所实现客运服务效果的度量，而非对项目提供公共服务数量的度量，而项目完成的运营公里则是项目向社会实际提供的服务数量，亦即项目的"生产量"。

在政府和特许经营者所构成的项目政企合作（PPP）框架中，政府关注的重点之一是特许经营者向社会提供合格的公共交通运输服务，从服务数量方面考虑，结合指标的风险特性，宜以项目所承担的车公里数作为重点指标。

2. 列车车公里数可预测性强

在城市轨道交通服务标准确定的情况下，列车车公里数更多受制于政府对地铁列车发车间隔的要求，在一定时期内可保持相对稳定，年车公里数相对稳定。在项目招商阶段即可完全根据列车编组设计和政府运输管理部门对发车间隔的要求较准确预测项目未来的列车走行车公里数，可预测性强。

3. 受客流变化影响小，稳定性好

在一定发车间隔条件下，由于地铁列车实际载客数量具有较大弹性范围，在一个相当大的客流变化幅度内，列车车公里数仍可保持稳定，采用车公里计价模式可有效化解客流预测风险的影响。

4. 量价协调，便于监管

地铁客流量是特许公司提供客运公共服务的结果，并非特许公司所提供的服务量本身,只有车公里数才是特许公司真正为社会公众提供的公共交通运输服务量。按车公里计价体现了在 PPP 模式下政府为公众向特许公司所采购的服务数量,基于车公里数确定服务价格,体现量价协调的原则,便于与成本监审等政府监管措施相衔接,也有利于制定 PPP 绩效考核方案。

三、"车公里补贴模式"要点

1. 约定车公里服务价格

车公里服务价格本质上为项目以运营里程作为计量基础的政府购买轨道交通公共服务的"可行性价格",即依托该服务价格,PPP 项目可实现相应的收益率期望值。

约定车公里服务价格是指在 PPP 合同中约定的政府对轨道交通单位车公里服务的采购价格。

约定车公里服务价格的初始定价由竞争机制通过 PPP 合同谈判确定。初始定价是项目招商谈判的重要工作成果,在决策阶段,影响初始定价的主要因素包括项目预期收益率水平、总投资、运营成本、行车组织计划(确定车公里数)、项目纳税等。

初始定价不考虑未来物价增长因素的影响,实际营运中根据物价变化情况对初始定价进行调整,并按调整后的价格执行。

2. 车公里补贴模型

在"车公里补贴模式"下,特许公司收入和获得的补贴由以下两个公式描述:

特许公司收入＝实际客运收入－政府方对超额客运收入的分成(如有)＋
  实际非客运服务业务收入－政府方对超额非客运服务业务收益的
  分成(如有)＋政府补贴

补贴额＝约定车公里数×约定车公里服务价格－基准客运收入－基准
  非客运服务业务收益＋其他补贴

以上公式中:

"补贴额"即为项目达到相应收益预期而需由政府向 PPP 公司提供的可行性缺口补助。

"约定车公里"指招商阶段按行车组织计划确定的车公里数。

"基准客运收入"是对特许公司需达到客运收入的基本要求，按预测客流和实际人次票价的乘积进行计算。在此处采用"预测客流"，体现了特许公司对客流风险的承担。如项目实际客流不及预测客流，则其间客运收入的差额损失由特许公司承担；如实际客流超出预测客流，超出部分的客运收入由政府方和特许公司共享。由于项目客流发展主要受制于政府方所确定的项目规划布局以及沿线发展规划，在超额客运收入分成机制方面，超出越多，特许公司分成比例越小，但总体上客流越大，特许公司效益增加愈多。此机制设计有利于促进政府方不断优化沿线交通，提高项目客流，也有利于促进特许公司不断提高项目客运服务水平，吸引客流，实现双赢。

"基准非客运服务业务收益"是对特许公司应达到的非客运服务业务收益的基本要求。如实际非客运服务业务收益不及基本要求，则其间的差额损失由特许公司承担；如实际非客运服务业务收益超出基本要求，则超出部分由政府方和特许公司分成共享。在超额非客运服务业务收益的分成机制方面，超出越多，特许公司分成比例越大，有利于促进特许公司发掘项目资源潜力，增加项目效益。

"其他补贴"包括实际车公里和约定车公里数之间出现差异时的运营成本补偿，以及其他各种专项补偿和调整。

四、案例应用对比

以国内某正在实施 PPP 的轨道交通项目作为应用案例。该项目总投资约 160 亿元，资本金比例 40%。初期、近期和远期特征年日均预测客流约为 28 万人次/日、56 万人次/日和 80 万人次/日。特许期 35 年，包括 5 年建设期和 30 年运营期。30 年运营期年均预测车公里数约 2000 万车公里/年，30 年年均运营成本约 17 元/车公里。按项目财务内部收益率为 6.0% 作为投资决策条件，经测算在"车公里补贴模式"下，车公里服务价格约为 110 元/车公里。

对"车公里补贴模式"和以往项目所采用的"客流补贴模式"进行对比测试，以车公里和客流作为敏感变动风险因素，对 PPP 公司资本金财务内部收益率指标的影响进行实际运营模拟分析（参见图1、图2）。

测试结果表明，当预测客流在一个较大幅度内变化时，在"车公里补贴模式"下，特许公司资本金收益率仍可保持相对稳定，而在"客流补贴模式"下，当客流下降较多时，特许公司资本金收益率将急剧下降，对项目 PPP 机制稳定性和利益公平造成严重冲击。

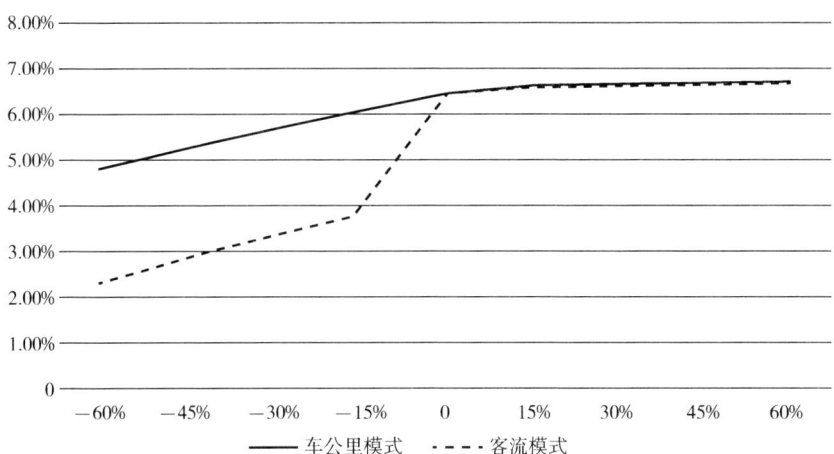

图 1　客流变化和项目资本金 IRR 关系

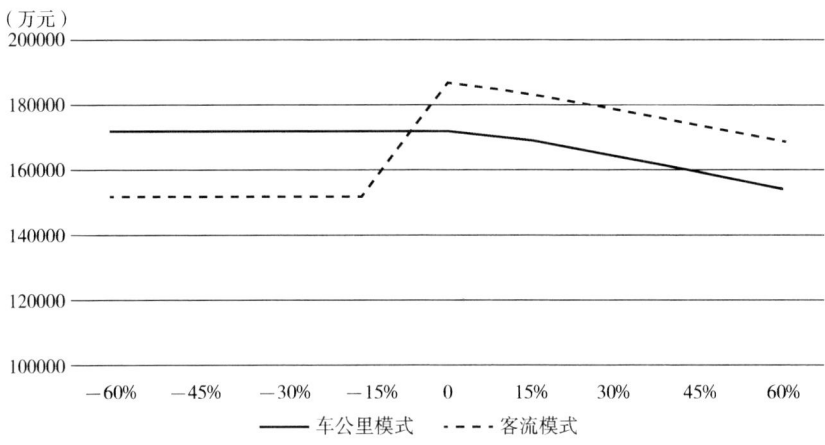

图 2　客流变化和政府年均补贴关系

（本文原载于《中国投资》2016 年 3 月刊）

扩展前期工作，收敛核心机制

陈宏能　肖　靓

阅读提示

轨道交通 PPP 离不开项目前期技术工作支持，结合 PPP 实施的需要，除夯实客流预测、工程投资估算等工作外，城市轨道交通项目工程可行性研究报告阶段扩展前期工作论证研究范围十分必要，具体包括非客运业务资源量估算、更新和追加投资工作安排等。轨道交通项目投资规模巨大，影响深远，目前各城市 PPP 运作模式差异性明显，呈现探索期特征。作为国家重大基础设施领域，轨道交通 PPP 模式所依凭的基本理念、核心机制和主要方法如果长期处于"百花齐放"状态，将不利于 PPP 模式在业内的良性应用。建议相关部门在项目补贴机制、共性风险处置方法等方面推动 PPP 模式向合理化、规范化和标准化方向收敛。

历经 2003—2014 年约十余年的探索实践，截至 2014 年国家大规模推广 PPP 模式之前，北京市、深圳市和杭州市共有五个地铁项目应用 PPP 模式投资建设，对我国轨道交通乃至基础设施领域 PPP 发展产生了积极深远的影响。2014 年以后，伴随我国轨道交通建设新一轮高潮，PPP 模式在轨道交通领域开始得以较大规模应用，众多城市轨道交通项目采用了 PPP 模式。PPP 模式已成为城市轨道交通多元化融资中最重要的手段，未来仍将继续发挥其应有作用。

金准咨询有限责任公司自 2010 年以来承担了北京地铁地铁 4 号线 PPP 实施效果评价、14 号线和 16 号线引入社会投资人特许经营实施咨询，以及乌鲁木齐轨道交通 2 号线、成都地铁 18 号线等众多轨道交通 PPP 咨询工作。结合业内 PPP 应用情况和我们通过众多项目工作形成的相关认识，在此提出几个建议供业内参考和探讨，以期有利于 PPP 模式在轨道交通领域发挥应有作用和取得良好效果。

一、第一方面的建议与项目前期技术工作相关，建议扩展城市轨道交通项目前期工作论证研究范围

城市轨道交通前期规划、勘察和设计已形成十分成熟的体系和技术标准，对规范项目前期技术工作发挥着重要作用。为适应轨道交通 PPP 模式应用的需要，在前期工作中除加强客流预测、合理制定运营方案、完善工程技术方案和夯实投资估（概）算外，我们建议扩展相关前期技术工作内容，以对轨道交通 PPP 模式应用提供有力的技术支持。

其一，建议在前期阶段增加项目运营期更新改造计划安排的技术设计内容。轨道交通项目投资规模巨大，设施设备系统庞杂，在 20—30 年的政府和社会资本合作期限中，不可避免会涉及项目更新改造工作，而更新改造资金额度大，动辄以数十亿或上百亿计。在目前的 PPP 实操中，由于项目可研报告或初步设计报告并未对项目未来更新改造提供方案，PPP 谈判缺乏相应的技术依据，为减少谈判难度，有的项目并不将未来的更新改造工作纳入政府和社会资本合作范围，而交由政府方根据项目实际更新改造需求另行出资处理。该方式隐含了较大的未来风险，从 PPP 全生命周期观察，将导致政府方出资责任敞口；在运营期间，政府和社会资本也将面临既有设施设备是否得以合理运用和维护、更新改造项目是否必要和投资额合理确定等方面的新一轮博弈，且该种博弈将贯穿整个运营期间，对政府监管提出很高要求。因此在 PPP 策划实施阶段即将未来更新改造投资纳入政府和社会资本合作范围予以考量，将有效封闭项目全周期投资敞口，并有利于 PPP 全生命周期绩效考核和监管。为此建议项目前期工作中增加对运营期更新改造的相关技术设计内容，提出相应的更新改造投资计划，为在 PPP 模式中设置更新改造处理机制提供基础性技术依据。

其二，建议前期工作增加轨道交通非客运业务资源量估算的内容。对于轨道交通 PPP 项目，项目公司收入通常由客运收入（票款收入）、非客运业务收入（多经收入）和政府补贴构成。在 PPP 项目中，政府和社会资本都十分关注项目可带来的非客运业务潜力。非客运业务收入包括依托轨道交通项目资产和空间开发相应的广告、通信和零售商业等业务而形成的收入。据我们了解的情况，不同项目非客运业务开发效果差异明显，有的项目非客运业务年收入可达到亿元级别，而有的项目则在数百万元水平。项目非客运业务收入来源多样，除项目自身条件外，更与项目公司开发力度密不可分。目前轨道交通项目工程可行性研究报告和初步设计报告中皆不涉及对非客运业务资

源量估算的内容篇章，我们建议对于拟实施 PPP 的轨道交通项目，在前期工作中增加安排对非客运业务资源量估算的工作内容，以利于在 PPP 实施中为评估项目非客运业务潜力和设置合理的风险激励机制提供依据。

二、第二方面的建议与项目监管相关，建议相关部门和行业机构推动促进轨道交通 PPP 核心机制逐步收敛

轨道交通项目投资规模巨大，影响深远。目前各城市 PPP 运作模式差异性明显，尚未形成较为稳定和成熟的模式，呈现探索期特征。作为国家重大基础设施领域，轨道交通 PPP 模式所依凭的基本理念、核心机制和主要方法如果长期处于"百花齐放"状态，将不利于 PPP 模式在业内的良性应用。轨道交通 PPP 运作模式通过实践由各项目个性化、发散式探索向相对合理的模式逐步收敛显得十分必要而迫切。

其一，建议推动轨道交通 PPP 项目补贴模式收敛。轨道交通 PPP 项目补贴模式是 PPP 模式应用机制设计的重中之重，是政府和社会资本最为关心的核心问题。国家发展改革委在 2017 年推出了 43 个 PPP 典型案例，其中 4 个地铁项目较为集中地体现了目前轨道交通 PPP 项目所采用的 4 种补贴模式。一是以呼和浩特轨道交通 1 号线项目为代表的"建设可用性＋运维绩效考核"补贴模式，该模式体现财政部门对 PPP 项目财政承受能力评价的要求，有不少轨道交通项目采用该方法；二是以乌鲁木齐轨道交通 2 号线项目为代表的"车公里补贴"模式，目前行业应用较为活跃，全国已有约 20 个项目采用该方法；三是以杭州地铁 1 号线为代表的"影子票价"补贴模式，是目前轨道交通领域已有实证运营案例的模式，港铁参与投资的地铁 PPP 项目皆采用了该方法；四是以福州地铁 2 号线项目为代表的"现金流补贴"模式，采用该模式的另一个案例是河南巩义轨道交通 PPP 项目。前述 4 种补贴模式各有特点，皆为可行的方法。尽管各地轨道交通项目技术特点各异，甚至顶层投融资模式安排各异，但在 PPP 模式框架下"政府—项目公司"的二元结构中，我们认为由于为轨道交通 PPP 项目建立补贴机制的基础原因、最终目的和面临的项目行业技术经济特征具有高度的一致性，补贴模式所应用的理念方法也宜保持相应的一致性。为此，建议相关部门推动轨道交通 PPP 项目补贴模式这一核心机制逐步收敛，在对各种补贴模式开展综合评估基础上对行业应用予以必要引导。

其二，建议推动轨道交通 PPP 项目共性风险处理向规范化、标准化方向收敛。经过近几年轨道交通 PPP 项目实践，PPP 项目风险机制安排已趋更加

全面和精细。除一般性风险的处理外，在项目前期工作和审批、PPP项目工程投资控制、工程进度控制、客流预测、更新和追加投资管理、票制票价变化、物价变化、客运服务水平变化、非客运业务开发等方面的风险识别、分配和处理机制进一步完善和完备，各项目在运作中已积累相应的方法和宝贵经验。在PPP运作中，对项目各种风险因素的处理方法往往也是政府和社会资本谈判博弈的重要方面。由于受政府决策者所秉持项目理念和管理思路、社会资本利益诉求，以及咨询机构专业水平等众多因素的综合影响，不同轨道交通PPP项目在共性风险的处理方面也呈现较为明显的差异。比如，在客流风险处理方面，有的项目设置了相应的客流风险上下限处理机制，而有的项目则设置为客流风险完全由政府方承担；在运营期物价变化风险处理方面，有的项目设置政府和社会资本分担机制并挂钩特定物价指数按公式法进行调整处理，而有的项目则按政府成本监审思路安排年度运营成本审计，按审计结果由政府方据实承担，等等。不同的风险处理方法无疑将导致项目参与方不同的利益结果，也造成各项目间的公平性问题。风险处理方法尽管受各种因素影响，但毕竟有其科学性、客观性和公正性的内在要求，风险处理方法从技术经济角度考虑具备实现规范化、标准化的条件，应力避受到各种人为因素干扰。为此，建议相关部门和机构推动轨道交通PPP项目共性风险处理方法收敛，在整合梳理已有成果和经验分享基础上，推出相应的风险处理指导性标准或方法库，供各地轨道交通PPP项目运作参考选用，也有助于从整体上提高PPP运作效率和质量。

（本文以"结束'百花齐放'的PPP模式"为题原载于《中国投资》2018年3月刊）

突破单一打分考核方式

肖　靓　李成勇

阅读提示

PPP项目的绩效考核，旨在考评项目的目标达成程度。轨道交通PPP项目，以为市民提供高质量轨道交通服务，满足市民出行需求为目标。本文以采用车公里补贴计价模式的轨道交通PPP项目为例，对项目绩效考核体系和思路进行了梳理，认为项目"按效付费"首先应围绕项目核心目标在补贴机制中进行内含设计，同时，对项目公司的相关管理工作要求和政府付费扣减宜通过合同违约处理机制进行外化安排，突破当前常规的单一由"打分"进行绩效考核的方式。项目公司需接受项目实施机构、相关行业主管部门和社会公众在PPP全生命周期内对项目进行的绩效考核，以达成提供高水平公共服务这一目标。

当前，无论政府方、社会资本、金融机构还是社会公众，都对PPP项目的绩效考核高度关注。所谓绩效考核，旨在考评PPP项目的目标达成程度。在目标明确的前提下，考核体系的完整性和客观性至关重要。

轨道交通PPP项目以为市民提供高质量轨道交通服务，满足市民出行需求为目标，项目公司应以不低于国家和省市轨道交通运营标准以及城市既有线路运营水平的要求运营项目。本文以采用车公里补贴计价模式的轨道交通PPP项目为例，以突出项目目标导向为理念，围绕项目应向社会和公众提供的功能和服务目标，从补贴机制和违约处理两方面分析梳理该类项目的绩效考核体系。

一、车公里补贴计价模式

"轨道交通PPP项目车公里补贴计价模式"以政府要求特许公司（PPP项目公司）向社会公众提供合格的轨道交通公共服务为核心理念，该模式以车公里作为基础计量指标构建轨道交通PPP项目财务模式，目前在成都、乌鲁木齐、北京等城市已实施的轨道交通PPP项目中得到应用。

车公里补贴计价模式对应的年度政府补贴额计算公式为：

年度政府补贴额＝约定车公里数×约定车公里服务费价格－年度基准客运收入－年度基准非客运业务收益＋实际车公里变化补贴调整额＋专项补贴调整额

在该补贴模式下，项目绩效考核体系由两部分组成，即内含在补贴机制中的绩效考核和外化在违约处理中的绩效考核。

二、内含在补贴机制中的绩效考核

1. 关于车公里的绩效考核

项目运营期间项目公司应按项目合同所约定的服务标准（发车间隔、兑现率、准点率等）和政府的要求制定行车组织计划并组织运营。为保障基础设施服务及公共利益，政府方有权根据实际情况要求项目公司调整行车组织计划，项目公司也有权利和义务根据实际情况变化提出行车组织计划的调整要求，经政府批准后执行。

对于各年度实际车公里数（运营里程）较约定车公里数出现的差异，对差异部分计算可变成本的增减额，作为实际车公里数相对约定车公里数变化时的补贴调整额。

按照上述补贴机制安排，政府将在运营期对项目公司实现的列车走行公里数进行绩效考核。项目公司获得政府补贴金额的多少，与实际的行车公里数直接挂钩。

2. 关于客流量的绩效考核

项目对于客运收入设置基准收入要求。当实际客流低于预测客流，该风险由项目公司在一定范围内自行承担；当实际客流高于预测客流，超出基准收入的部分，由政府和项目公司分成，实现利益共享。

按照上述补贴机制的安排，政府对项目公司是否实现合同约定的客流进行绩效考核。项目公司的实际收益将与客流实现率直接挂钩，如项目公司在实际运营过程中客流实现率差，项目公司在项目全生命周期内的收益水平将受到影响。

3. 关于非客运业务收益的绩效考核

项目对于非客运业务收益设置基准收益要求。如项目公司实际非客运业务收益低于目标要求，风险由项目公司承担，超出基准目标以上的部分，由政府和项目公司分成，实现利益共享。为激励项目公司充分发掘项目潜力，增加非客运业务资源开发效益，非客运业务收益越多，项目公司分成比例越大。

按照上述补贴机制的安排，政府对项目公司是否实现合同约定的非客运业务收益进行绩效考核。项目公司的实际收益将与非客运业务经营状况直接挂钩。项目公司在实际运营过程中，非客运业务效益差，项目公司在项目全生命周期内的收益水平将受到一定影响。

4. 投资控制的绩效考核

拟定项目全部前期工作、征地拆迁、同步实施工程等由政府组织实施和负责投资控制；该部分工程（工作）投资全部由项目公司据实支付，投资超支或节约由政府在项目完工并投入运营后的一定年份内通过专项补贴调整方式予以解决。

项目其他全部工程，包括主体工程、附属工程，以及项目涉及的树木伐移、管线改移、交通导改等工作交由项目公司组织实施和负责投资控制。对于经政府批准的工程变更导致的投资增减变化，经双方确认的属于设计工程量变化所导致的投资变化，以及工程建设过程中源自政府方面工程优化建议所产生的投资节约，由政府在项目完工并投入运营后的一定年份内通过专项补贴调整方式予以解决。除此之外，项目其余投资由项目公司承担全部的投资控制责任和风险，并享有投资节约的效益。

上述投资控制机制将在政府补贴中以专项补贴调整的方式体现，若投资差异为负值，政府补贴相应扣减，若投资差异为正值，政府补贴相应调增，体现出对于投资控制的绩效考核，且与政府补贴挂钩。

三、外化在违约处理中的绩效考核

1. 建设期

项目公司在建设期内需按照合同约定的项目建设工期进度（如关键工期节点、项目建成并空载试运行时间、试运营时间等）、技术标准要求（如界限基本条件、线路工程建设要求、轨道工程建设要求、车辆基地建设要求等）以及施工质量安全要求等开展项目建设。

对于合同中约定的建设标准和要求，政府方根据合同约定方式对项目公司实施绩效考核，并按合同约定对其进行相应的考核处罚，如：对于特定项目，合同约定对未能在约定开始试运营日前完成竣工验收的延期进行100万元/日的处罚。考评结果以实施机构从项目公司提交的建设期履约保函中扣取相应罚金的方式体现，甚至严重情形下的合同终止。

2. 运营期

运营期内，政府对项目公司所提供的客运服务提出考核指标最低要求，具体指标包括体现列车服务水平的指标（如列车开行对数、最小发车间隔等）、客运服务表现的指标（如运行图兑现率不低于99%、准点率应大于或等于98.5%、列车服务可靠度应大于50万车公里、乘客满意率达到90%等）、其他客运服务一般要求的指标（如行车指挥、列车服务管理、车站服务管理、广告管理等）等，在合同中对上述指标要求进行约定。

对于合同中约定的运营标准和要求，政府方在特许经营期内（全线试运营期除外），以每季度为考核期间，核实项目公司能否达到上述考核指标规定的要求，根据合同约定方式对项目公司实施绩效考核。如果项目公司在运营期内未按照上述要求提供不间断、安全、方便、迅速、准点、舒服的客运服务，根据合同约定，由政府方进行不同层级的考核处罚，如警告、20万元/次、60万元/次、300万元/次罚款等，并从运营期履约保函中扣除相应的考核罚金，严重情形下甚至可终止合同。

同时，因上述原因导致的较低客流实现率将直接影响项目公司的收益水平。

3. 移交期

合同对于移交提出一般要求，如：移交过程不应影响运营、维修及系统内其他商务的正常运作；移交时所有系统应处于良好状态，能够充分满足运营需要；按要求完成所有设备系统的检验和验证后，项目公司应编制"移交检验报告"等。同时，合同对移交范围、移交清单、移交技术要求、移交前大修、移交验证阶段和内容、移交日项目设施状况等进行详细约定。

如果项目公司在移交阶段发生违约或者未按照合同约定的标准、要求进行移交，则政府方有权对项目公司实施绩效考核，考核结果将以政府方从项目公司提交的移交期履约保函中扣取相应罚金的方式体现。

四、结论

本文以采用车公里补贴计价模式的轨道交通PPP项目为例，进行绩效考核体系梳理。该类项目绩效考核一方面内含在补贴机制中，另一方面也在合同违约处理中进行外化安排，突破当前常规的单一由"打分"进行绩效考核的方式。项目公司需接受项目实施机构、相关行业主管部门和社会公众在PPP全生命周期内对项目进行的绩效考核，以达成提供高水平公共服务这一目标。以目标为导向构建起行之有效的绩效考核体系，再由绩效考核的客观实施促进项目目标的达成，有的放矢。希望相关理念可为PPP项目绩效考核的研究与实践提供借鉴。

（本文原载于《中国投资》2017年10月刊）

北京地铁 14 号线 PPP 项目

郝伟亚　陈宏能

阅读提示

北京地铁 14 号线全部工程划分为"A（土建工程）＋B（机电车辆和运营）"两个部分，B 部分总投资约 150 亿元，按 PPP 方式运作。该项目是北京市在轨道交通领域继北京地铁 4 号线 PPP 项目之后第二个引入社会资本的特许经营项目，是北京市轨道交通建设不断深化投融资改革、实现政府和社会资本合作的承上启下之作。北京地铁 14 号线以工程划分方式明确了政府和社会资本分别承担的投资责任，并以实现社会资本基本收益预期的"约定票价"作为主要竞争谈判标的，构建了项目引入社会资本的可行性基础。政府和社会资本合作强调项目风险公平分担。14 号线项目对投资控制、客流预测、路网票制票价变化、物价变动等风险因素影响进行了全面梳理分析，按利益和风险对等原则设置相应风险处理方法；以客流预测为基础对项目可能出现的超额客流收入设置了政府和社会资本的分成共享机制，促进 PPP 项目公司不断提高项目服务水平。

2014 年 12 月 28 日，北京地铁 14 号线东段（金台路站至善各庄站）开通。全部建成后，14 号线将是北京市轨道交通路网中一条超长 L 型线路，全长 47.3 公里，共设 37 座车站。全线开通后将承担起从北京西南到东北的交通运输功能，线路途经交通枢纽、大型商务区以及多个大型居住区，加强中心城区与边缘居住区的衔接，方便沿线居民的出行。项目自 2010 年初开工建设，西段从张郭庄站至西局站，已于 2013 年 5 月 5 日正式开通运营。

事实上，北京地铁 14 号线正是采用 PPP 模式引入了社会投资者，市场化引资规模为 150 亿元，北京市基础设施投资有限公司（简称"京投公司"，是北京市国有独资公司，承担北京基础设施项目投融资、资本运营等职能）具体负责 14 号线引资工作。

该项目于 2012 年 3 月启动，历经前期论证、实施方案编制和报批、竞争性招商实施、协议谈判等工作阶段，至 2012 年 11 月与中选的北京京港地铁有限责任公司（简称"京港地铁公司"）草签特许经营协议，之后京港地铁公司开展特许经营项目申请报告编制报批等前期工作。2014年11月底，北京市交通委员会代表北京市政府与京港地铁公司正式签署了《北京地铁十四号线项目特许协议》，正式确定了京港地铁公司取得地铁14号线的特许经营权，同时确定了作为运营商的权利和义务。

一、政府企业分工明确

北京地铁14号线PPP合作模式充分考虑项目特点，结合项目投资构成和市场化融资目标研究社会投资者投资范围，从便于管理、易于衔接和有利于发挥各方专业能力的角度明确政府和社会投资者在项目中的责任，按利益和风险对等原则设置各种项目机制。14号线PPP模式充分突出政府和社会资本的合作以及在合作基础上的共赢和风险共担。14号线PPP项目总体上继续采用了4号线PPP模式，在具体方面进一步优化。

14号线按投资主体责任将工程实体划分为A、B两个部分。A部分由政府方负责投资建设，主要包括洞体、车站等土建工程及项目征地拆迁等内容；B由社会投资者负责，主要包括车辆、通信、信号等内容。通过工程划分和接口协调机制设置，明确了政府和社会投资者各自的投资范围和责任。相比4号线PPP模式，在14号线项目中，将与运营密切相关的轨道工程也交由社会投资者负责，项目投资责任划分更加适应项目运营特点。

根据《特许协议》，中选的社会投资者京港地铁公司在建设期内负责14号线B部分工程的投资建设任务，并在30年的特许经营期内负责14号线的运营和管理，在特许经营期结束后，京港地铁公司将项目设施完好、无偿移交给市政府。京港地铁公司通过特许经营期间的客运票款收入、授权范围内的非票务业务经营收入、政府补贴三种方式实现投资回收并获得合理商业回报。

对于政府负责投资的A部分项目资产，则在建成后以租赁方式提供特许公司使用和负责管理维护；考虑到北京市地铁客运票价现状，年基本租金较原4号线下调为象征性的每年1万元，减少特许公司经营期负担。

二、项目风险分担机制

城市轨道交通项目作为公共建设项目，具有投资规模宏大、运营生命期长、利益关涉广泛、公共服务责任重大等特点；在北京市现行票制票价政策下，使用者付费（票款收入）不足以覆盖项目投资和运营成本，需政府给予相应补贴支持，14号线项目具有准经营性特点。全面识别和妥善处理项目全生命周期中各种风险因素是实现政企合作、维护公共利益的重要保障。除对常规建设项目所具有的常规风险因素设置处理机制外，14号线项目从前期研究论证阶段就高度对重视PPP合作中的重点风险进行深入研究，并在特许协议中落实处置方法。相关重点风险处置方法介绍如下，以供行业参考借鉴。

1. 投资控制"多退少补"

在2012年7月的招商环节，鉴于14号线已进入建设阶段，大部分设备设施已完成招标，为保证预期引资规模的完成，基于项目投资责任的划分设立投资控制"多退少补"机制。招商阶段向社会投资者明确150亿元引资目标，工程竣工后以不超过批准概算为原则进行实际投资审计，政企双方以A、B部分间工程实体购买方式平衡投资审计结果与目标引资额的差异。

该做法与4号线对B部分投资超支和节约完全由企业承担的做法形成区别，有利于引导社会投资者重视对项目的足额投资，保证工程质量，同时也是符合项目实际情况的举措。特许协议也设置了因工程优化投资节约时政企双方的利益分享机制，有利于促进政府和社会投资者积极开展工程设计的沟通配合，以节约投资。

2. 公平承担客流预测风险

城市轨道交通项目客流预测受多种因素影响，预测风险客观存在。项目决策和招商谈判阶段，客流预测直接影响各方对未来客运收入、政府补贴力度的预期和判断，政企双方皆面临来自客流预测准确性的风险。为此14号线PPP项目采取了多种方法以减缓客流预测风险。

一是政府和社会投资者共同委托第三方专业技术机构共同完成14号线客流预测工作，并将相关客流预测成果作为协议的预测客流，以最大程度地形成14号线客流预测共识。

二是设置客流变化风险分担方法。如实际客流低于预测客流的特定下限，则相应客流风险由政府方面承担，以有利于保证PPP项目实现基本收益，增强社会资本投资信心。同时针对可能出现的高客流发展，设置了超额客流票款收入分成机制，防止在出现超额客流情况下投资者过分收益和政府补贴过多支出，该机制也鼓励特许公司不断提高服务水平，增加客流，为社会提供更多更好的服务。

三是设置3年周期的客流检验机制，如果任一检验周期内各年平均实际客流量低于平均预测客流量的一个低限值，则相应的客流风险由政府承担；

如客流长期低迷，可终止协议。

上述客流风险处理机制在一定程度上较好减缓了客流预测风险，有利于维护政府和社会投资者利益。结合 14 号线具体数据所进行的多方案模拟测试表明，上述风险处理机制可较好应对未来客流变化，有利于保障社会投资者获得较稳定收入，为项目长期可持续运营创造条件。

3. 及时应对票价政策变化

北京市地铁自 2007 年以来一直实行 2 元/人次的单一票制票价政策。14 号线 PPP 项目招商期间，从北京市轨道交通可持续发展角度分析，就已预期在不远的将来北京市票制票价政策可能进行调整。为此在 14 号线项目机制中专门研究了应对此风险的处理措施，设计了针对路网票制票价变化时的相关调整处理方法，并在特许协议中明确。

2014 年 11 月，北京市发展和改革委员会、北京市交通委员会和北京市财政局发布关于调整北京市公共交通价格的通知，自 2014 年 12 月 28 日起，调整北京市城市公共电汽车及轨道交通价格标准，实行计程票制，全路网平均人次票价水平也适度提高。14 号线特许协议中针对票制票价变化所约定的风险处理机制，较好地应对了本次北京市地铁票价调整。

4. 动态处理物价风险

地铁 14 号线 PPP 项目中政府为特许公司提供"可行性缺口补贴"，政府补贴主要是弥补 PPP 项目约定票价（即满足 PPP 项目投资可行性条件的预期票价）与实际票价之间的差额。

特许协议以竞争性谈判形成的初始约定票价为起点，在 30 年特许经营期中，根据人工成本、物价等因素的实际变化情况，应用调价公式按相应调价周期对约定票价水平进行动态调整，以减缓政企双方皆面对的物价变化风险。

三、丰富交通建设 PPP 内涵

北京地铁 14 号线 PPP 项目实现引资 150 亿元，有效缓解了北京市地铁建设当期压力，并成功引入专业经验丰富的京港地铁公司参与项目。作为继北京地铁 4 号线后第二个引入的社会资本项目，地铁 14 号线 PPP 项目是北京市轨道交通建设不断深化投融资改革、实现政府和社会资本合作的承上启下之作。

目前北京市正筹划推出一系列政府和社会资本合作轨道交通项目。鉴于

PPP项目中风险管控的重要性，一些部门已开始开展补贴计量模式优化、调价方法完善、复杂投融资结构下项目风险对策研究等，并取得一些成果，也将应用到特定项目中，不断丰富轨道交通PPP模式内涵。

（本文以"北京地铁14号线：风险处置范本"为题原载于《中国投资》2015年3月刊）

北京地铁 16 号线 PPP 项目

任宇航　肖　靓

阅读提示

北京地铁 16 号线项目总投资约 474 亿元，是北京市继地铁 4 号线、14 号线之后再度采用 PPP 模式的地铁项目。与此前两条线不同的是，16 号线采用复合型 PPP 模式，首次在轨道交通项目中引入保险股权投资，采用"股权融资＋特许经营"的融资模式引入社会资本，合计引资 270 亿元，融资模式和资金规模都开创国内之先。此外，该 PPP 项目在风险分担方式、投资控制方法、PPP 招商时间等方面，较之 4 号线和 14 号线都另有创新完善之处。

北京地铁 16 号线（以下简称"16 号线"）项目是国务院首批推出的 80 个鼓励社会资本参与建设营运的示范项目之一。2015 年 2 月 8 日，北京市交通委员会代表北京市政府与北京京港地铁有限公司及其三方股东草签了 16 号线项目《特许协议》，标志着 16 号线 PPP 项目招商工作已初步完成。项目招商工作由北京市基础设施投资有限公司（以下简称"京投公司"，北京市国有独资公司，承担北京市基础设施项目投融资、资本运营等职能）具体负责，聘请北京金准咨询有限责任公司等多家专业机构提供全方位 PPP 咨询顾问服务。

16 号线是北京市轨道交通线网规划中中心城区南北向骨干线路，全长约 50 公里，项目已于 2013 年 3 月开工建设，计划于 2017 年 12 月底全线建成通车。

16 号线项目总投资约 474 亿元，继北京地铁 4 号线、14 号线采用 PPP 模式引入社会资本参与地铁投资建设运营后，16 号线再度采用 PPP 模式。与此前模式不同的是，16 号线采用复合型 PPP 模式，首次在轨道交通项目中引入保险股权投资，采用"股权融资＋特许经营"的融资模式引入社会资本，合计引资 270 亿元，其中：股权融资规模 120 亿元，特许经营融资规模 150 亿元。该复合型 PPP 模式是一次全新尝试，融资模式和资金规模都开创国内之先。北京市政府有望仅仅使用少量资本金，撬动各类社会资本 270 亿元，债务融资约 200 亿元，极大缓解了政府资金压力。

一、复合型 PPP 模式的提出

北京地铁 4 号线、14 号线项目均采用传统 PPP 模式，通过特许经营方式引入社会投资者，社会投资者负责部分项目的投资和一定期限的运营，通过财政补贴的方式收回投资并获得合理收益，在一定程度上缓解了政府当期出资压力，为保障轨道交通建设资金的及时供给发挥了重要作用。但是，传统 PPP 模式亟待创新，主要原因有：①轨道交通投资额高，资金需求规模大，对社会资本的出资能力要求高；②轨道交通运营专业性很强，潜在的社会投资者有限。

在强劲的融资需求下，复合型 PPP 模式应运而生，该模式是指在传统 PPP 模式的基础上加入股权融资、EPC 工程总承包、土地资源开发、成立专项投资基金等创新元素的 PPP 模式。

16 号线 PPP 项目正是在传统 PPP 模式的基础上加入保险资金股权融资方式，采用"股权融资＋特许经营"的复合型 PPP 模式引入社会资本。城市轨道交通建设投资资金规模大，投资期限长，因有政府主导和支持，收益相对稳定，而保险资金开展股权融资，具有资金量大、长期性和稳定性的优势，以财务投资为主。轨道交通建设和保险股权无论从资金规模、投资期限还是收益需求等方面都高度匹配。16 号线项目采用复合型 PPP 模式引入保险股权投资，搭建了轨道交通建设和保险股权之间的桥梁，既缓解了轨道交通建设的融资压力，也契合了保险资金的投资需求。

二、项目融资结构

16 号线 PPP 项目从资本层面将 16 号线总投资按一定原则和比例分为 A、B 两部分，A 部分通过股权融资方式引入中再资产管理股份有限公司（以下简称"中再资产"）约 120 亿元保险股权投资，B 部分通过特许经营方式引入北京京港地铁有限公司（以下简称"京港地铁"）150 亿元，合计吸引社会资本达 270 亿元。

1. 股权融资部分主要内容

16 号线 A 部分投资由 16 号线公司（线路公司，京投公司下属全资子公司）负责，投资金额约为 324 亿元，其中项目资本金约为 130 亿元，由股权投资人通过保险股权投资计划或其他可行方式募集资金，参与 16 号线公司股权投资 120 亿元，其余资本金由京投公司投入。

股权投资人将所持有的股权全部委托京投公司管理，股权投资人不参与 16 号线公司经营管理，同时股权投资人不得向第三方转让其所持有的 16 号线公司股权。股权投资期不超过 20 年，期末，京投公司按原值回购股权投资人所持 16 号线公司股权；股权投资期间，股权投资人以股权权益让渡对价款或其他名义获取股权投资收益。

2. 特许经营部分主要内容

中选的社会投资者京港地铁公司在建设期内负责 16 号线 B 部分工程的投资建设任务，并在 30 年的特许经营期内负责 16 号线的运营、管理以及全部设施（包括 A 和 B 两部分）的维护和除洞体外的资产更新改造和追加投资，在特许经营期结束后，京港地铁公司将项目设施完好、无偿移交给 16 号线公司或市政府指定部门。京港地铁公司通过特许经营期间的客运票款收入、授权范围内的非票务业务经营收入、政府补贴三种方式实现投资回收并获得合理投资收益。

对于 16 号线公司负责投资建设的 A 部分项目，在其竣工验收后，由京港地铁公司与 16 号线公司签订资产租赁协议，取得其资产使用权。

三、项目融资模式和机制创新

1. 设计针对性融资模式，吸引不同特性社会投资者

不同社会投资者在利益诉求和风险承担意愿等方面具有不同特性，16 号线复合型 PPP 模式区分了投资者特性并针对性设计出相应融资模式。股权投资人倾向于获取稳定收益，不愿意参与建设、运营环节，不愿意过多承担风险，对投资回报率的要求较低；地铁运营商愿意参与建设、运营，愿意承担建设、运营风险，相应对投资回报率的要求较高。16 号线 PPP 项目采用"股权融资＋特许经营"的复合型 PPP 模式引入社会资本：股权投资人将所持有的 16 号线公司股权全部委托京投公司管理，不参与 16 号线公司的经营管理。从股权结构看，股权投资人虽是 16 号线公司绝对大股东，但实质上仅为财务投资人，不承担建设和运营风险，投资回报率要求较低；而地铁运营商作为特许经营部分的社会投资者愿意参与建设、运营，愿意承担建设、运营风险，相应投资回报率要求高于股权投资人。16 号线复合型 PPP 模式的设计充分遵循了风险和收益相匹配的原则，有利于调动不同社会投资者的积极性，为顺利引入较大规模社会资本提供了基础。

2. 区分风险特征，设置合理、灵活的风险分担机制

合理、灵活的风险分担机制是PPP融资模式创新的保障。对于16号线复合型PPP模式，京投公司在对风险进行识别和梳理，以及对风险特征进行区分的基础上，特研究提出以下风险分担原则供行业参考借鉴：①风险由对其最有控制力的一方承担，降低风险发生概率和风险控制成本；②承担的风险程度与所获得收益相匹配，有效调动风险承担方的积极性；③承担的风险要有上限，避免一方承担过多风险。相应风险处置方法于特许协议中落实。

3. 调整投资控制方法，确保资金足额到位

以往以工程量为基础划分B部分投资，社会投资者完成了B部分的工程量即认定为完成了工程投资。社会投资者在投资过程中可能为了提高收益水平而节省投资。地铁16号线在吸收以往经验的基础上，调整了投资控制的方法，以实际资金投资为基础划分B部分投资，由京投公司委托专业公司控制预算的执行，实际资金投资以最终的审计为准，多退少补。市政府授权京投公司组织实施B部分竣工审计，对特许经营者B部分150亿元投资构成进行审计和确认，通过上述机制的安排，确保引入150亿元社会资本足额投入到位。

4. 提前谋划PPP招商，促进建设和运营有效衔接

16号线复合型PPP模式招商工作开始时间较早，项目开始招商时，工程初步设计和设备招标尚未完成，社会投资者有机会介入前期工作，参与工程初步设计和设备招标工作，有利于建设和运营的有效衔接，有利于建设水平和运营水平的提高。

16号线项目是国内首次采用"股权融资＋特许经营"投融资模式融资建设的大型城市轨道交通项目，在投融资方式方面的探索和实践顺应了国家投融资体制改革的大方向。在国家深化投融资体制改革的大背景下，16号线项目复合型PPP投融资方式将发挥显著的标杆示范作用，推动我国基础设施投资建设不断发展。

（本文以"北京地铁16号线：PPP项目要创新融资模式"为题原载于《中国投资》2015年8月刊）

乌鲁木齐轨道交通 2 号线一期工程
（之一）

苑宝华　刘利民

阅读提示

乌鲁木齐轨道交通 2 号线一期工程 PPP 项目线路总长约 19 公里，涉及 16 座地下车站，总投资 162 亿元。该工程是乌鲁木齐市第一个轨道交通 PPP 项目，入选国家发展改革委 PPP 典型案例，也是财政部 PPP 示范项目。该项目 PPP 运作过程中统筹项目投资、建设、运营和移交全周期利益和风险，兼顾政府、公众和社会资本利益诉求；项目采用"整体 PPP 模式"，将项目概算范围内的工程全部纳入 PPP 实施，极大缓解政府当期投资压力；项目积极创新轨道交通公共服务供给侧管理模式，在国内轨道交通 PPP 领域首次应用"车公里补贴模式"，为该模式在国内轨道交通领域的推广应用提供了实践样本。项目于 2015 年 6 月启动 PPP 实施，于 2016 年 10 月 PPP 项目公司设立，进入工程建设新局面。

一、项目概况

乌鲁木齐市轨道交通 2 号线一期工程（以下简称"工程"）是乌鲁木齐市连接老城区核心和高铁片区的西北东南方向骨干线，南起延安路，至华山路，贯穿老城区最繁华、客流最集中的黑龙江路、人民路。工程涉及约 19 公里的隧道区间施工、16 座地下式车站建设（其中 4 座为换乘站）、停车场和车辆基地各一座、主变电站 2 座、全线机电设备系统的采购和安装调试、120 辆地铁 A 型车的购置。工程概算总投资约 162 亿元，施工总工期约 5 年。

二、项目 PPP 实施背景和过程

在 PPP 模式已成投融资领域国家战略的新常态下，经市委市政府决策，乌鲁木齐市轨道交通 2 号线通过 PPP 模式引入社会投资者，负责项目投资、建设和运营管理,以减轻市政府当期投资压力的同时,提升轨道交通运营服务水平。为此,在市PPP工作组的领导下、在市PPP中心的指导下,由市建委牵头组织市建委、市轨道办和乌鲁木齐城市轨道集团有限公司(简称"城轨集团")专业人员成立项目工作组,依据国家部委和自治区发布的PPP相关政策要求,以及《乌鲁木齐市推广政府与社会资本合作(PPP)模式的指导意见》等文件,推动开展该项目PPP实施。依托市级层面所建立健全的全市PPP管理规范和流程,2号线项目形成了"制度建设先行,市政府明晰授权,市建委强力主导,委办局积极参与,轨道办具体执行,城轨集团密切配合,咨询方全力协助"的PPP实施局面,项目进程得以有序、高质和高效推动。

该项目PPP实施过程主要情况如下:

2015年4月,乌鲁木齐市轨道交通2号线一期工程列入乌鲁木齐市政府投资PPP项目清单,正式启动项目PPP运作。

2015年6月,通过竞争性比选程序聘请专业咨询机构,由北京金准咨询有限责任公司牵头担任政府方PPP咨询顾问,协助PPP专业咨询工作。

2015年8—9月,经研究论证和市场测试等工作,金准咨询公司编制完成PPP物有所值评价报告、财政承受能力论证报告和PPP(特许经营)实施方案;市建委和轨道办组织业内专家、第三方咨询机构会同各相关委办局对相关报告进行评审、审查等工作,提交市政府审批。2015年9月乌市政府批复项目PPP实施方案。

2015年9月—2016年3月初,市建委、乌鲁木齐轨道办再次组织多位行业专家和第三方咨询机构,会同各委办局对金准咨询公司依据经批复实施方案所编制的招标文件、合同文件、招标控制价等PPP采购文件进行了多轮审查,以确保项目采购合规性和确保招标工作质量。

2016年3—4月在完成资格预审基础上启动和开展项目PPP公开招标工作;5—6月,市建委会同各委办局组织了采购结果确认谈判,最终确定北京市基础设施投资有限公司、中国铁建股份有限公司和北京市轨道交通建设管理有限公司组成的联合体(简称"京投联合体")为该PPP项目中标人。

2016年7月,市建委作为该项目政府方实施机构与中标社会资本签署政府和社会资本合作协议,城轨集团与中标联合体各企业为共同投资2号线PPP项目签署股东协议。

2016年10月,该项目特许公司"新疆乌京铁建轨道交通有限公司"注册成立;10月底,市建委与特许公司签署特许经营合同,该项目PPP实施落地,项目进入PPP执行阶段。目前乌鲁木齐2号线一期工程PPP项目正按预定计划顺利推进。

三、PPP运作模式和要点

该项目将全概算投资口径对应的工程全部纳入PPP实施范围，采取BOT方式运作（参考图1）。乌鲁木齐市市建委为该项目实施机构，实施机构通过公开招标方式选择社会资本，中选的社会资本与乌鲁木齐城轨集团组建项目公司。市建委与项目公司签署特许经营合同，授予项目公司特许经营权，合作期限为35年，其中建设期5年，运营期30年；项目公司负责该项目的投资、建设及运营。市政府根据项目运营绩效情况给予项目公司必要的财政补贴。特许经营期内，实施机构根据合同约定、市政府相关部门职能行使相应的监管职责。

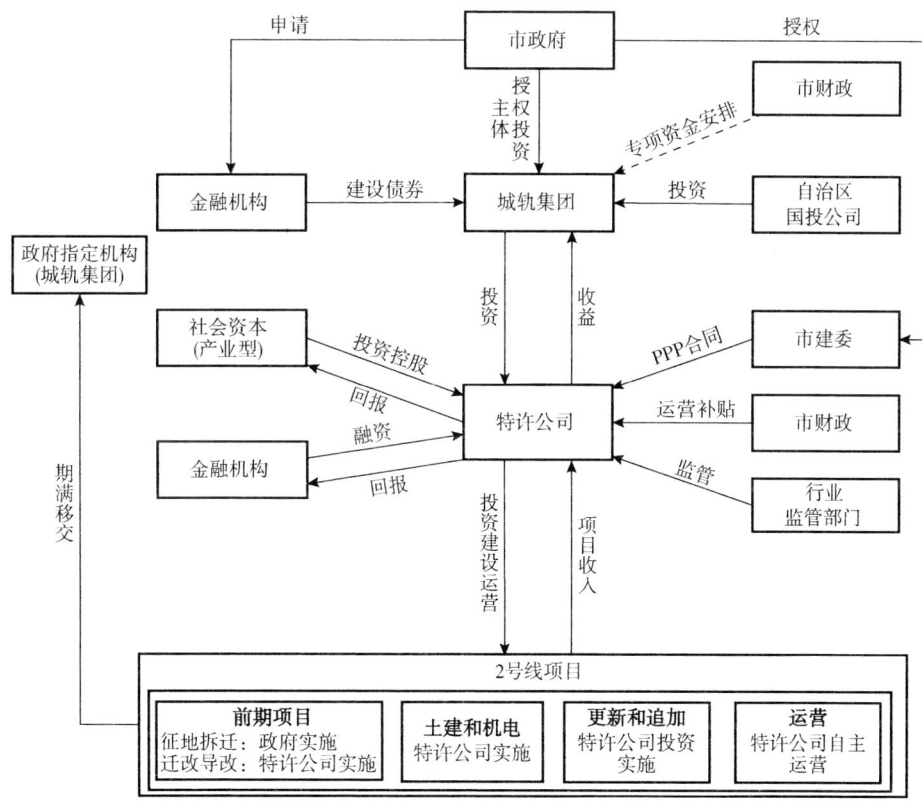

图1 乌鲁木齐轨道交通2号线一期PPP项目运作模式

1. 项目投融资和股权结构

按该项目初步设计所确定的项目范围全部纳入 PPP 实施范围，涉及初始总投资约 162 亿元。项目资本金比例按概算总投资 40% 设置，资本金之外的其余建设资金由特许公司负责筹措和承担偿还责任。项目运营期间涉及更新改造和追加投资共约 64 亿元，也全部由特许公司负责筹措解决。

特许公司中"京投联合体"各成员单位（社会资本）合计持股 51%，城轨集团持股 49%，实行同股同权。

2. 项目建设

特许合同要求项目建设需符合国家、自治区、乌鲁木齐市相关要求和行业标准规范。

项目全部前期工作、征地拆迁以及已先期开工的属于该项目的同步实施工程由市政府组织实施和负责投资控制。项目其他全部工程，包括主体工程、附属工程，以及项目涉及的树木伐移、管线改移、交通导改等工作由特许公司负责组织实施和承担投资控制责任。对于经市政府批准的设计变更（具体包括建设规模变化、站位线位调整，以及重大主体及附属工程变化）导致的投资增减变化及其他双方认可的投资变化，由市政府在项目完工后通过专项补贴方式向特许公司予以补偿或调整；除此之外，特许公司承担其余全部投资超支风险，并享有投资节约的效益。

如参与特许公司组建的社会资本具有相关土建工程施工资质，可由特许公司直接向社会资本发包相关工程施工，但对于项目土建工程总量的三分之一，要求特许公司必须通过公开招标方式确定承建商，以使特许公司直接发包部分与招标部分形成对标管理。

3. 项目运营

项目运营期自全线开始试运营日起计算，至其后满 30 年为止。特许公司经营范围包括该项目客运业务经营，以及在项目资产范围内的非客运业务经营，并允许特许公司参与和该项目密切相关的其他设施的投资建设和经营。特许公司负责项目全部运营和管理工作，项目运营需符合国家、自治区、乌鲁木齐市相关要求和行业标准规范。

4. 项目移交

特许期结束后，特许公司将项目资产按约定技术标准和法律标准无偿移交市政府指定机构。

5. 回报机制

按照"利益共享、风险共担"的PPP精神，该项目设计了保障特许公司基本回报的收入安排，同时配套相应的风险激励机制，激励特许公司发挥专业能力、提高轨道交通建设和运营水平，降低政府补贴，并承担相应的风险。

特许公司收入由三部分组成，一是项目客运业务收入，二是来自项目广告、通讯、商业零售开发产生的非客运业务收入，三是由市政府提供相应的可行性缺口运营补贴。对于客运收入设置了基准收入要求，如实际收入未达到基准收入，风险由特许公司承担，超出基准收入的部分，由市政府和特许公司分成。设立非客运业务收益基准目标要求，如特许公司实际非客运业务收益低于目标要求，风险由特许公司承担，超出基准目标以上的部分，由市政府和特许公司分成。

对于政府补贴，经深入研究论证和结合项目实际情况，采纳咨询机构建议，在国内轨道交通领域首次应用"车公里补贴模式"。该模式以在可预测性、稳定性和可监管性方面皆更具优势的运营里程指标（"车公里"指标）替代以往PPP项目中"预测客流"指标，体现了政府对特许公司提供轨道交通公共服务的核心要求；该模式大幅缓解客流预测风险对政企双方利益的风险影响，体现政企之间公正公平和共同的风险消减；该项目PPP实施过程表明政府和社会资本对该模式皆较容易达成共识，减少项目推动和博弈成本；在综合效益方面，该模式将促进公众对政府所提供轨道交通公共服务水平形成稳定预期，进而促进沿线区域发展和客流发展的良性互动。

项目设置了完备的政府补贴调整机制，对物价变化、实际运营里程变化、工程建设投资变化、基准利率变化等风险因素予以处理。

四、项目实施相关经验

乌鲁木齐轨道交通2号线一期工程PPP项目是该市第一个轨道交通PPP项目。以该项目PPP经验为基础，乌市已全面启动全市轨道交通PPP实施。市建委将继续深入贯彻执行国家、自治区和市政府关于政府和社会资本合作政策和精神，进一步深入总结2号线PPP项目经验，促进乌市轨道交通PPP发展。初步总结，该项目PPP实施相关经验主要包括：

以法律法规为准绳，在市级层面建立健全PPP管理规范和流程，形成了"制度建设先行，市政府明晰授权，市建委强力主导，委办局积极参与，轨办具体执行，城轨集团密切配合，咨询方全力协助"的PPP实施局面，项目进程得以有序、高质和高效推动。

多渠道、多方式凝聚社会专业资源，通过竞争程序选聘PPP专业咨询机构（金准咨询）作为政府方牵头顾问，聘请行业专家和其他第三方专业咨询单位参与和加强项目关键环节把关；充分重视咨询单位和第三方专家意见和建议，保证PPP实施的正确方向和质量。

统筹项目投资、建设、运营和移交全周期利益和风险，兼顾政府、公众和社会资本利益诉求，在国内地铁PPP领域率先实现项目全投资范围的整体PPP模式，极大缓解政府当期投资压力，并引入专业、实力社会资本，为乌市轨道交通建设可持续发展开创新局面。

创新轨道交通公共服务供给侧管理模式，重视专业咨询机构和专家建议，注重项目PPP实施过程中的技术论证和研究工作。该项目在国内轨道交通PPP领域首次应用"车公里补贴模式"，相关成果已在乌市后续PPP项目中得以应用，并已借鉴至其他城市轨道交通项目。

充分重视和体现"利益共享，风险共担"的PPP精神，在项目初始投资和更新改造投资控制、客流量和客运收入变化、非客运业务收益变化、运营里程变化、物价变化、利率变化、合同解除补偿等方面皆设置量化机制，提高PPP合同执行可操作性。

从政府管理方面全面厘清项目PPP合同监管和行政监管关系，强调项目监管和绩效考核，明晰监管主体，明了监管程序，明确监管方法，全面构建项目PPP监管体系，确保项目始终处于受控状态，充分发挥项目社会经济效益。

（本文以"轨道交通公共服务供给侧管理的创新样本"为题原载于《中国投资》2017年3月刊）

乌鲁木齐轨道交通2号线一期工程
（之二）

潘 安　陈宏能

阅读提示

基于项目特点、需求和政府决策以及认识理念的不同，形成思路与方法的差异，这是目前轨道交通领域PPP模式呈现多样性的原因。本文就轨道交通PPP实施中涉及的若干重大理念和方法进行了分析阐述。本文认为轨道交通投资责任安排方面是采用"整体PPP"还是"A/B划分"，需根据项目具体情况和需求以及决策理念和思路而确定；从PPP项目公司中各股东平等分担风险、形成规范治理结构、充分发挥各方积极和专业优势、促进地方轨道交通融资平台市场化转型等角度，提倡政府投资主体宜参与项目分红；结合PPP项目对客流风险的处置模式和项目审批管理，本文认为无须专门为项目PPP实施编制"招商客流"；在政府补贴方式上，本文进一步分析阐述了"车公里补贴模式"的特点和应用优势。

乌鲁木齐市轨道交通2号线一期工程（简称"乌市2号线项目"）概算总投资约162亿元，施工总工期约5年。该项目是乌鲁木齐市第一个实施PPP运作的轨道交通项目，已于2016年10月完成特许经营合同签署工作，实现PPP落地和进入合同履约执行阶段。

该项目PPP方案论证过程中对一些重要问题所遵循的理念和采用的方法阐述如下。

一、投资责任按"整体PPP"还是"A/B划分"？

在此前的轨道交通PPP"港铁投资模式"中，项目按"A/B划分"方式确定实施PPP的工程范围：即将项目按土建和设备划分为A、B两个独立的部分，A部分由政府直接投资和承担建设管理任务，B部分通过引入社会资本实施，由组建的PPP公司承担B部分的投资、建设任务，以及项目整体运营管理。该模式按专业特征将项目一分为二，在疏解项目B部分资金筹措压力的同时,突出了城市政府引入专业社会资本参与轨道交通运营、促进城市轨道交通整体服务水平不断提高的基本诉求。"A/B"划分模式也与特定投资方在轨道交通运营方面所拥有的丰富专业经验相契合,体现了"引资"和"引智"并举。

在乌市2号线项目PPP论证过程中,研究对比了按项目总投资口径将全部投资责任交由PPP公司承担、以BOT运作为特征的"整体PPP"模式和上述分而治之的"A/B划分"模式。结合国内社会资本投资意愿和市场测试情况,考虑提高项目整体综合管理效益、减少因工程划分产生的协调管理难度,并最大程度缓解政府方投资压力等因素,最终选择了"整体PPP"模式。在乌市2号线的"整体PPP"模式安排中,项目全部的初始投资、运营期间的更新改造投资和追加投资责任皆由PPP公司负责筹措。在项目具体实施方面,政府方主要承担项目初步设计之前的全部前期工作,以及征地拆迁任务,此两部分的投资控制责任由政府方负责,但资金来源由PPP公司承担和支付;工程的其余部分则全部交由PPP公司实施,并按PPP合同约定承担相应的投资控制责任。

在本轮轨道交通PPP实践中,乌鲁木齐轨道交通2号线一期PPP项目率先采用了"整体PPP"模式,目前已有多个城市的多个项目中采用该种安排,呈现一定的趋势特征。当然,也有项目采用"A/B划分"模式,以及在"A/B划分"模式基础上的变化模式,如缩小政府直接投资的A部分范围,A部分仅余留前期工作和征地拆迁,将工程施工纳入B部分由PPP公司承担;也有项目按土建和设备专业先进行"A/B"划分,再对A、B部分分别实施PPP的模式。由此可见,轨道交通投资责任安排方面是采用"整体PPP"还是"A/B划分",需根据项目具体情况和需求以及决策理念和思路而确定。

二、政府投资主体是否参与项目分红?

按国家PPP政策,乌鲁木齐市政府指定乌鲁木齐市城市轨道集团有限公司作为政府投资主体与社会资本共同组建PPP公司。在乌市2号线项目论证中,研究了政府投资主体在PPP公司中的分红权益安排问题,有两个比较方案,一是政府投资主体在PPP公司中按"同股同权"方式参与分红,二是不参与分红。

2号线PPP顾问金准咨询有限责任公司就政府投资主体在2号线PPP公司中是否参与分红进行了详细财务分析论证。据测算,政府主体"同股同权"参与分红的方案在30年运营期中乌市地方政府的净补贴支出大于不参与分红的方案，同时，与不参与分红方案相比，在政府投资主体参与分红的情况下，中央税收分成增加导致政府方净补贴支出增加，但政府方为社会资本和债权方（贷款银行）的总付出反而减少。如在"政府和社会资本合作"的二元结构中，突破"地方政府"视角而将增加的税务支出视为政府内部转移支付或地方政府对上级政府的贡献，对于政府主体参与项目分红方案，政府方为社会资本和债权方的总付出是减少的，政府主体参与项目分红具有相应合理性。

尽管在国内轨道交通PPP实施中，各项目基于不同的理念认识和实际情况考虑，政府投资主体按同股同权参与项目分红和不参与分红的安排皆有案例。在乌市2号线项目中，在财务分析基础上，并主要考虑相关综合性因素，乌市2号线项目最终决策采用政府出资方在PPP公司中与社会资本股东"同股同权"参与项目利润分配的方案。这些综合性因素的考虑主要包括：

（1）政府投资主体与社会资本按同股同权方式共组PPP公司，政府投资主体可有效分担项目风险和平抑项目收益，有利于实行利益共享和风险共担，在项目技术经济条件及外部环境出现较大变化时可发挥项目"稳定器"作用。

（2）实施同股同权的利益机制可确保政府投资主体和社会资本在PPP公司中形成合力，充分发挥各自专长和优势，有利于PPP公司按《公司法》要求形成完善的治理结构，保障PPP项目健康实施和运营。

（3）实施同股同权，将为政府投资主体（乌鲁木齐市城市轨道集团有限公司）实施市场化转型改革、尽早转变角色定位和积累市场化经验创造条件，有利于乌市轨道交通事业可持续发展。

三、是否需要为PPP实施编制"招商客流"？

在轨道交通PPP项目实践中，客流预测准确性一直是轨道交通PPP运作过程中各方关注的焦点。乌市2号线实施PPP之际，项目可研报告已经批复，在市场测试阶段，相关社会资本对经批复的客流预测成果持不乐观态度，希望能参照相关项目做法编制专用于PPP实施的"招商客流"。为此，咨询公司进行了相应论证，认为尽管政府方和社会资本方在客流预测成果方面存在较为明显的博弈，但基于相关认识和乌市2号线所采取的风险措施，提出该项目PPP实施不需要编制专门的"招商客流"的建议并被实施机构采纳。在"招商客流"问题上乌市2号线实施中的相关认识和主要考虑如下：

PPP项目中使用"招商客流"，将与经政府批复的可研报告或初设报告中明确的客流预测成果在管理层面上出现协调困难。可研或初设批复成果（包括客流预测）在政府项目管理上具有严肃性，项目批复的工程投资和系统方案皆以经批复的客流预测成果为基础。"招商客流"的形成和存在，无疑是对项目前期重要工作成果的否定或反复，也使"招商客流"的使用者面临巨大决策风险考验。因此从项目政府管理层面，不建议在 PPP 运作阶段使用"招商客流"，而应在前期工作阶段即加强客流预测工作，为实施 PPP 奠定尽量可靠的客流预测基础。

"招商客流"在预测准确性方面并非一定优于批复客流预测成果。尽管"招商客流"的形成过程可通过机制安排体现公平性（如政企双方共同委托第三方进行客流预测）甚或体现权威性（如委托权威机构进行预测），但"招商客流"本身的准确性和科学性依然难以认定，客流预测风险依然存在。而"招商客流"一旦形成并纳入 PPP 机制设计，客观上政企双方在客流问题上达成的协议仍是一个"愿赌服输"的局面，一旦出现客流严重偏离预期的情况，必然面临 PPP 利益机制纠偏和 PPP 合同的重新调整。

乌市 2 号线 PPP 项目采用"车公里补贴模式"已明显减缓客流预测准确性影响。在"车公里补贴模式"下，依托项目批复客流预测成果，已可大幅度减缓客流预测不准确性对政府和企业双方的风险影响，不需在政府批复的客流预测成果之外再行编制"招商客流"。

四、为什么采用"车公里补贴模式"？

在乌市 2 号线 PPP 实施之际，政府补贴模式安排方面可资借鉴的是"约定票价补贴模式"，该模式以预测客流为基础，以竞争程序确定的覆盖可行性缺口的"约定票价"（或"影子票价"）与项目实际人次票价之间的差额作为政府提供项目补贴的依据，且该模式已应用到相关轨道交通项目中。乌市 2 号线项目考虑到项目本身特点和实际情况（换乘站点布置、二期工程延展安排以及沿线区域发展等），咨询机构认为由于影响 2 号线未来客流发展的因素众多，采用"约定票价补贴模式"将面临客流预测不确定性的风险影响，市场测试也表明作为该模式基础的客流预测成果也较难与潜在社会资本达成共识，因此建议采用"车公里补贴模式"，相关研究工作得到实施机构的积极支持。

"车公里补贴模式"以轨道交通 PPP 公司服务量（按运营里程）为核心指标构建相应的可行性缺口补贴机制，明显减缓客流预测不确定性对 PPP 项目利益风险的影响，使政府方更多关注轨道交通 PPP 项目为社会公众所提供轨交服务数量、质量和价格水平。为此咨询机构依据项目初步设计报告确定的行车组织计划，并调研和参考了国内类似城市轨道交通服务水平，在乌鲁木齐市城市轨道集团有限公司、设计单位和业内专家指导下咨询机构详细编制了该项目 30 年运营期间逐年行车组织计划安排，以此作为 PPP 招标阶段运营里程的计量基础，同时咨询机构对"车公里补贴模式"进行了大量的运营模拟敏感性测试论证，包括行车组织变化（车公里数变化）、客流变化、物价因素变化、开通运营时间变化等。"车公里补贴模式"最终通过政府实施机构组织的项目评审。自"车公里补贴模式"在乌市 2 号线项目中首次采用和推广以来，截至 2016 年底，国内轨道交通领域已有数十个项目采用了该模式。

（本文以"轨道交通领域 PPP 方案设计需体现合理性"为题原载于《中国投资》2017 年 4 月刊）

乌鲁木齐轨道交通 2 号线一期工程
（之三）

肖 靓　牛 嘉

阅读提示

在风险机制设计方面，乌鲁木齐轨道交通 2 号线一期工程 PPP 项目充分重视和体现"利益共享，风险共担"的 PPP 精神，并遵循最大程度实现量化处理的原则，努力在风险处理方面实现数量化、规范化、高效化和透明化，同时减少实施期间监管工作量和减少二次博弈。在项目中进行量化处理的主要风险事项包括：项目初始投资与更新改造投资控制、客运收入与非客运业务收益变化、物价变化、运营里程变化、基准利率变化等方面。

乌鲁木齐市轨道交通 2 号线一期工程 PPP 项目是乌鲁木齐市第一个轨道交通 PPP 项目，已于 2016 年 10 月完成特许经营合同签署工作，实现 PPP 落地和进入合同履约执行阶段。以该项目 PPP 经验为基础，乌鲁木齐市已全面启动全市轨道交通 PPP 实施。

该 PPP 项目充分重视和体现"利益共享，风险共担"的 PPP 精神，在项目初始投资与更新改造投资控制、客运收入与非客运业务收益变化、物价变化、运营里程变化、利率变化等方面皆设置了量化应对机制，提高 PPP 合同执行可操作性。

一、初始投资与更新改造投资的控制机制

该项目以批复的初步设计概算为基础通过招标竞争下浮一定比例作为社会资本进行车公里服务价格报价的依据，并按报价投资作为项目执行期间投资控制的依据。

全部前期工作、征地拆迁，以及先期开工的属于该项目的同步实施工程由市政府组织实施和负责投资控制；该部分工程（工作）投资全部由特许公司据实支付，投资超支或节约由市政府在项目完工并投入运营后的 5 年内通过专项补贴方式予以补偿或调整。

其他全部工程，包括主体工程、附属工程，以及项目涉及的树木伐移、管线改移、交通导改等工作交由特许公司组织实施和负责投资控制。对于经市政府批准的设计变更（具体包括建设规模变化、站位线位调整，以及重大主体及附属工程变化）导致的投资增减变化，经双方确认的属于设计工程量变化所导致的投资变化，以及工程建设过程中源自政府方面工程优化建议所产生的投资节约，由市政府在项目完工并投入运营后的 5 年内通过专项补贴方式予以补偿或调整；除此之外，项目其余投资由特许公司承担全部的投资控制责任和风险，并享有投资节约的效益。

项目全部资产更新改造和追加投资由特许公司负责全部资金的筹措和组织实施。

招标阶段由社会资本提出更新改造和追加投资初步计划（纳入车公里服务费补贴计算范围），并纳入投标方案合理性评审。更新改造和追加投资按招标时的价格水平计列，因物价变化引起的投资价格上涨在运营期通过车公里服务费价格调整机制予以调整。

在运营期间，特许公司根据项目运营情况及时安排和实施资产更新和追加投资，保证项目达到相应的服务要求和标准，提供持续、稳定、安全和优质的服务；政府实施机构对项目公司更新改造和追加投资工作情况予以监督，且自项目运营开始每 6 年对资产更新改造和追加投资完成情况进行审计，确认各期间完成的实际投资。

特许期结束，如特许公司实际投入的更新改造和追加投资总额较经物价调整后的计划投资额相比，有结余则结余额度随项目一并移交市政府指定机构；如有超支，则由特许公司自行承担，政府方不再补偿。经物价调整后的计划投资额按《特许合同》约定的各年度固定资产投资价格指数进行测算。

二、承担客运收入与非客运业务收益责任

该项目对于客运收入设置了基准收入要求，如实际客运收入未达到基准客运收入，风险由特许公司承担，超出基准收入的部分，由市政府和特许公司分成，实现利益共享。具体分成比例根据财务模型分析论证后确定，并考虑到客运收入增加主要受政府方因素影响（线网规划、沿线发展、票价调整等），因此分成比例方面向政府方倾斜，避免项目公司过度盈利。

实际客运收入低于基准客运收入的风险全部由项目公司承担，该安排在市场测试阶段得到社会资本认同，主要原因是该项目采用"车公里补贴模式"对客流不足导致的财务风险已得到有效缓减和控制。

同时设立非客运业务收益基准目标要求，如特许公司实际非客运业务收益低于目标要求，风险由特许公司承担，超出基准目标以上的部分，由市政府和特许公司分成，实现利益共享。为激励项目公司充分发掘项目潜力，增加非客运业务资源开发效益，非客运业务收益越多，项目公司分成比例越大。

三、应对运营行车风险

运营期间项目公司需按《特许合同》所约定服务标准（发车间隔、兑现率、准点率等）和市政府要求制定行车组织计划并组织运营。市政府有权根据实际情况要求特许公司调整行车组织计划，特许公司也有权和有义务根据实际情况变化提出行车组织计划的调整要求，经市政府批准后执行。

对于各年度实际车公里数（运营里程）较合同约定车公里数出现的差异，对差异部分计算可变成本的增减额，作为实际车公里数相对约定车公里数变化时的补贴调整额。运营模拟计算分析表明，该方法可有效处理实际行车组织计划与招标阶段行车组织计划之间的变化风险。

四、车公里服务价格的定价和调价

这是首次在国内轨道交通领域应用"车公里补贴模式"，补贴计算核心指标基于逐年约定车公里数（运营里程）的车公里服务费价格（可行性影子价格）。

（1）初始定价：车公里服务费价格的初始定价由社会资本在招标阶段报价（不高于招标控制价），通过竞争形成，并在《特许合同》中约定。确定初始定价合理性的主要因素包括：约定的特许经营期设置、约定车公里数、项目预期回报水平、项目初始投资和合理的筹资方案、更新改造投资和追加投资、合理的运营成本、现行税务政策等。

（2）定价原则：运营期根据物价变动情况对项目车公里服务费价格进行调价。一是覆盖全部动态因素。通过调价公式对运营期主要物价因素进行全面覆盖和处理。该项目纳入调价处理的物价风险因素包括人工成本价格变化、电力价格变化、与PPI因素相关的其他运营成本价格变化，以及与资产更新改造和追加投资相关的固定资产投资价格变化，并对各因素风险在政府和项目公司之间安排了分担机制。二是实现风险调控性能。经研究论证和测试，该项目针对车公里服务费价格设计的物价调整公式可有效应对较为宽幅的物价因素变动，在风险分担基础上保障项目公司基本收益。三是方便实际调价操作。该项目调价公式使用参数取自招投标文件、政府统计部门或政府授权机构，参数来源权威、可靠、透明，便于减少调价实施和减少调价分歧。

（3）调价方法：以经招标竞争确定并在《特许合同》中明确的基准年初始价格为起点进行运营期价格调整。项目全线开始试运营后的前三个日历年为第一个价格周期（含开始试运营的当年）。在第一个价格周期中，车公里服务费价格按基准年初始价格执行，之后每隔3年作为一个价格周期，对车公里服务费价格进行一次调整，即每个调整后的价格执行周期为3年，以此类推，直至特许经营期结束。各年度调价系数的确定以项目支出（包括经营成本和维持运营投资）受到物价变化的实际影响和物价变化风险分担配置为依据，以对冲项目支出并满足项目基本收益率预期为目标，按《特许合同》相关约定计算确定。

五、基准利率变化调整方法

由于项目PPP招标时各方对项目基本收益水平的预期明显受到当期央行贷款基准利率水平的影响，而央行贷款基准利率水平在项目运营期间将处于动态变化之中，为此该项目针对央行贷款基准利率水平变化设置了项目补偿调整方法：在合作期内（包括项目建设期和运营期），如中国人民银行公布的5年以上贷款基准利率发生变化，则按《特许合同》约定进行利息补偿调整计算，如基准利率上升，则政府方向项目公司给予相应补偿，如基准利率下降，则政府方相应扣减项目补贴。

设立该机制的目的是力图在一定程度上处理央行贷款基准利率变化这一宏观因素在项目投资决策时所产生的风险影响，至于项目公司实际融资利率水平在该项目安排中则不予处理，由项目公司承担全部的融资风险和享有相应的融资效益。

（本文以"轨道交通PPP项目典型机制设计"为题原载于《中国投资》2017年7月刊）

PPP 模式助力旅游轨道交通发展

朱飞跃　韩松延

阅读提示

与主要提供公共服务的城市轨道交通项目不同，旅游轨道交通项目更多的是满足游客交通或游览需求，因此旅游轨道交通 PPP 项目在实施时需关注与城市轨道交通项目的不同之处。旅游轨道交通项目的票价在定价时不仅需要考虑轨道交通线路的绝对票价，还要充分考虑轨道交通与公交等其他交通方式之间的相对比价关系，票价可与成本相当，采取接近市场价格的票价机制；在"约定票价"和"约定车公里服务费"两种补贴模式中，为体现政府给予每一张票的补贴额，更适合采用"约定票价"的补贴模式；在进行风险分配时，除设置客流风险的风险分担机制外，更需处理好与旅游大巴、出租车等不同交通方式之间的竞争和接驳，促使项目顺利实施，提升区域整体旅游业发展水平。PPP 模式应用于旅游轨道交通项目尚处于探索过程中，本文以某旅游景区策划中的轨道交通专线开展相关探讨。

随着我国旅游业的迅速发展，旅游交通作为有效连接景区和客源地，完成游客在旅游目的地和客源地间流动的重要手段，在旅游业中所起的作用日益明显。旅游交通的便利与否关系到旅游者对旅游目的地的选择和旅游日程的安排，更是直接关系到游客整个旅程的体验和心情，是景区旅游业发展考核的重要指标，将对整个区域旅游业发展产生重大影响。

旅游轨道交通项目不同于城市轨道交通项目，具有其自身的特点。对于旅游轨道交通，不单单是解决景区可进入性的问题，更多的是面向游客提供便捷交通和休闲体验服务，并以提供不同景观视野的服务为辅助，目的是实现"旅速游缓、旅短游长、旅中有游、游旅结合"的旅游交通环境。另一方面，城市轨道交通主要是提供公共服务，具有一定的福利性质；而旅游轨道交通更多的是满足游客需求，具有一定的市场化性质。

因而在有条件的地区，通过发展旅游轨道交通，建立立体、高效、环保的旅游综合交通体系，加强景区旅游交通与其他景区交通方式之间的协调运行，支持并促进区域旅游产业与生态保护的和谐发展，在确保旅游者"进出方便,来去自由,集散随意"的同时,使游客能从不同的高度欣赏景观,获得完全不同的休闲体验。

由于旅游轨道交通项目建设需要大量资金,且短期盈利能力有限,单靠财政投资难以支持,引入社会资本可以缓解政府短期财政压力。同时,旅游轨道交通建设运营专业性非常强,引入专业的社会资本,可以提高建设运营效率,较好控制项目风险。由此可见,采用PPP模式有利于调动社会资本进入旅游轨道交通领域,助力旅游轨道交通发展。

下面以某旅游轨道交通PPP项目为例进行探讨。

一、项目背景

由于该策划中的项目所在景区存在对外综合交通运输通道不畅、区域内部公路设施发展水平偏低等问题,导致城镇间、景区间、城镇与景区间沟通差,环保压力大。旅游交通服务能力和服务水平低下等制约了项目所在景区的发展。为完善景区的外部交通设施,缓解景区与城镇之间的交通拥堵状况,促进旅游项目开发,丰富景区文化,实现景区可持续发展,政府决定发展以轨道交通为主导的绿色旅游交通。

二、项目交易结构和运作模式

该项目拟由项目实施机构通过公开招标确定社会投资人,中选社会资本与政府出资主体共同组建PPP项目公司(项目交易结构见图1)。政府方授予项目公司特许经营权,负责该项目的投资、建设、运营维护等。

初拟项目按照全口径PPP模式实施,PPP项目公司与该项目实施机构签署特许经营合同,项目公司负责特许经营范围内全部建设内容的实施,主要包括:车站工程、区间工程、轨道工程、供电、站台门、给排水及消防、车辆基地等土建工程部分,以及通信系统、运营调度管理系统、售检票系统、车辆段及控制中心建筑弱电系统、智能交通、车辆基地设备及安装部分、更新改造和追加投资等。政府方负责立项、可研、征地拆迁等前期工作。

特许经营期间,PPP项目公司按授权范围负责该项目的相关经营和管理,并负责更新改造和追加投资的实施,获得客运收入及非客运业务收益。项目公司通过运营回收投资和获得回报,不足部分由政府通过可行性缺口补助模式向PPP项目公司支付补贴。

特许经营期结束时,PPP项目公司将全部项目设施设备按照移交委员会制定的移交标准，完好、无偿地移交给政府方或政府指定的其他部门。

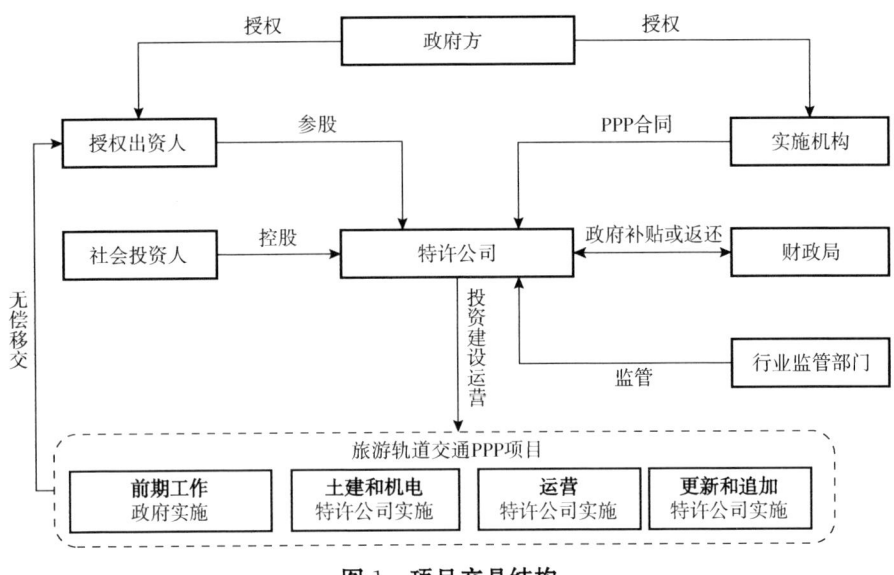

图 1　项目交易结构

三、项目的关注点

1. 票价方案的制定

旅游轨道交通项目不同于城市轨道交通项目，更多的是服务于景区游客，小部分用于通勤。因此票价方案直接影响到游客对交通方式的选择，合适的票价不仅在经济上可以使游客直接获益，而且可以给游客心理上带来更好的体验。在考虑轨道交通票价对乘客出行方式选择的影响时，不仅需要考虑轨道交通线路的绝对票价，还要充分考虑轨道交通与公交等其他交通方式之间的相对比价关系，以及不同交通方式的乘坐体验和观光效果。

考虑以上因素及旅游轨道交通的特点，项目采用与市场价格接近的票价机制，票价水平与成本基本相当，最终票价由政府决定。该项目旅游客流采用常规票价，通勤客流采用优惠票价。

2. 政府补贴计算模式的选择

目前，轨道交通项目通常采用的政府补贴模式主要有两种：一种是基于协议客流的约定票价补贴模式，以项目线路运送客流数量计算政府补贴额度，即根据"拉了多少人"支付政府补贴；另一种是基于走行车公里数的车公里服务费补贴模式，以项目线路列出走形车公里数量计算政府补贴额度，即根据"跑了多少趟车"支付政府补贴。

对于城市轨道交通，主要是提供公共通勤服务，车公里体现了政府为社会公众提供公共交通服务而向PPP项目公司购买服务的真实数量，量价协调，便于政府对PPP项目公司进行监管和考核，车公里服务费补贴模式更适用一些。

对于旅游轨道交通项目，主要是提供市场化的旅游交通服务，兼顾通勤，客流体现了PPP项目公司服务游客的具体数量，约定票价体现了运送每一位游客的实际成本，约定票价和实际票价的差额则体现了每运送一个游客的政府补贴，这部分政府补贴主要是考虑旅游轨道交通项目兼顾的通勤功能。由于旅游轨道交通项目采用市场化运作方式，约定票价接近实际票价，政府补贴很少，甚至可以不补贴。基于这种情况，旅游轨道交通项目更适用约定票价补贴模式。这样社会投资人能够很清楚地知晓每运送一个游客，即每一张票政府给予的补贴是多少。同时，政府方也十分清楚自己每张票的补贴责任。

3. 项目风险的分配

PPP项目都涉及如何合理分担风险的问题，对于旅游轨道交通这样一个非常复杂的大型公共产品，涉及的许多风险都是社会资本无法承担的，例如：客流预测准确度、路网规划、不同交通方式之间的竞争和接驳等。

在研究制定旅游轨道交通PPP项目实施方案时，应仔细分析存在的风险，建立合理共赢的风险分担机制，对政府方在PPP项目当中的角色进行合理定位，承担应有的风险，以减轻社会资本承担风险的压力，避免将所有风险一股脑抛给社会资本，让社会资本承担，以此保证PPP项目顺利落地实施。

针对旅游轨道交通项目预测客流普遍存在偏差的特点，为化解客流预测的风险，我们设计了相应的客流风险分担机制、票务收入分成机制。具体来说：社会投资人承担一定范围的客流不足风险（客流下降0—A%），A根据项目具体测算确定，当客流下降到A%以下的风险由政府方承担。在这一客流风险分担机制下，PPP项目公司就客运收入在一定范围内自负盈亏。由此，当项目实际客运收入超过约定的高限水平时，PPP项目公司和政府就超过高限水平的超额收入部分享有分成权益；当项目实际客运收入低于约定的低限水平时，政府就不足低限的差额收入部分予以补偿。这样，政府既合理分担了风险，又没有为项目公司的经营收益兜底，有利于调动项目公司经营的积极性。

4. 沿线交通的协调发展

旅游轨道交通作为景区综合交通体系的一部分，需要处理好与旅游大巴、出租车等沿线其他公共交通方式之间的关系。

旅游从本质上说包括旅行和游览两方面的内容。一般而言，旅行仅仅是手段，游览才是旅游者的真正目的。另一方面，旅行是依靠旅游交通实现的，如果没有旅游交通，就没有旅行，旅游者也就不能到达旅游目的地进行游览。所以对于项目公司来说，旅游轨道交通不仅是完成游客送达性的目的，还需要将旅游轨道交通融入旅游观光之中，这样旅游轨道交通项目相对于其他方式才具有竞争力。项目拟采用跨坐式单轨，世界上一些著名的旅游城市如新加坡圣淘沙、阿联酋迪拜、美国拉斯维加斯也是选用跨座式单轨作为旅游交通观光线。跨座式单轨列车运行于景区之上，乘客视野宽广，能起到游览观光的作用，带给游客完全不同的体验。

5. 更新改造投资的落实

一般情况下，旅游轨道交通项目特许经营期较长，其间必然涉及设备、设施的更新改造工作。由于更新改造投资较大，关系到项目未来运营的质量，需要引起足够重视。

为此拟在公开选择社会投资人的招标文件中，设置更新改造投资方案的评分项，要求社会投资人在投标文件提出详细的更新改造实施方案，并提供详细的更新改造资金筹措计划，通过评审优选切实可行的方案，并在特许经营合同中加以约定，保证更新改造投资在未来能够得以落实，降低更新改造的不确定性，从而有效提高运营维护的质量。

（本文原载于《中国投资》2016年10月刊，收入本书时有修改）

第三篇
固废处理 PPP 案例与思考

迅速发展的环卫 PPP

李 菲 李小豹

阅读提示

由于环卫服务的公用事业属性,长期以来一直由政府部门和下属事业单位承担着所有的管理、规划、实施、监督的工作,为政府垄断产业,当前传统环卫行业面临人力成本占比高、机械化率低、老龄化严重等问题,政府面临财政和环境压力,有动力推动环卫市场化。相关政策的推进将加速推动环卫市场化和 PPP 模式的发展及运用,服务范围扩大、服务内容增加、服务期限延长、全生命周期绩效考核等改变将对环卫行业的发展起到质的催化作用。未来随人口增长、城镇化率提升及交通基础设施扩建导致环卫服务范围拓展及质量提升、环卫服务单价上涨,环卫市场空间广阔。

2002 年以前,环卫服务主要由政府环卫部门负责城镇环卫设施的投资、建设、服务管理等,兼具垄断效应和规模效应。但由于资金、技术、管理、运营水平有限,"脏乱差"现象比较普遍。2002 年后国家大力推行公共服务市场化,环卫服务市场化的形式一般是服务外包,特点表现为服务合同期限短(一般不超过 3 年)、服务区域范围较小(小范围分割,多家企业服务),服务内容较单一(如道路清扫、厕所维护等单项服务内容承包),行业竞争近乎白热化,但也导致行业难以形成规模效应、环卫企业短线作战不敢投入,服务质量难有质的提升,行业发展受限。而近年环卫一体化 PPP 模式的推广和应用,将对行业的发展起到质的催化作用。

所谓环卫一体化包括区域一体化(即一个区域的城乡统筹服务)和产业链服务一体化(即从清扫保洁、垃圾的分类、收运到终端处置全过程服务)。我国的环卫服务市场化正在从垃圾处置的末端服务逐渐向前端的收运、保洁等环节延伸,亦自城市向乡镇拓展。预计未来随着人口增长、城镇化率提高、交通基础设施扩建以及环境卫生标准提高,环卫服务工作量会持续增长,在作业量和作业标准的双重提升下,环卫行业将持续保持高增长。巨大的市场环境和环卫一体化 PPP 项目的规模效应及长期效应,将迅速催生大批规模化、专业化、规范化的企业的成长,同时促进行业的快速发展。

一、环卫一体化 PPP 项目典型案例

景德镇市环卫一体化 PPP 项目是景德镇市政府为彻底改变城市环境卫生面貌，以争创全国文明城市和国家卫生城市为目标，并结合国家相关政策而实施的景德镇市当前规模最大的一个 PPP 项目。该项目已于 2017 年 7 月底落地，进入 PPP 项目执行阶段，成效也已初步显现。

该项目的服务内容包括综合清扫保洁、各类垃圾清运、公厕管护及化粪池清掏、市容整理、垃圾分类试点 5 个方面（共 16 个子项目）。其中：综合清扫保洁包括道路清扫保洁、开放式小区清扫保洁、江（河）堤景观带及室外公共休闲场所清扫保洁、湖面保洁、小广告清理、交通护栏清洗、环卫应急保障 7 个子项目；各类垃圾清运包括生活垃圾收集清运、零星建筑垃圾清运、大件废弃物清运、垃圾转运站运行维护 4 个子项目；公厕管护及化粪池清掏包括公厕管理维护、化粪池清掏清运；市容整理包括市容整理、非机动车规范停放管理；垃圾分类试点则选取 4 个社区作为先行试点。服务内容全面，统一进行服务管理。

项目合作期限 16 年，解决了政府采购服务周期短，社会资本吝于投资的顾虑。

该项目的回报机制为政府付费，但项目付费完全与运营绩效考核挂钩，按照考核结果付费。并专门制定了《景德镇市环境卫生作业质量标准及考核办法》，采取"日检查考核、月汇总计分、年总结评比"的形式，并实行市区（县）两级考核机制，市区（县）分担支付的付费机制，进一步保障项目实施效果。

二、环卫服务的转型升级

（1）政策支持环卫服务方式转型升级。环卫服务具有公用事业属性，其行业发展与国家政策的推动密不可分。2013 年 11 月党的十八届三中全会提出"允许社会资本通过特许经营等方式参与城市基础设施投资和运营"的方针政策。2014 年 9 月财政部下发《财政部关于推广运用政府和社会资本合作模式有关问题的通知》（76 号文），首次正式提出"政府和社会资本合作"的标准说法，首次专门就 PPP 模式发布了框架性指导意见。2015 年 4 月，财政部、国家发展改革委、住建部等六部委联合发布《基础设施和公用事业特许经营管理办法》。党中央和财政部、国家发展改革委等国务院各部委、各省市相继

出台PPP政策，这一系列国家政策为环卫事业的市场化发展提供了支持，环卫服务方式面临转型升级，环卫市场随着公共服务市场化改革快速发展。

（2）环卫PPP进一步扩大环卫服务市场空间。环卫服务市场潜力从财政部PPP示范项目可见一斑，第一批政府和社会资本合作示范项目共有30个，无环卫类项目入选；第二批政府和社会资本合作示范项目共有206个，仅有海口市环卫综合一体化项目入选；第三批政府和社会资本合作示范项目共有516个，有41个环卫领域项目入选，包括沧州市、池州市、咸宁市、泰安市岱岳区、昆明市经济技术开发区、武城县等8个环卫及垃圾收运项目，阜康市、格尔木市2个垃圾分类项目，荆门市、晋中市、黄石市3座餐厨垃圾处理项目，北京市丰台区和内江市2座建筑垃圾处理项目，剩余26个项目为垃圾末端处理设施。41个项目总投资约200亿元。环卫类PPP示范项目从无到有再到越来越多，项目规模越来越大，表明环卫项目市场有很大发展空间。2017年6月，侨银环保中标66.87亿元的业内最大环卫PPP项目，进一步表明环卫市场化发展的良好势头。

（3）服务区域全覆盖，打破条块管理壁垒。以景德镇市环卫一体化PPP项目为例，项目服务范围覆盖了景德镇市辖区内的四区两县。项目实施后，景德镇市环卫将由过去的分片包干转变成"一个标准管到底、保洁区域全覆盖"。通过引进专业化企业，让"专业人干专业事"，做到卫生管理无缝隙、无盲点。从管理上也将打破部门壁垒，实行市、区（县）两级统筹监管考核，转变政府职能，优化、提高整体监管水平，促进城市管理转型升级。

（4）服务内容全覆盖，规模效应促进产业升级。从服务内容上看，一体化项目不仅仅是传统意义上的清扫保洁、垃圾清运，而且涵盖了小广告清理、交通护栏清洗、零星建筑垃圾清运、大件废弃物清运、公共厕所运营维护、化粪池清掏清运、市容整理、非机动车规范停放管理、垃圾分类等原来分割或单独外包的服务项目，服务内容全覆盖一方面便于政府监管、服务无死角，另一方面有利于统一服务标准，改善城市面貌，提升城市形象，同时对服务企业来说进一步拓宽服务范围，增加规模效应，有利于促进企业壮大和产业升级。

（5）资源统筹，提高财政资金使用效率。景德镇环卫一体化PPP项目实施前，其各区县独立运营的环卫体系机制造成环卫作业主体多元化，各区县之间环卫资产及资源相对独立，无法做到环卫资源的统筹调配及有效利用，造成环卫资源利用效率不高。同时各区县独立监管，环卫作业标准难以统一和落实到位，环卫服务质量提升较困难。景德镇环卫一体化PPP项目的实施，首先从监管机制上实现了市区（县）两级统筹监督考核，有利于节约监管成本和提高监管效果；其次企业实现了在较大服务区域范围内统筹、优化资源配置，通过规模效应降低成本，提高服务质量，最终提高财政资金使用效率。

（6）环卫管理体系逐步完善，保障行业发展。《中华人民共和国固体废物污染环境防治法》《城市市容和环境卫生管理条例》《城市道路和公共场所清扫保洁管理办法》《城市环境卫生质量标准》等法律法规对环卫行业的管理体系、操作办法等作出了规定，为规范环卫工作提供了指导。但现行的《城市环境卫生质量标准》于1997年2月3日颁布，至今已过20年，随着我国社会经济的发展、环卫作业模式的改变以及居民对环境卫生质量要求的不断提高，标准中对于道路保洁等级划分、道路作业质量标准要求、环卫工作涉及的服务项目等方面的规范应与时俱进，及时修编，更有利于环卫行业服务的持续提升。而且环卫工作也是各地区创建"国家卫生城市""国家环保模范城市""国家生态园林城市"等一系列城市升级创建的必要保障条件，相关的创建标准日趋严格，而《城市环境卫生质量标准》一成不变，势必将制约地区环境卫生管理工作提升及发展目标。

（7）环卫行业向"互联网＋"发展的趋势明显。智慧环卫，是依托物联网与移动互联网技术，对环卫管理所涉及的人、车、物、事进行全过程实时管理，合理设计规划环卫管理模式，实现精细化分配任务、合理规划路线、对环卫设备和环卫工人的精准调度和实时监控，能有效提高环卫企业管理效率，提升环卫作业质量，降低环卫运营和管理成本，用数字评估和推动垃圾分类管理实效。智能化、信息化、一体化的智慧环卫是环卫市场的未来发展方向。另外，"互联网＋"也将拓展物流快递、广告位出租、再生资源上门回收等业务，既充分利用了环卫资源，又能增加环卫工人福利待遇。智慧环卫的理念已逐步在环卫一体化项目中实施应用，并成为企业竞争的优势。

（本文原载于《中国投资》2017年11月刊）

株洲市城市垃圾焚烧发电项目

郑敬波　杨云和

阅读提示

株洲市城市垃圾焚烧发电项目总规模为日处理生活垃圾 1500 吨，其中一期工程为日处理生活垃圾 1000 吨，总投资约 5.7 亿元。该项目是湖南省首个采用国内外先进的机械炉排炉焚烧技术工艺的垃圾焚烧厂。PPP 项目是系统工程，前期可研、招标，中期建设，后期运营、移交等各环节都需要有机衔接、密切配合。垃圾焚烧项目的核心是运营，该 PPP 项目以提高运营服务效率为目标选择投资人，实施过程中按"专业人做专业事"的原则，聘请专业服务、设置好边界条件进行风险分担和落实收益共享机制，并安排了政府全过程监督机制以保障项目运营效率。

长沙市、株洲市和湘潭市所在地域是湖南省经济发展的核心区域，也是国家实施中部崛起战略中重点发展的城市群之一，2007 年国务院批准"长株潭城市群"为"全国资源节约型和环境友好型社会建设综合配套改革试验区"。

株洲市是"长株潭城市群"中工业基础较强的城市，但随着经济的发展，城市环境压力不断加大，生态环境、自然资源和经济社会发展的矛盾日益突出。在城市生活垃圾处理方面，随着城区唯一的生活垃圾填埋场（南郊垃圾填埋场）趋于饱和，株洲市亟须新增垃圾处理设施。为进一步改善生态环境，加快株洲市垃圾处理产业化进程，逐步实现垃圾处理无害化、减量化、资源化，株洲市政府启动了城市生活垃圾焚烧发电项目。

株洲市城市垃圾焚烧发电项目位于株洲市石峰区铜塘湾街道长石村，占地面积 176.7 亩，总规模为日处理生活垃圾 1500 吨，其中一期工程为日处理生活垃圾 1000 吨，总投资约 5.7 亿元。该项目是湖南省首个采用国内外先进的机械炉排炉焚烧技术工艺的垃圾焚烧厂，烟气处理采用"半干法＋活性炭吸附＋布袋除尘"处理技术工艺；烟气、渗沥液、飞灰处理按国家排放标准设计，烟气排放重要指标要求达到欧盟排放标准。项目年发电量约 1.5 亿度，每年可节约标煤 30 多万吨，降低碳排放 9 万吨。

2008年3月，株洲市城市管理和行政执法局作为政府授权方，经招标程序选择了香港创志集团为该项目投资人，采用BOT方式投资、建设和运营该项目，特许经营期30年，到期无偿移交。

2009年12月，湖南省发展和改革委员会核准该项目。

2011年5月，株洲市政府聘请北京金准咨询有限责任公司作为顾问机构，为政府方提供技术咨询和BOT特许经营咨询服务。

2012年1月，株洲市政府授权株洲市城市管理和行政执法局与香港创志集团在株洲成立的项目公司签订了正式的《特许经营协议》。

2012年5月，项目正式动工。2014年10月项目点火试运行。从项目试运营期间各项技术指标达到相应的技术要求。

一、投资人：择优选择

对于一个PPP项目来说，成功的第一步必然是选择一个合格投资人。资金实力强、技术先进、管理经验丰富的投资主体，必然会为项目顺利进行添加更多的保证。而如何选择具有竞争力的投资人，是很多项目面临的第一个难题。

为此，株洲市政府成立了以商务局为牵头单位的招商小组，公开项目招商信息，广泛征集意向投资人想法，与意向投资人进行充分的前期沟通，充分了解投资人意向是否符合政府目标。

招商小组从经验和业绩记录、技术能力和管理能力、财务能力等方面对所有意向投资人进行综合评估和实地考察，筛选出符合要求的意向投资人。条件成熟后，政府授权株洲市城市管理和行政执法局为项目实施PPP的政府主体，委托招标代理机构采用邀请招标方式进行项目投资人招标，以垃圾处理服务费为主要竞争标的，通过招标程序确定项目投资人。

二、咨询机构：专业支撑

株洲市政府注重发挥专业咨询机构作用，聘请北京金准咨询有限责任公司为项目提供专业服务。咨询机构的主要任务包括三个方面：一是为项目总体技术方案、核心设备选型方案等提供专业咨询，完善项目技术方案；二是按国家有关法律法规和规章制度，设计项目风险和利益分担共享机制，并协助编制特许经营协议；三是构建项目财务分析模型，在项目谈判中为政府方提供支持。专业咨询机构的参与提高了项目运作效率和效果，对项目决策科学化和操作规范化发挥了积极作用，为项目成功运作奠定了基础。

在株洲市城市垃圾焚烧发电项目中，政府和投资人皆高度重视项目重大技术方案论证。特许协议签署前，政府委托北京金准咨询公司聘请国内垃圾焚烧发电领域高水平专家组建项目技术评审专家组，对投资方提出的工艺技术方案、核心设备选型等重大技术问题提供评审和咨询意见。经项目试运行测试，主要工艺设备符合政府方面提出的技术先进性和可靠性要求，也满足投资人所关注的经济性要求。

株洲市城市垃圾焚烧发电项目从项目招标开始到项目签订特许经营协议，历时将近4年。其间受多种因素影响，两项目技术方案前期论证不足则是主要原因之一，如谈判期间工艺路线从流化床改为机械式炉排炉、项目"三通一平"投资边界未清晰界定等问题，皆导致项目谈判时间延长，谈判难度加大。这是应从该项目中吸取的教训之一，即对于PPP项目，必须高度重视和加强项目前期技术论证工作。

三、机制：风险共担与增益分享

项目风险管理方面，风险分担机制的设计基本上遵循了"由最有能力管理风险的一方来承担相应风险"的风险分配原则。

首先项目完工风险完全由项目公司承担。为此项目公司提供1000万元的履约保函，如项目公司导致完工延误，自约定的商业运营日至实际的完工日期，每延误一天项目公司应向株洲市城管局支付违约金。其次是项目公司承担运营、维护和移交的风险。项目公司应始终按谨慎工程和运营惯例及有关质量保证和质量控制要求运营垃圾焚烧发电厂。在移交日，项目公司应保证垃圾焚烧发电厂处于良好的运营状况，得到良好维护。项目公司保证在移交日期后12个月内，修复由设备、材料、施工或设计缺陷或特许期内项目公司的任何运营维护不当造成的缺陷或损坏，并履行环境污染防治责任。

投资人在项目中主要承担融资风险。负责资本金出资到位，并在项目公司不能按时筹集到项目资金时，负责承担建设和运营所需资金。

由于项目规模由政府确定，政府在项目中承担垃圾供应风险，为项目设定了保底垃圾处理量。

重要法律变更的风险由双方共担，如果发生一项或多项法律变更使项目公司的建设或运营成本变化幅度超过垃圾处理服务费的±5%，双方将按约定程序计算的数额补偿或调整垃圾价格。应急处理的风险由双方承担，项目公司应在接到应急垃圾处理指令后的第一时间内立即按照已报株洲市政府备案的"应急预案"做好接收和处理应急垃圾的准备。

该项目另一亮点是建立收益分享机制,做到多方共赢。根据合同安排,如果国家批复的上网电价超过约定电价,则政府将以调低垃圾处理费的方式分享超额收益的30%。同时,项目申请的中央、省级专项资金或补贴资金,视为政府对该项目的投入,可采用缩短特许经营期或调低垃圾处理服务费的方式分享该项收益。

四、政府:全程监管

在特许协议谈判期间,株洲市政府成立了市级层面的项目领导协调小组,保障政府和社会资本合作积极稳妥推进。受2009年南方某省垃圾焚烧项目居民抗议事件以及生活垃圾处理技术政策变化的影响,项目一度推进较慢。为加快项目进展,2011年株洲市政府成立了以主管副市长为组长,发展改革委、财政局、住建局、城管局、国土局、环保局、规划局、商务局、审计局、法制办、招投标局、电力局等部门分管领导组成的城市生活垃圾焚烧发电项目协调领导小组。在协调领导小组的推动下,各方协调更为有力周密,相关决策更为科学民主,项目谈判更为高效透明,为最终签署特许协议、实现项目落地发挥了重要作用。

为统筹全市中心城区垃圾的收运和处理,加强对垃圾处理各个环节的监督,牢固树立平等意识及合作观念,集中力量做好市场监管和指导服务,从公共产品的直接"提供者"转变为社会资本的"合作者"以及PPP项目的"监管者",株洲市政府在签订特许经营协议同时,成立了株洲市垃圾处置监督管理处,代表政府对项目公司行使监督管理职能,同时也为项目公司就涉及征地拆迁、项目审批等事项提供相关协调服务。从目前来看,专门监管机构的设立,对于落实政府监管职责、保障项目实施发挥了显著作用。

(本文以"PPP项目建设需'系统推动'"为题原载于《中国投资》2015年4月刊)

湖南省某市餐厨废弃物处理项目

郑敬波

阅读提示

餐厨垃圾处理项目要实现社会效益最高，主要应做好资源化利用。为落实资源化利用的原则，项目在前期方案技术路线阶段，采用了处理端前移的技术路线，最大限度地进行资源有效利用，同时节约运输成本、处理能耗。为落实处理前移的理念，项目采用了收、运、处一体化的方式实施；在回报机制设计方面，只对收运环节进行补贴，处理环节采用完全的市场化运作模式，充分调动社会资本的积极性，最大可能地实现资源的有效利用，降低政府付费，实现政府和社会资本的双赢。

湖南省某市餐厨废弃物处理项目位于该市荷塘区新市村（南郊垃圾填埋场西北侧），项目总设计规模为日处理餐厨废弃物（包括地沟油）300吨，拟分两期实施，其中一期工程达到日处理150吨，二期工程完成后达到日处理300吨的规模。项目一期工程估算总投资7320.27万元。目前项目引入社会资本招标谈判工作已经完成，签订了PPP合同。

该市餐厨废弃物PPP项目方案设计包括技术方案及技术路线的选择、运营管理模式、PPP具体方式、回报机制等诸多方面。在PPP项目实施阶段，各方皆高度关注项目工艺技术方案的合理选择，以使资源利用程度更高、处理成本更低，将有限的财政资金用于更多的公共服务项目，实现社会资本方和政府方的双赢。

近年来，随着食品安全事故频繁发生，餐厨废弃物不规范处理引发的"地沟油""泔水猪"等危及食品安全和卫生防疫的问题备受社会各界关注。2010年国务院颁布《国务院办公厅关于加强地沟油整治和餐厨废弃物管理的意见》（国办发〔2010〕36号），要求各地加强对地沟油和餐厨废弃物的整治工作，确保民众的食品安全得到保障。餐厨废弃物含水量高，有机物、油脂及盐分含量高，有毒有害物质（如重金属等）含量少，但腐烂变质速度快，易滋长细菌和繁衍病毒，填埋、焚烧、堆肥等传统垃圾处理技术不能适用于餐厨废弃物，因此餐厨废弃物处理一直是城市垃圾处理的一大难题。

随着经济的发展和城市生活水平的提高，餐厨垃圾产生量越来越大，成为影响市容、环境卫生和市民食品安全的重大因素。在该市政府常务会议和食品安全工作会议上，市政府作出了餐厨废弃物统一回收及处理的决定，从源头上杜绝泔水油、地沟油流向老百姓的餐桌。

一、方案设计：处理端前移

项目研究阶段，咨询机构和业主单位初步选用的工艺技术路线是餐厨垃圾综合利用处理技术，采用湿式、中温厌氧消化工艺，即"分选预处理＋湿热水解＋厌氧消化＋沼气发电"工艺，主要产品为工业油脂和沼气（用于发电）。在委托北京金准咨询有限责任公司组织专家对项目的工艺技术方案进行论证时，专家提出如果工艺回收的工业油脂和收集的地沟油数量足够，需共同建设深加工装置；湿热水解后分离出的固性物可采用高温好氧发酵技术制肥料；视湿热水解后固性物进入厌氧发酵系统的多少，可考虑分别选用高温厌氧或中温厌氧技术。如固性物全量进入后续厌氧发酵系统，应考虑添加其他碳源废物进行混合发酵。项目生成的沼气建议优先考虑厂内热源利用，当沼气量过剩时，可以考虑发电。建议项目运行产生的沼渣运至附近填埋场填埋，项目产生的污水结合当地污水处理厂或填埋厂渗滤液处理单元的实际情况进一步论证。同时，专家提出工艺方案最好考虑处理端的前移较少成本。

经论证后，由于该工艺技术路线存在所需投资大，产沼气效果不明显，沼渣沼液难处理，资源化程度欠佳，收运成本、排污处理成本偏高和政府补贴负担偏重等问题，政府方决定考察、选择新的工艺技术路线。

最后经考察论证，项目选用"餐厨垃圾源头预处理＋环保收运＋末端高温生物降解制取生物质燃料和餐饮废弃油脂生物柴油转化的一体化处理"工艺，并配套物联网监控管理应用。

新工艺通过餐厨垃圾的前端分类预处理（前端油水分离、固液分离结合人工分选），将餐厨垃圾固形物与餐饮油污水实现源头分离，固形物含水率由 80.75% 降至 70% 左右，消除了运输过程中的污水渗漏污染环境问题，同时也大幅度降低了运输成本。针对餐厨垃圾固形物，将经过预处理的餐厨垃圾通过高温生物降解机，运用高温生物降解技术进行干燥、减重、减容（减量率达到 85%）后加工成生物质燃料出售，同时，将废弃油脂转化为生物柴油，还可杜绝地沟油回流餐桌。项目实现了最大程度的资源化利用。

新工艺充分考虑了处理端的前移，资源化程度更高，处理成本更低，取得了如下的创新优势：

（1）解决了餐厨垃圾收集难的问题。通过前端布点，在大中型餐馆、食堂和食街安装固液分离和油水分离等前端预处理设备，将管理重心前移，实现了餐厨垃圾的源头控制，有效解决了收集难的问题。

（2）有利于推进垃圾处理从末端治理向全过程控制转变，从源头减少餐厨废弃物产生量。

（3）将打击地沟油的重点从传统的防止流通转变为源头控制。

（4）减量率高。通过源头分类预处理和末端高温生物降解，实现了餐厨垃圾的快速减量处理，减量率达85%以上。

（5）资源化利用程度高。餐厨废弃物源头控制，配合隔油池的改造，提高了油脂回收率，并最大程度将其转化为生物柴油，质量符合国家标准，经济性好且市场接受度高，其资源化程度比生产工业油脂高；生物质燃料热值高达4000大卡，可广泛应用于农业、养殖业、工业水泥窑等。餐厨废弃物经高温生物降解后制成生物质燃料，资源化程度高。

（6）进一步改善了环境卫生。通过对大中型餐馆、食堂和食街原有的隔油池进行配套改造，并实行统一管理，改善了以往隔油池的"脏、乱、差"形象；通过安装前端收集和预处理设备，使餐厨垃圾的油、水、渣实现三分离，并通过密闭式环保运输，杜绝了传统模式所产生的运输环节的"跑、冒、滴、漏"现象。

（7）利用物联网技术进行监控和管理，打造了收集、运输、工厂处理全过程的电子监控平台，使物料的流向清晰可控，提高了项目公司管理效率和政府监管效率。

二、运营模式：餐厨项目收集、运输、处理一体化

餐厨项目的运营模式是PPP方案设计中的主要内容之一，关系到项目运营能否达到PPP实施目标。该类项目运营模式一般有两种，一种是具体的收运作业通过招标委托一家或几家企业来负责，收运的餐厨垃圾再由取得资格许可的企业进行无害化处理，如北京、宁波等餐厨项目；另一种是收集、运输、无害化处理由一家企业来负责整体实施，如兰州、西宁等餐厨项目。

从国内各地餐厨项目实施情况来看，收运和处理两个环节的分开产生了一些问题。

在该项目进行评审时，专家组提出的意见是一体化运营模式符合该项目的工艺技术路线，同时应明确餐厨垃圾与地沟油都归投资人收集。地沟油和餐厨垃圾应分开运输，各餐饮单位必须安装封闭式的油水分离器。考虑收运

利益关系的复杂性，餐厨垃圾处理厂建成后，需要将现有的非法收运单位和个人纳入项目统一安排。从制度上，政府方应建立相关的法律法规和收运制度，各部门配合采用法律、行政和经济手段，从源头解决收运问题。从经济和投资上应考虑餐厨垃圾的分类收集和源头减量，提高所收集餐厨垃圾的质量。同时，收运系统要重视硬件的建设，更要重视收运监督和管理体系的建设。

三、模式选择：BOT

在该市餐厨废弃物处理项目实施方案编制阶段，方案设计重点之一是研究考虑政府是否参股 PPP 公司。政府参股 PPP 公司主要基于以下几个方面考量：

（1）基于政府监管目的：一般政府基于监管目的象征性入股即可，某市已制定完善的餐厨废弃物管理办法，没有必要以入股方式增强项目监管。

（2）作为投资引导，增强社会资本信心：垃圾处理行业投资人市场非常成熟，经市场调研不少投资人看好该项目，政府没有必要为吸引社会资本提供额外支持。

（3）政府资金是否需要投资盈利：该项目需要财政部门使用财政资金提供部分收运补贴，如果政府资金投入部分需要投资盈利，将导致政府角色混乱，政府方在该项目中将既是裁判员又是运动员。

经过充分论证，确定该餐厨废弃物项目投资可完全由社会资本承担，市政府资金可优先用于其他基础设施建设，因此该项目采用 BOT 方式实施。

四、回报机制：合理补贴，以油补运

餐厨废弃物处理的特点是收运阶段难度大，成本高，没有收益，终端处理和产品生产阶段有经营收益，特别是废弃油脂生产生物柴油的收益较高。根据该项目特点，在进行项目回报机制设计时只对项目的餐厨废弃物收运进行补贴，项目终端产品生产不给予补贴。政府要求社会资本利用自身专业和技术优势进行创新和开发，提高产品质量，增加项目收益，用终端产品的利润弥补收运中的部分成本，落实 PPP 项目的物有所值，最终实现双方的共赢。

（本文以"PPP 成功要素——严谨的设计方案"为题原载于《中国投资》2015 年 6 月刊）

安岳县城乡生活垃圾一体化处置 PPP 项目

邓　蓓　王　燕

阅读提示

四川省资阳市安岳县城乡生活垃圾一体化处置系统总设计处理能力为 1300 吨/日，涉及县城城区 2 座垃圾压缩中转站和周边乡镇 9 座垃圾压缩中转站，以及相应的配套设施建设和垃圾收运处理服务，具有典型的"以城带乡"特点。党的十九大将污染防治作为决胜全面建成小康社会三大攻坚战之一，安岳县抓住环境治理发展契机，依托咨询服务机构的专业优势和服务，紧扣该项目"以城带乡"的特点设计 PPP 模式，并采取以绩效目标为导向的按量付费机制，有效解决了"重建设、轻运营"难题，使 PPP 项目全生命周期考核理念得以落实。

一、项目背景

《中华人民共和国循环经济促进法》将减量化、资源化、无害化确立为垃圾处理的原则，并指出发展循环经济应当在技术可行、经济合理和有利于节约资源、保护环境的前提下，按照减量化优先的原则实施。

《国家新型城镇化规划（2014—2020 年）》指出：加快绿色城市建设和城市环境综合整治，实现县城具备垃圾无害化处理能力，按照以城带乡模式推进重点镇垃圾无害化处理，重点建设垃圾收集、转运设施，实现重点镇垃圾收集、转运全覆盖；加强农村基础设施和服务网络建设，深入开展农村环境综合整治，实施乡村清洁工程，开展村庄整治，推进农村垃圾、污水处理和土壤环境整治，加快农村河道、水环境整治，严禁城市和工业污染向农村扩散。

安岳县隶属四川省资阳市，位于四川盆地中部和资阳市东部，是成渝经济区腹心和成都、重庆的直线中点，被誉为"成渝之心"。随着安岳县社会经济和城镇化建设的迅猛发展，安岳县垃圾处理能力严重不足的矛盾日益凸显，尤其是在城乡垃圾收集转运方面，存在着环卫设施数量不足、环卫设备老旧、环保性能差、作业效率低等一系列问题，形成安岳县环卫事业和城乡一体化发展短板。

为满足《中华人民共和国循环经济促进法》和《国家新型城镇化规划（2014—2020年）》要求，改善安岳县城乡卫生状况和居民生活环境，加快新型城镇化建设，安岳县人民政府将垃圾治理列入2015年重点民生实事工程，决定适时启动安岳县城乡生活垃圾一体化处置系统的建设。同时，为贯彻落实《国务院关于创新重点领域投融资机制鼓励社会投资的指导意见》（国发〔2014〕60号）、《国家发展改革委关于开展政府和社会资本合作的指导意见》（发改投资〔2014〕2724号）等有关文件精神，安岳县人民政府研究决定采取政府和社会资本合作（PPP）模式开展安岳县城乡生活垃圾一体化处置系统的建设，并授权安岳县住房和城乡规划建设局（以下简称"县住建局"）作为实施机构。

二、项目概况

安岳县城乡生活垃圾一体化处置系统总设计处理能力为1300吨/日，具有典型的"以城带乡"特点。项目投资建设内容主要包括：在县城的城北和城东共新建2座设计处理能力均为200吨/日的垃圾压缩中转站，在县城周边的龙台镇、通贤镇、永清镇、石羊镇、李家镇、兴隆镇、镇子镇、周礼镇、驯龙镇等地建设9座设计处理能力均为100吨/日的垃圾压缩中转站，配备相应数量和规格的垃圾收集箱、垃圾收集和转运车辆，配套建设数字化监控系统等，估算总投资约为8700万元。

三、项目实施

该项目PPP实施工作于2015年4月启动，2015年11月县住建局依法通过政府采购公开招标方式选择了北京金准咨询有限责任公司为协助PPP实施的咨询机构。项目于2016年6月完成社会资本采购，2016年7月项目公司成立，并签署《PPP项目合同》，工程建设随即展开，预计于2018年5月投入运营。

1. 合作框架

县政府授权安岳县兴安城市建设投资开发有限公司（以下简称"安岳兴安公司"）与中标社会资本共同出资组建PPP项目公司，项目公司注册资本2600万元，其中安岳兴安公司占股5%，中标社会资本占股95%。

经县政府批准，县住建局依法授予项目公司投资建设和运营维护该项目的权利，合作期为32年（含建设期2年，运营期30年）。合作期限内，项目公司通过政府支付的垃圾处理服务费回收投资成本和取得投资回报，合作期限届满，项目公司将该项目所涉全部设施完好无偿移交给县住建局。

该项目合作框架如图1所示。

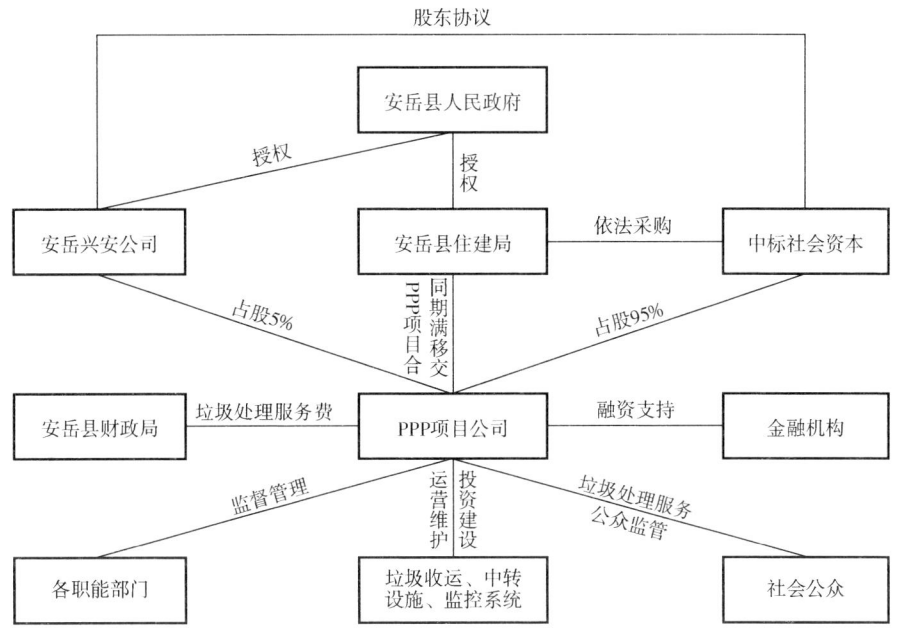

图1 安岳县城乡生活垃圾一体化处置系统PPP项目合作框架

2. 价格确定和调整机制

该项目按照项目资本金财务内部收益率5.88%测算垃圾处理服务单价，合作期限内，安岳县财政局按实际垃圾处理量和约定的垃圾处理服务单价，并结合绩效考核结果向项目公司支付垃圾处理服务费，项目公司据此收回投资并获得相应的回报。

为应对项目运营期间物价变化风险，垃圾处理服务单价每满3年进行一次调整。单价调整仅针对垃圾处理服务单价中的变动成本部分，价格调整考虑的因素包括电费、燃油费、人工工资福利费等对物价变动较敏感的成本项目。

3. 风险分担机制

为确保实现合作共赢和发挥项目应有的社会和经济效益，该项目针对垃圾收集量风险设计了分担处理机制。项目设置了垃圾收集最低需求量（最低目标），当实际收集的垃圾量小于最低需求量时，政府方按照最低需求量付费；而当实际垃圾收集量超过最低需求量时，对于超出部分政府方仅支付电费、药剂费、燃油费、自来水费等随垃圾处理量的变化而发生变化的费用。

垃圾收集量一方面与项目公司的运营管理密切相关，项目公司是否按要求配备和放置垃圾收集箱直接关系到垃圾收集量的多少；另一方面，垃圾收集量的多少主要取决于当地的垃圾产生量。该项目中，项目公司须按照政府方确定的规模投资建设垃圾压缩中转站、配备垃圾收集箱、垃圾收集和转运车辆，若垃圾收集量达不到最低需求量，意味着项目公司无法通过处理相应数量的垃圾收回投资。而政府出于应对经济社会快速发展和环境安全的考虑，在确定项目建设规模时往往会适度超前规划，因此，政府需要为维护当地环境安全的超前规划支付相应的费用，即政府应承担垃圾收集量不足的风险。

四、项目实施效果

咨询机构在该项目 PPP 实施中承担了法律顾问、财务顾问和牵头顾问等工作，在引入社会资本的过程中发挥了重要作用。通过运用 PPP 模式，安岳县城乡生活垃圾一体化处置系统建设项目推进顺利，被评为四川省第二批示范项目和财政部第四批示范项目，体现了相应的示范效果。具体表现如下：

1. 按量付费机制破解"重建设、轻运营"难题

在本轮 PPP 实践中，有不少项目人为地将建设和运营分段进行考核，采取"可用性付费＋运维绩效付费"的模式，"重建设、轻运营"现象十分突出。

该项目采用"垃圾处理服务单价"付费模式，将项目投资成本、运营成本、合理利润和税金统一纳入单价中，政府方主要根据项目公司提供垃圾处理服务的数量（垃圾处理量）和质量（垃圾含水率是否符合协议约定标准、转运车辆密封性能是否良好、是否满足规范标准要求、垃圾压缩中转站的环境卫生是否符合规定等）支付垃圾处理服务费，项目公司收回投资获得回报应以其在运营期处理了多少符合规范标准的垃圾量为基础，倒逼社会资本重视项目运营。

2. 调价机制设置保障项目长久稳定运营

该项目合作期限长达 30 年，为应对合作期限内宏观经济发生变化对项目的影响，设定了垃圾处理服务单价的调整机制，调整因素主要包括电价、燃油价格、人工工资、贷款基准利率以及 CPI 等，调整因素的取值均按照电力、能源、统计等权威部门公开发布的数据确定，双方可按照既定的标准和程序适时进行价格调整，科学合理地分摊了双方风险，保障了双方利益，有利于项目长久稳定运营。

3. 为县域乡镇生活垃圾一体化处置提供经验借鉴

按照党的十九大要求，今后 3 年要重点抓好决胜全面建成小康社会，打好防范化解重大风险、精准脱贫、污染防治三大攻坚战。该项目是安岳县打赢"三大攻坚战"的重要内容，其实施体现了安岳县深入贯彻党的重大方针政策的坚强决心和有效探索，为改善安岳县生态环境、提升安岳县城市品位、提高安岳县城乡居民生活品质、全面建成小康社会的目标奠定了坚实的基础。该项目的实施，将为安岳县做好污染防治工作，实现主要污染物排放总量大幅减少和生态环境质量总体改善奠定基础。该项目按 PPP 方式运作，使安岳县在垃圾处理方面初步形成了政府为主导、企业为主体、社会组织和公众共同参与的环境治理体系，可为类似县域乡镇生活垃圾一体化处置提供经验借鉴。

（本文以"县城生活垃圾处理一体化 PPP 示范"为题原载于《中国投资》2018 年 4 月刊）

某市环卫 PPP 项目绩效激励设计

童 玫

阅读提示

PPP 模式的优势,在于通过科学合理的利益分配和风险分担机制,引导项目有效控制风险,激励相关方发挥潜能,从而实现项目社会效益最大化。实现垃圾的无害化、减量化、资源化处理是政府和城市生活垃圾处理行业企业共同追求的目标,在 PPP 方案设计中突出城市生活垃圾减量化目标与企业效益目标相挂钩的激励机制模式,无疑将十分有利于提高城市生活垃圾管理水平和处理效率。本文以某市环卫 PPP 项目付费机制设计为例,分析了传统模式、政府购买服务和特许经营三种模式下的管理特征,阐述了绩效机制在 PPP 模式设计中的应用重要性。

从我国 PPP 发展历程观察,在回报机制安排方面,从早期保证外方投资固定回报的 PPP 模式,逐步向以服务产出绩效考核为主的 PPP 模式演进,以至于如本文所介绍的个别项目已开始尝试将政府监管终极目标与 PPP 公司效益目标直接融为一体的研究探索,体现了我国业界对 PPP 绩效机制的认识水平和研发水平正在迈向新的高度。按本文所介绍的案例,拟采用将城市生活垃圾减量化目标与企业效益目标相挂钩的激励机制模式,无疑将十分有利于提高城市生活垃圾管理水平和处理效率,不失为有益的创新探索。

一、问题的提出

基础设施和公共服务实施 PPP,就其目标而言,除受到普遍关注的实现项目融资功能、减轻政府当期和近期投资压力外,更重要的目标价值取向是增加公共服务供给,提高项目运营管理和水平服务,为社会提供更为高品质的服务,亦即提高项目效率。这已是政府管理部门、投资方和学术界等各方面的共识。然而,效率的提高并非所有 PPP 项目的必然结果。比如最近业界热议的某高速铁路 PPP 项目,政府方通过招标方式选择社会资本,最终选定某金融机构作为资金提供方,并锁定融资成本。这种模式,从融资环节来说,落实了相应的项目投资，降低了融资成本，从铁路实现多元化筹资的角度相关经验无疑值得肯定。但另一方面，作为一个颇受行业关注的重大PPP项目，社会资本方在项目中的角色仅以出资为主，不参与项目建设，亦不涉及运营和管理；项目尽管引入了社会资本，但该社会资本对项目建设和运营效率提升并无实质性贡献，不免产生些许遗憾。

那么，社会资本方参与了PPP项目的建设或运营环节，是否就能实现效率的提高呢？答案也不是肯定的，除投资人专业实力和专业经验外，更多将取决于PPP项目激励机制的设计模式。比如上世纪90年代一些利用外资项目为吸引外资，采取保证外方投资固定回报的模式，而在利益共享、风险共担方面缺失足够的激励机制。为规避此类问题，国务院办公厅于2002年9月10日发布《关于妥善处理现有保证外方投资固定回报项目有关问题的通知》（国办发〔2002〕第43号），明确禁止设定固定回报。

在以内资为PPP合作主角的今天，固定回报仍然是管理层担心的问题。2015年4月25日发布、6月1日生效的《基础设施和公用事业特许经营管理办法》第二十一条规定，"政府可以在特许经营协议中就防止不必要的同类竞争性项目建设、必要合理的财政补贴、有关配套公共服务和基础设施的提供等内容作出承诺，但不得承诺固定投资回报和其他法律、行政法规禁止的事项"。

那么，在现实中如何能够做到既不承诺固定回报，又能保证社会投资方获得合理回报？按我们的PPP咨询经验，为PPP项目设计合理的绩效激励机制是最佳解决方案之一。下面以北方某省会城市市环卫项目为例，分析如何通过PPP机制设计，形成对社会资本方的正向激励，以实现提升效率和实现社会效益最大化的目标。

二、项目背景

和全国绝大多数城市一样，本文案例所在市在过去较长时期内的环卫作业和生活垃圾处理的主要任务均由该市环卫中心承担。伴随国家第一轮的公共事业实施政企分开，90年代末，该市的环卫中心改制成为环卫公司。从"中心"到"公司"，形式上完成从事业单位向企业的转化，但由于经费核算是根据企业每年的实际支出情况"按需"向企业拨付费用，本质上似乎与事业单位没太大差别。

为保证财政资金使用得当，该市环卫经费的核算工作相当精细。首先是将环卫作业流程划分为道路清扫、垃圾清运、垃圾转运、卫生填埋等环节，再根据各个环节人工、材料、机械的使用和消耗情况，逐一核算每一个作业环节的经费总额。在核算经费时，企业花的每一分钱都需要有"出处"，反过来，只要是说得出"出处"的每一分钱，财政都会为之付账。在此"精细化"管理模式下，企业几乎完全失去控制成本的动力，人员冗杂、效率低下等带来的成本增加，通过一年一次的费用核定，最终完全由政府承担。该模式的弊端一是财政资金使用效率较低，二是环卫公共服务水平较难有根本性提升。比如，该市早在十多年前就提出了垃圾分类的概念，并且开展了垃圾分类的试点工作。但十多年来，由于缺乏来自企业内部的动力，垃圾分类进展工作进展缓慢，尽管垃圾实行分类收集，但混合运输现象还很普遍，大大挫伤居民垃圾分类的积极性。垃圾分类工作推动不力，导致垃圾减量化目标也难以实现。

为改变现有管理模式的不足，该市环卫主管部门提出了实施PPP模式的建议，拟通过与环卫公司签署PPP协议，明晰政府与企业的责、权、利关系，构建有效的风险管控机制。出于该市环卫服务长期可持续发展需要，拟通过实施PPP改变原有的"事业化"管理模式，推动环卫公司建立现代企业制度；通过建立市场化的环卫服务价格与付费机制，使企业获得应有利润，增加自身"造血"功能，进而有利于环卫产业做大做强。该提议也得到企业方的积极响应。为此，政府主管部门和环卫企业都积极开展相应的方案研究，主要形成两个PPP方案。

方案一： 政府购买服务

政府购买服务方案的核心思路是：按照市场规则核定各类业务的成本，在考虑合理利润的基础上，确定各类业务的单价。政府与企业之间，按照环卫作业量和预定单价，实行按量计价的付费机制。在此模式下，企业自主经营，按照预定考核标准完成垃圾的清运、转运和最终处置任务；政府按照预定的价格和环卫服务计量向企业购买服务。该模式划清了政府与企业的管理和责任界面，政府不再为企业的成本超支背书，企业也可以享受因降低成本而带来的额外收益，赋予了企业降低成本的内在动力。

该方案有效解决了对成本控制的正向激励，避免了传统模式不能有效控制经营成本的弊端，但仍有两方面的明显不足：一方面，在此付费机制下，由于财政支付费用与处理量的相关性非常高，必然会增加垃圾处理量的计量及监管工作的难度。另一方面，从方案的激励效果来看，由于企业获得支付的额度与垃圾量成正比，形成垃圾量越多环卫企业收益越多的客观事实，必然导致企业在经营过程中缺乏从源头实施垃圾减量化的动力。对于垃圾减量化这一环卫管理的终极目标，不仅没有贡献，甚至还有负面效果。这不仅会造成财政经费的增加，更会导致社会资源浪费。

方案二： 实施特许经营

特许经营方案的核心思路是：将该市生活垃圾的清扫、收集、转运、回收利用以及最终处置等全链条业务的特许经营权授予环卫公司，由其按照彻底的市场化机制来运作。将垃圾分类的宣传教育、制度创新和措施落实等责任也交给环卫公司。政府与企业的结算机制不和垃圾总量挂钩，而是按照企业服务总人口数量来计费，计费标准可以依据最近一个自然年的人均垃圾收运和处置费来确定，甚至还可以考虑一定程度逐年递减，以倒逼垃圾减量化工作的实施。

该方案的付费机制看起来不像传统模式和方案一那么精细，似乎过于粗略，但正是这样的"粗"才能真正发挥PPP模式促进提高服务效率、降低社会总体成本的优势。在该模式下，企业从财政获得的费用是相对稳定的，垃圾减量化的工作做得越好，其利润就越高。企业自然有充足的动力去实施垃圾分类宣传、从源头做好分类的清运、资源回收利用等工作。从财政支出角度，可以将生活垃圾方面支出的总量控制在预定水平，甚至可以适度考虑逐年递减，以分享PPP模式下促进资源化利用率的提高所带来的收益。

三、方案决策与应用

方案一所采用的按量计价模式在国内固废处理领域已得到广泛应用。然而，由于绝大多数项目的合作内容仅限于末端处置环节，如安全填埋、焚烧发电等，这类项目社会资本方的主要责任在于垃圾的最终处置，而不承担宣传、清运等前端任务，因此通过处理量来进行结算是可行的。

该项目是对全市城市环卫系统全作业链的改革，借助PPP创新以形成有效的激励机制十分必要，上述方案二即提供了相应的解决思路参考。激励机制的有效发挥，还需要依靠相应风险分配、绩效考核等具体措施。限于篇幅和本文主题的原因，本文仅重点介绍了付费机制设计的主要原则，目前该方案也正在进一步完善、优化和细化之中。

（本文以"PPP模式的核心——绩效激励设计"为题原载于《中国投资》2015年9月刊）

第四篇
水务和水环境 PPP 案例与思考

杨家溪污水处理厂 PPP 项目

杜 鹏 王盈盈

阅读提示

张家界杨家溪污水处理厂项目是国家发展改革委首批发布的 13 个 PPP 示范项目之一。项目于 2008 年按 BOT 方式引入社会资本，于 2010 年投入运营，至今已运营 8 年之久。该项目在国家 2014 年大规模推广 PPP 之前就已实施落地和运营，是业内污水处理特许经营领域典型的成功案例，项目相关经验依然值得总结和参考。依靠政府部门的有力组织和推动，倚重咨询机构的经验和能力，依托扎实细致的分析论证和合同谈判，依据法律法规和合同约定诚信履约，这些构成了该项目持续走向成功的核心因素。

一、项目概况：入选国家发展改革委第一批 13 个 PPP 典型案例

杨家溪污水处理厂位于张家界市西坪老火车站东侧，占地 46 亩，为湖南省污水处理设施建设"三年行动计划"项目之一，也是张家界市 2008 年 17 个重点工程之一，2015 年 5 月成功入选国家发展改革委第一批 13 个 PPP 典型案例，成为示范项目。

该项目建设规模为 4 万立方米/日，远期规模为 17 万立方米/日。污水处理采用成熟的 A/A/O 工艺，出水水质执行《城镇污水处理厂污染物排放标准》（GB 18918—2002）一级标准 B 标准，负责南庄坪组团、官黎坪组团、西溪坪组团、珍珠峪组团及永定城区的生活污水处理。为提高投资和运营效率，张家界市政府决定采用 BOT 模式运作杨家溪污水处理厂。通过公开招标，湖南首创投资有限责任公司为中标人在张家界市组建项目公司负责项目的投资、建设和运营。项目于 2009 年 12 月投入试运行，2010 年 5 月通过环保验收，总投资 6788 万元。

项目从政府决定实施到进入运营期历时约两年，具体进展如表 1 所示。

表 1　杨家溪污水处理厂 PPP 项目进展

时　间	项　目　进　展
2008 年 2 月	政府决定采用 BOT 方式建设杨家溪污水处理厂
2008 年 3 月	张政办函〔2008〕25 号文件要求，市建设局成立了项目建设指挥部
2008 年 4 月	聘请咨询机构，编制特许经营实施方案、招标文件并通过审批
2008 年 5 月	发售招标文件、组织项目踏勘和答疑
2008 年 6 月	成立项目评标委员会，住建局会同财政局、环保局、法制办等政府部门组成谈判小组
2008 年 6 月	完成开标，评标委员会评标及中标候选人公示
2008 年 7 月	中标候选人资格核查和考察
2008 年 7 月	政府与中标候选人进行《特许经营协议》谈判，并将谈判情况及协议上报政府审批，确定中标人
2008 年 8 月	政府与中标人签订特许经营协议
2008 年 9 月	中标人对项目进行设计优化和前期准备并开工建设
2009 年 12 月	项目如期完工并进入试运行
2010 年 5 月	项目由环保部验收合格后正式进入商业运营

二、明确的授权、职责分工和清晰的项目交易结构

一个成功的 PPP 项目往往有明确的授权，需要建立分工明确的协调机制和设计清晰的项目结构，将项目参与各方的权利和义务、职责、分工、任务等界定清楚。

政府决定采用 BOT 方式建设杨家溪污水处理厂后，即授权张家界市住房和城乡建设局为实施机构。市住建局成立了永定城区污水处理厂项目建设指挥部作为项目协调机构，负责项目前期论证、立项、审批、投资人招标、项目用地的征地拆迁和周边协调、建设管理、政府部门间协调等具体工作，并委托金准咨询作为专业咨询机构提供特许经营和项目招标咨询服务。同时，市住建局会同财政局、环保局和法制办组成项目谈判小组，负责对项目招标文件、特许经营协议进行审查，负责与中标候选人进行谈判、资格核查和考

察（详见图 1）。在谈判小组职责分工中，财政部门负责项目测算报告的审核、支付流程的确认等；市环保局负责项目工艺流程、服务标准、监管方案的确认；市法制办负责对特许经营协议的整体合法性把关。明确的授权机构和部门职责分工、临时跨部门协调机制的建立为进行按计划推进奠定了良好的基础。

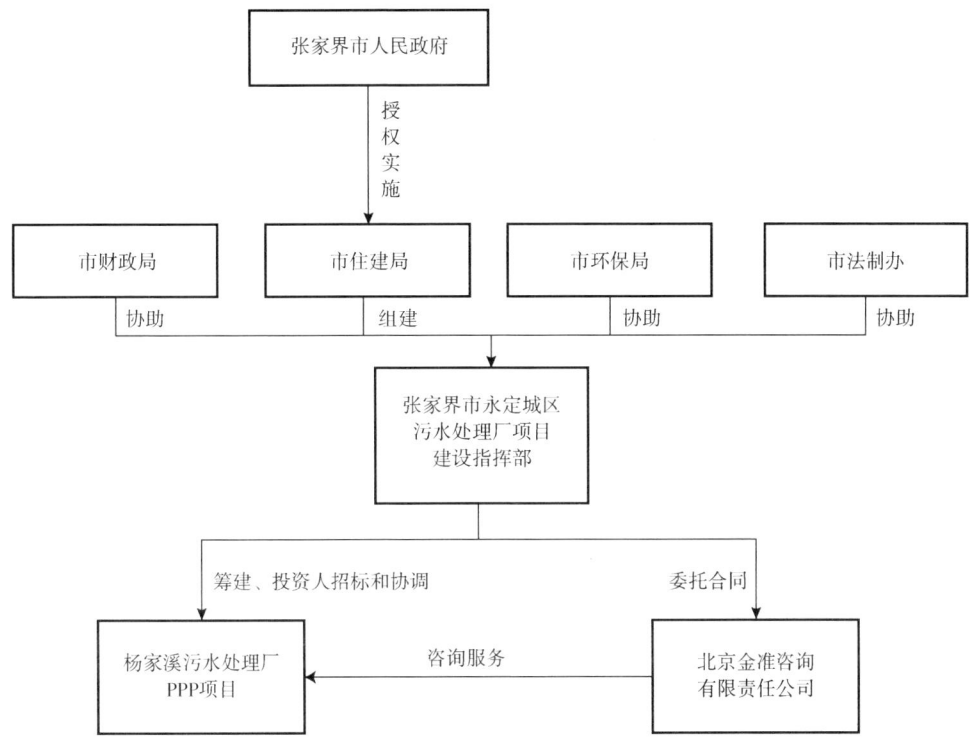

图 1　项目组织结构

根据特许经营协议约定，杨家溪污水处理厂项目的交易结构如下（详见图 2）：张家界市人民政府书面授权张家界市住房和城乡建设局，授予中标社会投资人湖南首创投资有限公司独资在张家界市注册成立项目公司张家界首创水务投资有限责任公司 30 年特许经营权，由其融资、投资、建设、运营和维护杨家溪污水处理厂内所有设施，承担污水处理工作、获取污水处理服务费用，在特许经营期届满时，将杨家溪污水处理厂无偿完好移交给张家界市政府或其指定单位。市住建局和环保局按部门职责分工对项目进行建设、运营监管和考核，并将监管和考核情况交付财政局作为支付依据。财政局按照特许经营协议约定和绩效评价结果向项目公司支付污水处理服务费用。

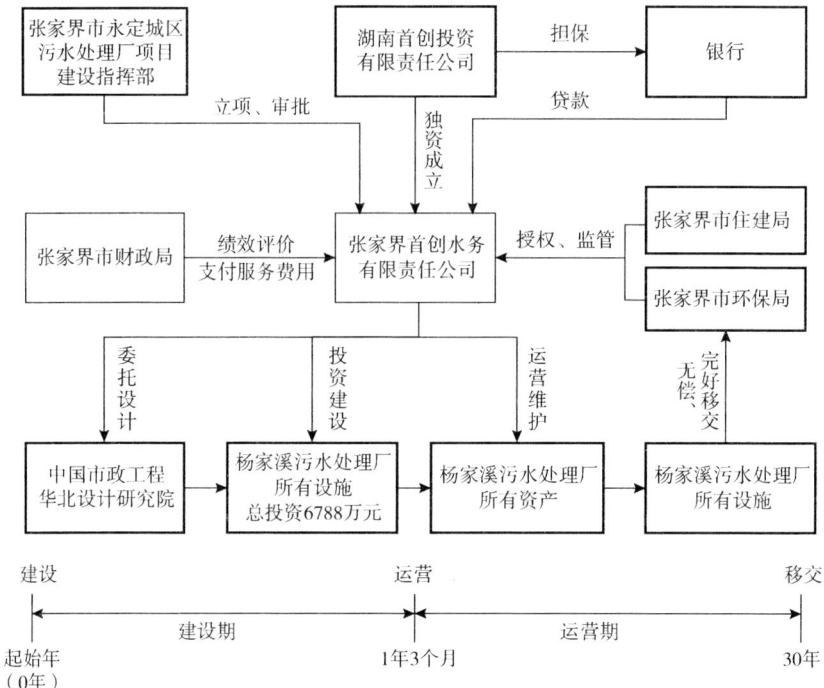

图 2　项目交易结构

特许经营协议对付费方式也做了明确的说明。服务费用应按季度结清，在每个季度结束后的七日之内，项目公司将依据当季相关数据以及特许经营协议中的价格计算公式计算出当月应付金额，撰写《季度污水处理费用付款申请书》（下文称《申请书》），在其中列明费用明细并提供各项费用的证明记录和资料的复印件。襄阳市财政部应在收到《申请书》后七日之内对其中的费用明细一一核实并对其中的付款费用是否存在异议向项目公司作出反馈。财政局应将无异议金额全数于收到资料起十日之内汇款至项目公司账户。对于有异议部分，双方应在七个工作日内协商解决。

清晰的项目结构使得项目参与各方能够清楚地认识到自身在项目开展过程中的位置，明确自己所承担的责任和所拥有的权利。当项目发生问题，也能很快找到问题的责任承担方、利益相关方，杜绝了由于权责分担不明确导致问题无法解决的情况发生。且这样的项目结构使得项目建设指挥部、政府参与绩效评价的各个部门以及项目公司之间形成了相互制衡的关系，三者发挥自身优势各司其职，通过协商解决问题，大大提高了项目开展的透明度和效率。

三、合理的风险分担机制和绩效体系

在杨家溪污水处理厂的特许经营协议中，政企双方对未来可能发生的风险做了充分的预估，并对可预见风险的分摊、应对办法做了详细说明，充分体现了PPP模式所强调的"由最有能力承担风险的一方承担风险"的原则，充分发挥了PPP模式风险共担的优越性。项目中出现的创新性风险分担方法及重要的风险调控机制列举如下：

（1）处理量风险分担机制。为保障杨家溪污水处理厂投资人的合理收益，应对可能发生的污水处理量不足或过多的情况，特许经营协议规定，当厂区污水日处理量低于4万立方米时，污水处理服务费按照4万立方米计算；当日处理量超过4万立方米时，超出部分按照原定处理价格的60%计算。

（2）处理工艺确定机制。投标文件对污水处理质量做了明确要求，项目公司被允许在保证污水处理质量的前提下，选择适合自身的污水处理工艺以达到降低成本、提高效率的目的。这样的创举使得项目的风险分摊前置到了特许经营协议签订之前，很好地体现了PPP模式风险分担、提高效率、降低成本的宗旨。

风险前置的优势在实际运营中得到了印证，截至2013年12月底，杨家溪污水处理厂实际处理水量3517.7883万立方米，污水处理服务费总收入3323.16万元，运行成本3038.37万元，基本实现了保障厂区正常运营并使项目公司获得合理收益的目的。

（3）价格调整机制。为了防止物价水平、人工成本变动导致项目公司收益下降的情况发生，财政部印发的《污水处理费用征收使用管理办法》第十二条规定："污水处理费的征收标准，按照覆盖污水处理设施正常运营和污泥处理处置成本并合理盈利的原则制定，由县级以上地方价格、财政和排水主管部门提出意见，报同级人民政府批准后执行。污水处理费的征收标准暂时未达到覆盖污水处理设施正常运营和污泥处理处置成本并合理盈利水平的，应当逐步调整到位。"项目特许经营协议根据导致调价的情况不同，分为一般物价因素影响调整和特殊因素调整两种情况对污水处理服务单价进行调整。同时约定详细污水处理服务费单价的调价方法、公式和程序。

（4）健全的收费机制。依据财政部印发《污水处理费用征收管理办法》中第三条规定"污水处理费是按照'污染者付费'原则，由排水单位和个人缴纳并专项用于城镇污水处理设施建设、运行和污泥处理处置的资金"。为保障污水处理费用资金专款专用，项目对资金使用流程做了明确规定，资金使用流程如图3所示：

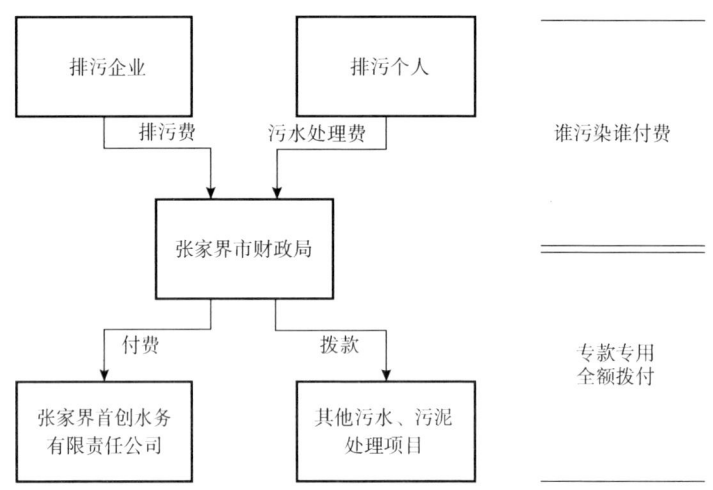

图3 污水处理费用支付体系

（5）违约风险机制。特许经营协议中还对合作方违约情况进行了充分说明，最大程度地保障了合作双方的合法权益，增进了合作双方的安全感和相互信赖程度，无形中也提升了项目开展的效率。

除了合理的风险分担机制，有效的绩效评价体系也为项目的高效、高质量运营提供了保障。据特许经营协议规定，绩效评价工作交由张家界市住房和城乡建设局、环保局以及财政局承担。

（1）安全运营评价：其中，住房和城乡建设局负责对厂区污水处理工作的规范性、安全性实施监管，对厂区日常运营工作起监督作用；

（2）污水质量评价：环保局着重对污水处理质量进行监测，确保污水处理过程的各项指标均达到国家标准；

（3）费用支付依据：财政局依据住建局和环保局的监测、评价结果综合对杨家溪污水处理厂的运营管理情况做综合评价，并依据绩效评价结果向项目公司支付污水处理服务费用。

由不同部门对项目不同方面实行监管保障了监管工作的专业性和科学性，依据绩效评价结果向项目公司支付污水处理费用给项目公司提供更为优质的服务、提高自己的运营效率提供了激励，为项目的高效、高质量运行提供保障。

四、专业的咨询机构提高了项目推进的效率

在杨家溪污水处理厂的项目中,张家界市政府高度重视,设立了专门的建设指挥部,聘请了资深咨询机构提供专业的法律、财务顾问服务,二者协同依据国家各项法律法规、政策精神,通过公开招投标的方式引入社会投资人,使得决策过程更加科学有效,项目建设的质量和效率也得到保障。具体来看,专业咨询在项目开展过程中起到的积极作用列举如下:

(1) 协助进行制度建设、项目策划。金准公司在与政府方签订咨询协议后,为项目起草了包括特许经营实施办法、项目招标文件在内的一系列重要书面文件。通过这些文件的撰写和实施,为项目建立了由建设指挥部统筹、政府各部门监管、付费,项目公司提供服务的完善制度。此外,金准公司还为项目制定了从招标开始到特许经营期结束为止,时间跨度逾30年的项目策划。一系列的举措使得项目结构更加科学、有效,使得项目开展更具方向性。

(2) 组织法人招标、协助开展谈判。对于一个成功的PPP项目而言,实力雄厚的社会资本、公平公开的招投标以及合同谈判程序都是不可或缺的。金准公司为项目建设指挥部起草的招标文件详尽合理,特别是其中的风险前置措施获得了业内的一致好评。在金准公司的帮助下,项目成功引进实力雄厚的国有资本——湖南首创投资有限责任公司,使得项目的成功开展获得了强有力的技术、资金保障。此外,金准公司以第三方身份参与了招投标过程中的竞争性谈判和特许经营协议谈判,保障了招标过程、谈判过程的公平性、公开度。

(3) 进行履约监管。考虑到除特许经营协议考虑风险之外,项目建设和运营过程中还存在诸如项目公司或政府方违约等问题发生,金准公司和项目指挥部协商后为项目设立了包括履约保函、维护保函、移交保函在内的三份保函,分别用于保障项目的建设期、运营期和移交过程的顺利进行,进一步降低项目风险,保障项目顺利开展。

专业中介机构的介入保障了项目在紧张的工期内顺利完工并交付使用,风险分摊前置机制也使得企业能够更好地结合自身条件,在完成政府方要求的前提下节约成本、提高效率,使得该项目具有一定的推广和借鉴价值。

(本文以"杨家溪污水处理厂PPP项目的成功经验"为题原载于《中国投资》2015年10月刊)

寻乌县太湖水库工程 PPP 项目

张 贤

阅读提示

寻乌县地处江西革命老区，县域经济底子薄。太湖水库工程项目是寻乌县重大民生工程项目，是列入《江西省"十二五"大型水库建设规划和中型水库建设规划（2011年）》《全国中型水库建设安排意见（2013—2017年）》和《赣闽粤原中央苏区振兴发展规划》的水利重点建设项目。该项目以供水为主，兼有灌溉、防洪等综合效益，总投资约7.5亿元。PPP运作过程中寻乌县"四大班子"高度重视，依托政府实施机构的精心组织和有力推动、科学合理的项目策划、有序透明的决策机制以及咨询机构的专业工作，自2015年3月开始启动PPP实施至最终签约历时不足半年时间，成为江西省最早落地的PPP水利项目。中标方江西省水利投资集团按合同约定及时铺开项目工作，体现了省级国资的社会责任担当。该项目于2017年入选国家发展改革委PPP典型案例。

一、项目概况

寻乌县位于江西省东南端，位于赣、闽、粤三省接壤处，集"中国蜜橘之乡""中国脐橙之乡""中国脐橙出口基地县""绿色生态果品生产县"于一身。寻乌县现有唯一水源九曲湾水库水质下降，且随着寻乌县域经济发展用水需求量增加，现供水水源无法满足人民群众生活水平提高及县域经济发展的需求，迫切需要开辟新的安全可靠、水质优良的生活用水水源。

寻乌县太湖水库选址珠江流域东江源头寻乌水上游峡谷河段，坝址地处寻乌县西北部的水源乡太湖村境内，是一座以供水为主，兼有灌溉、防洪等综合效益的中型水库。项目总投资约7.56亿元，其中太湖水库工程批复概算投资约6.18亿元，新增影响区土地房屋征收和移民安置投资约1.38亿元。该项目已纳入《江西省"十二五"大型水库建设规划和中型水库建设规划》（2011年），并列入《全国中型水库建设安排意见

（2013—2017 年）》拟建项目、《赣闽粤原中央苏区振兴发展规划》水利重点建设项目。

寻乌县为原中央苏区，县域经济比较薄弱，人才相对缺乏，为了筹措项目建设资金，提高工程建设质量和运营管理效率，寻乌县人民政府决定引入社会资本投资、建设、运营和维护太湖水库工程项目。江西省发展改革委将项目列为江西省 2015 年第一批政府与社会资本合作（PPP）推介项目和 2015年第一批省重点项目。

二、项目交易结构与实施进展

寻乌县政府授权寻乌县太湖水库投资开发有限责任公司（以下简称"太湖投资公司"）与社会资本共同出资组建 PPP 项目公司，其中太湖投资公司占股 30%，社会资本占股 70%。县政府依法授予项目公司特许经营权，由项目公司投资、建设、维护、运营该项目。特许经营到期后，项目公司将项目全部设施无偿移交给县政府指定机构。该项目交易结构见图 1。

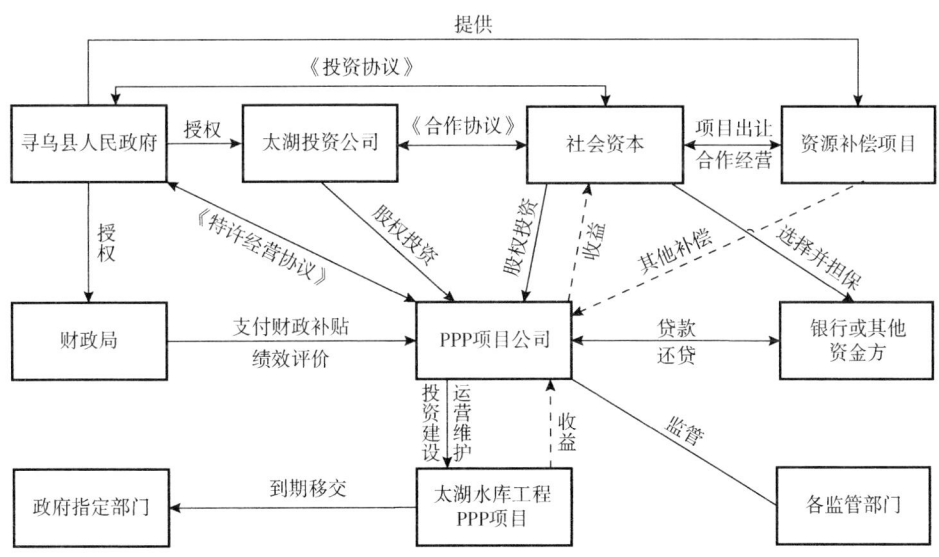

图 1 寻乌县太湖水库项目交易结构

该项目 PPP 实施工作于 2015 年 3 月启动，2015 年 4 月县政府通过政府采购委托咨询机构协助 PPP 实施。项目于 2015 年 9 月完成社会资本采购，2015 年 10 月项目公司成立完毕并签署《特许经营协议》。目前，项目已开工建设。

三、借鉴价值

该项目从确定采用PPP模式到最终签约历时不足半年时间,引入的社会资本江西省水利投资集团无论在资金实力还是在建设运营经验方面都处于行业领先水平。江西省水利投资集团响应国家政策,积极参与项目PPP采购,结合自身经营战略的同时也担负起省级国资企业的社会责任,在保障自身资金安全的前提下,为项目提供了较为优惠的条件。回顾该项目PPP实施组织的过程,笔者认为项目顺利实施主要得益于如下方面:

1. 适当合理的项目范围

合理划定项目范围是成功实施PPP项目的第一步。项目范围的合理性体现在三个方面:首先,投资规模合理。规模太小,则PPP前期工作费用占比重较高,后期运营过程也无法产生规模经济效益;规模过大,子项目过多,则容易导致项目过于复杂,投资方采购及谈判难度加大。其次,各子项目之间有一定的关联性,完全不同领域的子项目打包成一个PPP项目,不利于引进具备行业特长的社会资本。第三,各子项目的前期工作进度能够与社会资本采购进度匹配。多个项目打包捆绑成一个PPP项目可以节约谈判时间和成本,但也意味着因各项目本身条件和实施进度不一致,增加了PPP实施难度,导致PPP落地周期长及落地难。

该项目最初从水库到供水管道到自来水厂一条产业链一体化运营、节约供水成本提高供水效率考虑,将太湖水库工程、新增影响区土地房屋征收和移民安置以及寻乌县城市供水项目三个子项目打包成一个PPP项目。在实施过程中,因寻乌县城市供水项目历史遗留问题暂未解决,导致项目投资人采购过程推进缓慢,甚至一度停滞,项目进展与寻乌县人民群众对新的水源地开发迫切需求相矛盾。为尽快向人民群众提供安全可靠、水质优良的生活用水水源,寻乌县委县政府决定把寻乌县城市供水项目单列,不纳入该项目。寻乌县城市供水项目单列后该项目具备采购条件,谈判难度相对降低,大大加快了PPP项目投资人采购进程。

2. 放管结合的谈判授权

PPP项目谈判是双方妥协的过程,谈判小组如果没有任何谈判权,事事需要汇报请示,谈判很容易反复甚至陷入僵局,但谈判小组的谈判权力如果不受到约束和监督,也容易产生权力寻租损害当地公共利益。所以合理充分的授权对项目谈判的推进至关重要。

寻乌县政府从该项目组建谈判小组时就纳入了相关职能部门和法律顾问，明确谈判小组授权范围，谈判小组在县政府授权框架内与社会资本进行谈判，并将谈判结果报各部门及县政府审核。县政府在给予谈判小组充分权利的同时，也对谈判小组的权力进行了限制和监督。

3. 公开透明的决策机制

PPP项目涉及众多公用基础设施工程，关系到广大人民群众的切身利益，受到广泛关注。PPP实施过程中的决策能否得到广泛的认可，直接决定了PPP实施的顺利与否。

该项目为寻乌县重大民生工程项目，PPP实施过程中每一个文件甚至每个条款寻乌县委县政府都要求实施机构与咨询机构共同对寻乌县各部门各机构做沟通、解释、汇报与说明，接受各部门各机构的意见和监督，每一个决策都做到有理有据公开透明，先后多次召开县委常委会、政府常务会、四套班子会、领导小组会、老干部会以及人大代表政协委员会等，层层审议把关。在充分知情和广泛认可的基础上，寻乌县上下对该项目都给予了大力支持。在地处革命老区、县域经济底子薄等自然禀赋较差的情况下，寻乌县上下为保障项目能够正常建设与持续运营做出了巨大努力，向社会资本方展示了寻乌的良好政治环境和投资环境，增强了社会资本的信心。

4. 专业务实的工作团队

PPP项目涉及的工作团队主要包括实施机构、谈判小组、咨询机构。

（1）实施机构。PPP项目实施程序复杂，且涉及部门众多，协调、组织、汇报、说明工作量较大。实施机构作为PPP项目的协调组织机构，不仅要协调组织好PPP相关程序流程，还要具备较强的学习能力，能够理解咨询机构所编制的方案和协议并配合咨询机构向各部门机构汇报说明。同时，实施机构是潜在社会资本了解当地的一个窗口，实施机构的态度及专业性直接影响潜在社会资本对当地投资环境的判断。

该项目实施机构为寻乌县太湖水库投资开发有限责任公司，该公司是寻乌县为太湖水库工程项目专门成立的，所聘请的人员均为长期在当地财政、发改、水利、机关事务管理局等部门工作的一线骨干，拥有较强的专业能力，了解当地情况，很好地承担了项目的协调、组织、宣传、说明工作，为项目的顺利实施打下了良好基础。

（2）谈判小组。PPP项目谈判要求谈判人员有良好的谈判技巧及扎实的专业能力。寻乌县委县政府高度重视谈判小组的建立，从实施机构、财政、审计、法律顾问和法制办等各相关部门抽调了专业能力过硬的人员组成谈判小组。谈判小组在谈判过程中充分发挥了专业能力。对PPP协议中政府权力和义务的落实提出了合规但又不失灵活的处理方式，谈判队伍专业务实的工作作风既为当地争取了公共利益，又向投资方展现了寻乌良好的政治环境，增强了投资方的投资信心。

（3）咨询机构。作为PPP项目交易结构和协议设计的第三方机构，咨询机构的专业性直接决定了PPP项目方案的可行性和合理性。寻乌县选聘在基础设施PPP和水利水务行业方面皆具专业经验的北京金准咨询公司作为顾问。北京金准咨询针对项目特点设计了收益保障可行、风险分配的实施方案，并编制了内容缜密、操作性强的PPP合作协议。项目谈判过程中，当政府方与社会资本方意见存在分歧时，咨询组人员本着专业、公平的原则分析利弊，阐述建议，协助双方达成一致意见。最终在项目投资收益率较低但仍然得到社会资本方认可的情况下，顺利完成了项目的签约。

（本文以"合理策划、透明决策、专业实施——寻乌县太湖水库工程PPP项目经验总结"为题原载于《中国投资》2015年12月刊）

江苏徐州沛县供水 PPP 项目

李 颖　张 勇　胡齐丰

阅读提示

沛县供水 PPP 项目是江苏省沛县第一个成功实施的 PPP 项目，于 2016 年被评为国家级示范项目，并于 2017 年被收录于财政部《PPP 示范项目案例选编——水务行业》（第二辑）一书作为十大水务行业案例之一。沛县也因该项目及其他 PPP 项目的实施，推广政府和社会资本合作模式工作有力、社会资本参与度较高，获国务院办公厅于 2018 年给予公开表扬激励通报。沛县供水 PPP 项目总投资 15.04 亿元，由地表水厂、第二水厂、镇污水处理厂、市政管网、农村饮水安全工程五部分组成，是国内少见的县域供水"城乡一体、供排一体、厂网一体"项目。通过对不同的部分设置不同的运作模式和回报机制，从而激发水务市场活力，达到真正提高公共服务质量和效率。

江苏省沛县供水 PPP 项目于 2015 年 10 月发起，2016 年 8 月确定社会资本方，9 月成立项目公司，项目落地历时近一年。沛县政府专门成立了沛县供水 PPP 项目领导小组，在领导小组的带领下，各方协调合作、仔细调研、合理设计、科学论证，保证了项目的实施质量。项目于 2016 年 10 月被评为财政部国家级第三批示范项目。

沛县供水 PPP 项目在地表水厂项目中，社会资本投融资完成改扩建工程，政府授予社会资本原有和新建部分的特许经营权。居民或企业等用户按照政府定价的供水水价付费；建设期、运营期设定不同的运行基本水量，不能覆盖投资、经营成本及社会资本合理收益的部分，由政府支付可行性缺口补助。对于已建成的污水处理厂，项目公司负责运营，政府向项目公司支付污水处理服务的固定费用（含人员工资福利、管理费、修理费等）和可变费用（单位电费、单位药剂费、单位水费、单位污泥运输费等），其中可变费用根据实际污水处理量进行结算。对于市政管网及农村安全饮水工程，社会资本投融资完成新建部分，政府将原有和新建管网均委托给社会资本运营，由政府付费。回报机制包含管网可用性付费和管网运营维护费两部分。

本文通过对项目的总结，提出一些当前 PPP 项目中常见问题的解决方式，以供参考借鉴。

一、污水处理费的收取及项目付费模式问题

目前，市场上污水处理费的收取主要有三种方式：各级政府及主管部门委托自来水厂（公司）随水费收取的污水处理费；政府委托某企业专门从事生产和生活污水的处理，然后从财政上拨付污水处理费给企业；企业或个人集中处理生产或生活污水而向企业或个人收取的污水处理费。

污水处理项目的付费机制主要为两种，一种为"使用量付费"模式；另一种为"可用性付费＋运营维护费"模式。"使用量付费"模式下，政府向项目公司支付项目使用量对应的服务费用，并根据项目公司实际运营质量进行绩效评价而调整。"可用性付费＋运营维护费"模式下，项目公司通过对项目设施的维护保持项目的可用性，政府根据维护情况向项目公司支付经绩效考核后的可用性付费；另外，政府根据项目公司对污水处理厂及配套管网的运营情况向项目公司支付运营维护费。

据此，在沛县PPP项目的基础上，本文提出一种新的付费模式以供探讨："容量付费＋水量付费"。鉴于污水处理项目属于非营利性的环境保护项目，项目建设必要性、投资规模很大程度取决于地方政府对区域的总体规划、环境保护政策、人口发展情况等因素。所以，项目建设完好并且满足了政府的基本需求时，政府应给项目公司支付一部分费用，即"容量付费"。"容量付费"与社会资本的关联不大，付费的多少主要受政府对项目建设投资规模方面需求的影响，故这部分风险因素理应由政府方承担。污水处理设施开始运营后，实际处理水量、水质达标情况等不再受制于政府。此时，政府应向项目公司支付另外一部分费用，即"水量付费"。"水量付费"与政府的关联性不大，付费的多少主要受进水规模、项目公司的技术管理水平、工艺处理、成本控制等因素的影响，故这部分风险因素理应由项目公司承担。

二、污水处理项目中长期水价问题

污水处理项目的建设一般都是一个持续的过程，比如一期、二期甚至多期。污水处理项目在实际建设过程中，一般不允许超前建设。超前建设一方面会让资源浪费，另一方面也会增加运营期的固定资产折旧费，变相增加了污水处理成本。同时，污水处理项目在设计过程中如果不考虑远期，很可能会造成土地资源浪费，部分设施设备重复建设。所以，污水处理项目很多情

况下是总体设计、分步实施。在这种现实条件下污水处理项目面临一个难题，就是一期项目建设运营后，已经形成一个污水处理费单价，待二期项目甚至远期的项目建设后，总投资规模、处理工艺、运营成本均发生了一些变化，届时二期的污水处理费单价如何确定？以下提出两种思路：

思路一：一期项目建成运营后，会存在一个污水处理费单价，根据这个污水处理费单价，当期可以计算出对应的项目资本金内部收益率。待二期项目建设运营时，依据届时的银行中长期贷款利率可以初步确定二期的项目资本金内部收益率，最后依据这个项目资本金内部收益率、二期总投资、成本数据、处理水量来计算出二期的污水处理单价。以此单价为基础再做一些细微的调整（比如上下10%），确定二期最终的污水处理单价，从而给政企双方合作提供一种有效的解决途径。远期的可以根据此种思路继续深入探讨。

思路二：一期建设运营后，二期规划建设的时间距离一期较短（不超过5年）的情况下，可以考虑这种方式。此时，在计算一期的污水处理费单价时，以一期和二期项目的总投资为计算基数，同时，对一期、二期的建设时间、处理水量、处理工艺、运营成本都有了初步的规划和设计，在此时即可把未来一、二期的污水处理费单价统一确定。提前设计一种调价机制（通过敏感性分析计算出不同情况下的调价策略和权重），当二期的建设时间、处理水量、投资规模等发生变化时，再根据这个调价机制进行分项调价。

三、对污水处理项目的绩效考核设置问题

绩效考核本质上是一种过程管理，而不仅仅是对结果的考核。对于PPP项目的绩效考核一直是政府方、社会资本方，乃至金融机构等相关利益者均高度关注的问题，本文仅从污水处理项目的角度出发，初步探讨考核指标设置。

传统的绩效考核通过设置指标类别、评分标准、指标权重，运用人员打分或者数据采集，计算出考核客体的得分，根据考核得分对考核客体进行奖惩，以达到激励效果。对于PPP项目的绩效考核也应当遵循绩效考核的基本目的，即"激励"作用。PPP项目绩效考核的考核主体是政府方，考核客体是项目公司；考核目的是让项目公司能够提供更优质的服务，并尽可能发挥社会资本方的优势。因此，考核指标应以结果为导向，围绕考核目的进行设置，科学有效地激励项目公司。

以沛县供水PPP项目为例，该项目中污水项目的绩效考核主要从生产管理（污水处理量、污水处理率）、质量管理（水质综合合格率、排水水质抽

查、质量管理台账齐全)、安全管理(重大安全生产责任事故、安全隐患整改完成率)、设备管理(主要成产设备完好率、特种设备完好率、设备维修及时率、设备管理台账齐全)、基础管理(劳动纪律问题、岗位卫生)等方面进行考核。按照上述做法，还可以对这些考核指标进一步分类，纳入政府绩效考核的范围应该包括污水处理量、污水处理率、水质综合合格率、排水水质抽查合格率、安全管理、群众满意度等指标，其他指标不再作为政府方绩效考核的考核指标。通过这样的区分，可以让政府集中力量解决关键问题。也能保证未来众多 PPP 项目都进入运营期时，政府方能够及时履行考核职责，提高效率。

(本文原载于《中国财政》2018 年 10 期)

江苏镇江海绵城市 PPP 项目

魏保平　柏　云

阅读提示

　　海绵城市建设项目往往由若干个不同类别的子项目构成，项目结构复杂，项目技术方案设计深度和进度都将对 PPP 实施产生明显影响和挑战。作为国家首批试点的海绵城市建设项目，镇江海绵城市项目 PPP 实施之际可资借鉴的案例和数据缺乏，因此如何合理设计项目边界条件和安排相关风险处理机制，成为该项目 PPP 实施方案的重中之重。该项目打破固有模式，本着客观公正、实事求是的原则，在尽量确定边界条件的同时，预留了一定的再谈判空间，并且为再谈判不能达成一致等极端情况预设出口，合理锁定政企双方风险。该机制得到了政府和广大潜在社会资本方认可，为项目成功落地创造了有利条件。2017 年，该项目入选国家发展改革委 PPP 典型案例和财政部 PPP 示范项目。

一、项目概况

　　镇江市海绵城市建设试点区域位于城市主城区，面积约 22 平方公里。工作重点是：通过 2015—2017 年的海绵城市建设工作，综合"渗、滞、蓄、净、用、排"等多种技术措施，全面实现海绵城市目标。至 2017 年底，试点区全面完成海绵城市建设项目，实现年径流总量目标控制率 75% 以上，对应设计降雨量（24 小时）≥25.5 毫米；排水防涝标准达到有效应对 30 年一遇降雨；防洪标准达到"长流规"标准（相当于 50 年一遇）；面源污染削减率达到 60%，有效削减合流制溢流污染，旱季雨水管道无污水外排，地表水水质达标率 75%。

　　镇江市海绵城市建设内容包括道路 LID 整治、老小区（既有小区）LID 整治、湿地生态系统建设、污水处理厂建设、雨水泵站建设、管网工程建设、水环境修复保护、海绵城市达标工程建设。

　　项目的总投资为 25.85 亿元，其中中央财政专项资金投资 12 亿元，PPP

项目公司投资 13.85 亿元。镇江市海绵城市项目是全国第一批海绵城市 16 个试点项目中，目前唯一一个国家海绵城市建设示范与 PPP 示范的双示范项目。该项目通过采用政府和社会资本合作（PPP）方式，可以引入技术水平先进、管理经验丰富的水务行业领军企业入驻镇江，系统解决海绵城市投资、建设、运营的体制和机制。

二、项目实施进程

为了保证镇江市海绵城市建设 PPP 项目严格按照国家和省相关规范要求实施，2015 年 7 月初，镇江市政府从江苏省 PPP 专业咨询服务机构库中，通过公开竞争比选的方式确定北京金准咨询有限责任公司作为该项目的全流程咨询顾问。该项目历时 9 个月，于 2016 年 3 月确定社会资本合作方，成为全国第一个采用竞争性磋商方式完成的海绵城市建设 PPP 项目，并于 2016 年 4 月 18 日完成项目协议的签约。

三、项目运作模式

成交社会资本与镇江市水业总公司合资成立项目公司，其中社会资本占股 70%，镇江市水业总公司占股 30%。镇江市政府授权镇江市住建局授予项目公司特许经营权，由项目公司负责项目的投融资、建设和运营管理。该项目交易结构如图 1 所示。

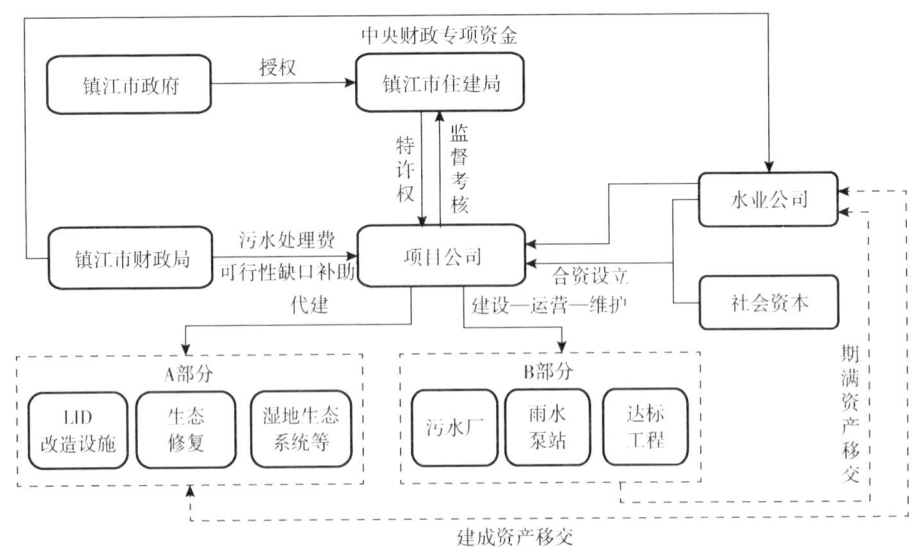

图 1　镇江海绵城市项目交易结构

1. 项目 A/B 划分

根据该项目建设资金来源的不同，将项目拆分 A、B 两部分：

A 部分项目业主为镇江水业总公司，采用中央补贴海绵城市投资的专项资金 12 亿元建设，建设内容包括道路及小区 LID 改造、生态修复和引水活水工程、湿地生态系统等项目。为便于统一协调项目建设管理工作，部分采用代建模式，由委托 PPP 项目公司代建，项目建成后资产移交至镇江市水业总公司。

B 部分项目业主为 PPP 项目公司，建设内容包括污水处理厂、雨水泵站、排口排涝、径流、面源污染治理等综合达标工程项目的建设，总投资约为 13.85 亿元。B 部分以 BOT（建设—运营—移交）方式运作，由 PPP 项目公司负责融资、建设和运营管理。

2. 存量资产运作

由 PPP 项目公司负责投资建设的 B 部分工程内容包含征润洲污水处理厂改扩建工程，与已经建成的征润洲污水处理厂一期工程在运营管理上难以分割，因此，在项目运营机制方面，方案未限定该部分资产一定由项目公司运营，预留了待征润洲污水处理厂新建工程完成后，PPP 项目公司可以同市水业总公司协商委托运营事项，届时由具备有效控制运营成本的一方来统一运营分别归属于双方的资产，以便更有效地控制运营成本。

3. 项目回报机制

该项目虽然有部分污水处理费收入，但项目公司主要是通过政府购买服务费来收回成本，并实现投资回报。为确保政府购买服务的有效性，项目建立了绩效考核机制，由镇江市财政局依据住建局等监督机构的绩效考核情况，直接向项目公司支付相关费用。

4. 报价竞争机制

由于海绵城市建设项目存在项目多样和复杂的特点，难以复制传统水务项目采用单一价格的付费机制。项目组人员经过多次研究探讨，根据该项目的特点创新设立了项目收益与回报机制，要求投资人分别对资本金收益率、融资资金利率、运营单价、相关项目成本利润率等进行报价。在竞争性磋商中，按照一定的假定条件，根据各投资人的各单项报价汇总计每一年度政府购买服务的总价来进行报价评分。

四、项目经验借鉴

在镇江市政府的大力推动下，镇江市海绵城市建设PPP项目社会资本方选择工作一直走在其他试点城市前面，并最终成功确定了优质的社会资本方中国光大水务有限公司作为镇江市海绵城市建设项目的合作伙伴。作为国家级的PPP示范项目，该项目的成果实施对其他海绵城市建设PPP项目或其他类别PPP项目具有一定借鉴意义。

1. 政府高度重视，保障项目顺利实施

项目启动前，镇江市政府为规范政府和社会资本合作，成立PPP领导小组，并出台了管理细则，明确了工作流程和部门职责，建立了PPP实施方案审查制度，规范了PPP项目报批。

项目正式启动后，PPP领导小组各成员单位密切合作，深入研究，共同决策。针对海绵城市建设项目回报模式这一难点，项目实施机构多次与财政等部门积极沟通，结合海绵城市项目社会效益为主导的特性，最终确定了以政府购买服务为主导的汇报模式，保障社会资本的合理收益，为项目顺利实施奠定了基础。

2. 积极推介项目，项目信息广泛传播

项目实施机构从一开始就非常重视项目的推广宣传工作。项目先后参与了江苏省PPP省级试点项目推介会和其他多种形式的项目推介会，专门编制了精美的项目宣传手册，在推介会上向社会投资人发放。在推介项目的同时，与对该项目感兴趣的投资人进行了深入交流，让投资人进一步了解项目，重点从该项目双示范的角度，剖析海绵城市建设作为国家发展战略层面的重要意义，希望投资人通过镇江项目先行先试的优势，形成可复制可推广的镇江经验，将镇江海绵PPP公司打造成区域性海绵城市建设的投融资平台，通过输出管理、技术和资本来占领国内海绵城市建设，吸引尽可能多的投资人参与项目的投资竞争。

3. 开展市场测试，加深政企相互了解

2015年10月份，为充分了解潜在社会投资人对镇江市海绵城市建设PPP项目的投资意向、关注要点，镇江市住建局与咨询顾问北京金准咨询公司先后同十多家社会资本方进行了一对一的初步会谈，向各投资人介绍了镇江市海绵城市建设项目的基本情况及初步构想，听取投资人对项目实施方案初稿的初步意见，并让各家投资人填报了信息反馈表，信息反馈表要求填报的内容包括投资人的发展历程、股东背景、自身优势、注册资本及净资产等财务指标、相关业绩、收益率要求、融资资金来源渠道及成本、对项目的疑问、对项目实施方案的建议等内容，对投资人提出的合理意见予以采纳并进一步完善优化实施方案的相关内容，为下一步采购工作的顺利开展奠定了基础。

4. 会商金融机构，提前锁定融资成本

镇江市住建局和市财政局就该项目融资事项主动对接金融机构，各金融机构在国家海绵城市建设政策及PPP政策的鼓励和引导下，对该项目表现出浓厚的兴趣，建设银行、中国银行、邮储银行和农业银行为该项目等金融机构就融资成本、期限和贷款条件等提交了PPP融资方案，初步达成了贷款期限不少于20年、融资成本为同期人民银行贷款基准利率下浮10%的融资方案。此运作方式提前锁定了项目的融资成本上限，并最终有效降低了政府财政支出负担。

5. 规范采购方式，促进资本充分竞争

为了推广PPP模式，财政部于2014年12月31日发布了《政府采购竞争性磋商采购方式管理暂行办法》，作为政府选择社会资本的重要采购方式。区别于竞争性谈判的"最低价成交"，在"竞争报价"阶段，竞争性磋商采用了类似公开招标的"综合评分法"，在需求完整、明确的基础上实现合理报价和公平交易，并避免竞争性谈判最低价成交可能导致的恶性竞争。该项目通过采用竞争性磋商的方式，在与投资人的磋商过程中不断明确需求，并通过磋商降低了中选社会资本方的响应报价，从而降低了镇江市财政在项目政府购买服务方面的支出负担。

6. 明细报价构成，为再谈判提供依据

该项目为国家首批试点的海绵城市建设项目，项目构成复杂，在实施社会资本方采购时，有相当部分的建设内容设计方案尚未确定，运营成本更无从估算。为此，该项目创新性地设计了运营费用的再谈判机制。当然，再谈判并不是漫天讨价还价，而是将几个关键技术经济参数设计为竞争点，通过投资人的采购环节报价加以锁定，作为再谈判的依据，能有效降低再谈判的

难度，保障项目后续顺利实施。

（本文以"PPP模式驱动海绵城市建设——以镇江市海绵城市项目为例"为题原载于《中国投资》杂志2016年6月刊。该项目咨询负责人为金准咨询公司童玫女士）

泉港石化工业园南山片区污水处理厂

李 菲　庄国永

阅读提示

对于PPP项目来说，价格形成机制是项目各相关主体之间利益风险分配机制的重要体现。与泉港石化工业园南山片区污水处理厂相似，目前国内在城市新区、各种开发区内正在规划或建设的污水处理厂数量众多，这些污水处理厂的共同特点是项目必须适度超前建设，初期污水量少，而中远期污水量则直接受园区整体发展情况的影响，污水处理厂的处理水量对社会资本形成了明显的风险因素。因此设计科学合理的价格机制，对于项目有效吸引社会资本、兼顾各方利益和风险分担公平、保障项目健康持续运营具有重大意义。该项目价格机制设计的主要经验可总结为：根据服务对象确定项目付费者；适应项目适度超前建设的需要，采用两部制价格结构以减缓水量风险影响，充分利用社会资本准入环节以竞争性方式形成项目初始定价，合理设计项目长期运营期间的调价机制以及为项目价格机制落地制定相关的政府配套管理措施。

一、项目概况

泉港石化工业园区位于福建省泉州市泉港区东北部，是国家规划建设的九大炼油基地之一，也是《福建省湄洲湾石化基地发展规划》中确定的湄洲湾石化基地先导区。泉港石化工业园区南山片区规划面积13.2平方公里，是园区发展的重点区域。南山片区污水处理厂是工业区公用基础设施的重要组成部分，是深化石化产业与生态环境循环协调发展的重点基础设施项目。项目的建设是园区改善招商环境、吸引企业入驻的基础性保障设施，对园区发展具有重要意义。

南山片区污水处理厂的污水水源主要为南山片区工业企业生产废水，近期工程（2012年）建设规模为2.5万立方米/天，投资估算为1.856亿元；远期工程（2020年）建设规模为10万立方米/天，投资估算为4.416亿元。为促进基础设施市场化发展，提高项目建设和运营效率，泉港区人民政府决定采用 PPP 方式实施该项目建设。该项目 PPP 实施工作自 2011 年底启动，园区政府委托金准咨询公司协助 PPP 实施。金准咨询团队先后对 BOT、BOO、TOT 等多种模式进行了方案研究和比选工作，组织园区政府相关管理人员对宁波化学工业区和大亚湾石化工业区的污水厂建设管理和运营模式进行了实地考察，最终确定该项目采用 BOT 模式。项目通过公开招标方式确定了满足资金实力和专业实力要求的社会资本，并授予社会资本组建的项目公司 30 年特许经营权，由项目公司负责污水处理厂的投资、建设和运营，并向园区企事业单位收取污水处理费，特许经营期结束后无偿移交园区政府。

项目于 2013 年 2 月签署了《特许经营协议》，目前已建成投入使用，但由于园区入驻企业建设进度和预期有差异，目前存在水量不足的情况。

PPP 项目价格形成机制是 PPP 项目相关主体之间利益风险分配机制的重要体现。城市公共服务 PPP 项目价格机制设计遵循的主要原则之一是，在保证公共利益的同时保证 PPP 项目公司有合理的收益和适当的风险，即以最低的价格和最低的风险提供公共产品或服务，在保证项目生存能力和投资吸引力的同时，还应该有足够的激励效果，以促进 PPP 项目公司提高项目建设和运营管理水平，改善服务，促进项目的可持续发展。

泉港石化工业园南山片区污水处理厂 BOT 项目价格机制设计即在这一原则指导下进行，结合园区和项目实际情况，该项目价格机制设计的主要做法和特点包括：根据服务对象确定付费模式、为规避风险采用两部制价格结构、竞争性定价和政府限价相结合、合理设计调价机制应对未来风险以及配套相关的支持政策。

二、付费模式：依服务对象确定

南山片区污水处理厂主要处理的是石化工业园区工业企业预处理后的工业污水，因此其主要服务对象为工业企业。工业企业为经营性单位，因此本 BOT 项目价格机制设计的基本原则之一是实现使用者付费，即制定的污水处理服务价格不但能够覆盖污水的实际处理成本，还要适当保证污水处理厂投资人的基本利益，实现污水厂的稳定安全运行和自身的可持续发展，为园区的环境建设提供基本保障。

三、价格结构：两部制价格模式

泉港石化工业园区企业入驻进度直接影响了未来污水厂水量的多少。经测算，南山片区污水厂的水量对于污水处理服务单价最为敏感，也是项目风险控制的最关键因素。考虑到"园区发展，基础设施先行"的实际发展状态可能造成污水厂建设初期水量少、项目成本高、可持续性较差的实际情况，为降低污水厂的投资风险，保障项目的稳定运行，实现为园区发展提供基础设施保障的目标，该项目收费机制设计时采用了两部制价格模式，即污水处理服务单价由固定单价和计量单价两部分组成。

固定单价是指项目固定费用分摊形成的污水处理单价，计量单价是指项目和处理量相关的变动费用和项目利润等分摊形成的污水处理单价。污水处理厂按月向园区排污企业收取固定污水处理费和计量污水处理费。固定污水处理费按园区排污企业的计划排放污水量和固定单价计算收取（计划排放污水量由排污企业在入驻园区时与园区管委会签署的入园协议中确定，入驻后每半年调整一次）；计量费用按园区排污企业实际排放污水量和计量单价计算收取。同时，在企业计划排放污水量低于污水厂设计处理量规模的60%时，政府按企业计划排放量和污水厂设计处理量60%的差额和固定价格给予固定费用补贴。

此价格和收费模式充分考虑了园区发展进度严重影响污水处理量、投资人对污水厂处理水量不可控的实际情况。该机制的实质是对水量预测风险在政府和社会资本之间实现合理分担，即政府方为保障园区投资发展基础条件而超前建设污水厂所产生的水量不足风险，由园区政府承担，而排污企业则需对自身企业污水排放量进行客观预测，相应的预测风险由企业承担，也可在一定程度上规避企业虚报排水量的行为。

四、定价方式：竞争性和限价结合

PPP项目初始定价引入竞争机制已是业内共识，通过竞争有利于减少政府或付费者负担，同时有利于发现价格，促进企业控制成本。在南山片区污水处理厂污水处理费用定价时，我们在充分调研行业成本和项目特点的情况下，最终采用了企业竞价和政府限价相结合的定价模式。

市场定价体现在两个方面，一是该项目投资人的选择采用了公开招标方式，标的为污水处理服务费单价；二是政府方制定了统一纳入市政管网污水排放标准（简称为"纳管标准"），企业排放的污水不高于纳管标准的，按照投资人的投标报价缴纳污水处理费，企业排放的污水高于纳管标准的，不允许直接排入市政管网，但可以与污水厂协商采取单独建管接入污水厂的方案，并与污水厂协商制定污水处理计量单价。

在政府限价方面,考虑到园区污水 PPP 项目运营权的独占性和排他性,为保护园区企业,防止污水厂随意要价,故在政府方授予污水厂项目公司特许经营权时即约定了超过纳管标准的污水处理收费办法和收费标准上限价,即超过纳管标准的污水将根据污水超标程度按照相应比例提高计量单价;对于排污企业少量生活污水排入污水管网的,污水厂将与排污企业协商确定生活污水的收费标准,但最高不得超过计量单价的 50%。

政府限价制度,也充分体现了政府在给予企业合理利润的基础上,利用企业追求高利润的自然属性,激励企业进行成本控制的思想。

五、调价机制:长周期

由于项目的特许经营期限长达 30 年,考虑到经营过程中物价、标准、政策等变化的影响,需要在 PPP 合同协议中约定价格调整办法,包括调价因素、调价公司、调价管理程序等,以合理控制项目的运营风险。该项目污水处理服务固定单价和计量单价每两年调整一次,按成本权重法设计制定调价公式,对长期运营中物价变化对成本的运营进行调整,以公平补偿或调剂 PPP 项目公司的成本变化,调价因素主要包括人工费、动力费、药剂费和污泥处置费等。

结合该项目的特点,在充分研究项目相关单位间利益风险关系的基础上,为有效促进价格机制的实施和发挥价格杠杆作用,项目采取了两项支持政策措施:

一是制定了政府固定费用补贴政策。一方面,在南山片区污水厂引入社会资本实施 PPP 时,泉港石化工业园区尚处于开发建设过程中,园区入驻企业的排水量远未达到其设计规模,入驻企业也在不断发展;另一方面,为改善园区配套设施状况,为园区进一步招商引资创造良好基础条件,促进园区发展,及时和适当超前建设污水处理设施势在必行。在此情况下,政府承担污水厂水量发展风险是合理和必要的。针对此情况,该项目设置了政府给予固定费用补贴的政策,即当排污企业计划排放污水量低于污水厂设计处理量规模的 60% 时,政府按企业计划排放量和污水厂设计处理量 60% 的差额和固定价格给予污水厂固定费用补贴。经测算,在此政府补贴政策条件下,能够保证污水厂的投资回收和正常成本支出,能够保证污水的持续、稳定、安全运营。

二是出台了《泉港石化工业区污水处理暂行管理办法》。园区管委会在项目 PPP 实施启动之初即制订了《泉港石化工业区污水处理暂行管理办法》,规范园区政府对区内污水管理行为和入驻企业污水排放管理办法,明确了园区管委会、排污企业、污水厂 PPP 公司等相关方的基本权责利关系;该办法为该污水处理厂 PPP 价格机制的有效实施提供了有力保障。

六、成效

该项目在建设过程中,项目公司根据园区企业的实际入驻进度调整优化了项目分期建设方案,降低了一期工程建设规模,以与园区污水量增长实际情况相适应。可见该项目价格机制作用已有效激发了社会资本采取措施控制风险的主动性和积极性,其价格机制设计初显成效。

(本文以"价格机制:PPP 项目风险控制关键点"为题原载于《中国投资》2015 年 5 月刊)

华东地区某污水处理厂提标扩建项目

李 菲

阅读提示

本案例是一座一期工程已经实施特许经营的污水处理厂项目，需要进行提标改造，同时扩建二期工程。由于二期与一期工艺上的不可分割性，同时考虑社会资本方一期绩效考核记录良好，政府方希望选择同一家社会资本负责二期的投资、建设、运营，以减少项目管理磨合成本，降低采购风险，同时以此为契机进一步完善一期PPP合同，解决一期运行过程中的问题。分期建设的项目在采用PPP模式实施中，特别是一期工期已经公开选定投资人的情况下，综合考虑整体效率最高、政府和社会整体成本最低来选择合适的投资人是符合PPP高效、节约理念的。在这个过程中，我们也应重视实施中的公开、公正，以有利于双方能更有效率地达成协议，维护公众利益。在项目实施中，应结合已实施的先期工程具体情况，通过对中期评估和绩效评价过程中发现的问题进行重新商定，对风险进行再分配，有利于双方的长期合作，促进PPP在公共服务领域的发展。

一、项目背景

东部地区某污水处理项目一期工程建设规模3万立方米/天，设计出水标准为《城镇污水处理厂污染物排放标准》（GB 18918—2002）一级B标准。一期工程采用TOT方式，地方政府通过公开招标选择了社会投资人，由社会投资人在当地成立项目公司负责一期工程的运营维护。在项目二期PPP运作（即提标扩建工程实施）以前，一期工程已运营8年有余，运行情况良好。项目公司以技术实力和管理水平在当地形成了良好声誉，通过与当地政府的长期合作，双方建立了良好的信用基础。

根据城市规划和发展需求，地方政府适时启动了二期提标扩建工程，具体内容为扩建规模3.0万立方米/天的污水处理设施，新建规模为6万立方米/天的一、二期工程污水深度处理设施。完成提标和扩建后，一期和二期工程出水标准均须达到国家《城镇污水处理厂污染物排放标准》(GB 18918—2002) 一级 A 标准。政府明确二期提标扩建工程仍采用 PPP 模式实施，具体方式为 TOT。经政府授权，建设局作为该项目的实施机构具体负责项目实施工作。同时聘请了咨询公司就二期提标扩建项目的 PPP 合作模式、交易结构、定价方法等问题进行了专题研究和整体策划。

二、统筹规划

东部地区某污水处理项目在设计上一、二期工程共用一个进水口，深度处理实施一并建设。这样设计是综合考虑到采用该方式项目整体投资最低，运营效率最高。项目设施的共用情况给 PPP 实施增加了难度，主要问题有：进水水量如何公平地在一、二期工程中合理分配？一期工程处理后出水进入深度处理设施水质怎样监控？责任怎样划分？两个项目在同一场地内，公用基础设施较多，如何协调及监管？一期工程已经实施 TOT 如何解决？

为解决上述问题，实现污水处理的统一调配，便于后期政府实施监管，减少协调工作，提高管理效率和运营效率，政府决定二期工程的特许经营与一期工程的特许经营统筹考虑，同时一、二期工程执行统一的污水处理服务费价格。

地方政府在对一期工程项目公司进行中期评估的基础上，综合评价该社会投资人历年的管理能力和运营效率，决定将二期工程项目并入一期工程，一起由该项目公司运营和维护。同时修改特许经营范围、水质标准、污水处理服务费价格等相关内容。采用该实施方案有三个优点：第一，一、二期工程合并运营降低了社会投资人经营管理费用，能够提高项目的综合效益；第二，政府方无须为一期工程特许经营提前终止而支付补偿金，减少了政府方的整体支付成本；第三，有利于政府的监督管理、项目协调，提高了政府的监管效率。同时，还可以节省政府方的时间和资源，在双方已经建立良好信用的基础上，降低了再次选择特许经营者的合作风险，有利于双方的长期合作。

为了公开、公正地实施该项目，特别是合理确定污水处理服务费单价，地方政府聘请了独立第三方咨询机构北京金准咨询有限责任公司为整个实施过程提供专业服务，包括价格测算、PPP 合作协议起草、特许经营协议的修订及补充等，做到项目信息公开、科学合理、整体最优。

三、兼顾已签合同

提标扩建项目往往需要统筹一、二期工程，在一期工程已经签订特许经营合同的情况下，新增范围的纳入需要兼顾已经签订的特许经营合同。该项目在原有特许经营协议的基础上，采用签订补充协议的方式来约定二期工程的合作形式、特许期限、转让价款的支付、污水处理服务费价格、风险分担的条款，等等。补充协议的要点如下：

(1) 合作形式：二期改扩建工程仍采用 TOT 模式，政府方建设完成项目后，将项目设施移交给项目公司运营和维护。项目公司向政府方支付特许经营权转让费，项目公司通过向政府方收取污水处理服务费的方式回收投资并获得收益。同时，一期工程延长特许经营期 8 年，与二期工程同时结束经营。

(2) 合作期限：为降低污水处理服务费价格，双方协商后最终特许经营期限确定为 30 年。

(3) 特许经营权转让价款：参照二期提标扩建投资确定转让价款额，按照 40%、30%、30%的年度比例分 3 年由项目公司支付。

(4) 第一次移交：项目竣工验收后进行第一次移交，项目设施的经营权由政府方移交给项目公司，项目设施应满足设计标准。

(5) 第二次移交：特许经营期满后进行第二次移交，项目使用权由项目公司无偿移交给政府方，并设置质保期。

(6) 处理水量：根据历年的污水量数据及分析，设置逐年递增的基本水量，并配以超额处理量控制。实际水量低于基本水量时按照基本水量计算和支付污水处理服务费，高于基本水量时超额部分按照变动成本加部分利润的方式付费，以合理控制双方的风险。

(7) 价格调整：每两年一次按照协议约定的调价公式对污水处理服务费价格进行核定，当经营成本的变化超过 3%时，即启动调价工作；若当期经营成本的变化不超过 3%，则顺延至累计经营成本变化超过 3%的年度开启调价工作。

(8) 进水泵房液位标准的设置：为保证收集管网的流速，减少管网淤堵，促进管网维护，该项目特别对进水泵房的液位高度进行了约定。

(9) 统一单价：二期提标扩建工程为半地下、全封闭式污水处理厂，总投资约 1.4 亿元，建设成本较高。同时前期水量较少，初步核算的二期提标扩建工程污水处理服务费价格近 2 元/立方米，超过周边或当地可承受水平。考虑到二期工程与一期工程共用一个进水口，需要协同调度使用，为了后期监管方便，本次把一期工程的特许经营期延长至与二期同一时间结束，两期合并统一定价，降低了污水处理服务费单价。有利于整个污水项目的优化管理，促进项目公司的高效、稳定运行。

四、改进风险分担机制

在提标扩建工程实施过程中，利用协议的部分边界条件有重大变更需要进一步协商的契机，双方可对原特许经营协议执行过程中部分有待改进的机制进行重新商定，以达到优化风险、合理支出的目的。

前期，该项目的特许经营范围仅限于污水厂的建设红线内，即厂区特许经营。采用的是"厂网分离"的运营模式。特许经营者负责厂区运营，政府负责污水收集管网、泵站的维护管理。在此模式下政府需要承担污水的供应责任和义务，承担污水水量的风险。因此，为保证污水处理的正常运营和社会投资人的合理回报，项目一般设定保底水量，同时也需设定价格机制。在二期提标扩建工程的水量风险承担谈判过程中，咨询机构给出了以下谈判方案以实现水量和水价风险的优化：方案一，按照设计规模测算污水处理服务费价格，并按照社会投资人的可承受风险，政府方确定保底水量。保底水量以下的风险政府方承担，保底水量至设计规模区间的水量风险由项目公司承担。方案二，对历年水量数据进行分析，由政府方确定基本水量，并以基本水量测算污水处理服务费价格。当实际处理量低于基本水量时，实际水量与基本水量的差额部分按照固定成本加部分利润的方式计算并支付处理量补贴，当实际处理量高于基本水量时，实际水量与基本水量的差额部分按照变动成本加部分利润的方式计算并支付污水处理服务费。

另外，协调管网与厂区的运营，减少由于厂区不及时抽水造成污水收集管网污水流速降低、管道泥沙沉积现象，避免形成管网堵塞、造成污水供应量进一步减少的恶性循环。为此，该项目二期提标扩建项目的PPP合作中，将管网泵站的运营维护纳入特许经营范围，并增加了对泵站液位高度的控制指标，以增加项目公司管网部分的维护责任。但如果将来能够逐步实现"厂网一体化"管理，完全市场化，不再由政府方对污水水量进行风险分担，则更能够促进行业的良性循环发展。

（本文以"提标扩建PPP应注重统筹与优化"原载于《中国投资》2015年7月刊）

磐石市应急供水 PPP 项目

林麟育　张晓图

阅读提示

市政供水项目直接涉及国民的日常生活及社会秩序稳定和可持续发展，自来水水质安全和正常供应必须保障，因此供水项目的运营管理一直是政府比较关注的国计民生问题。在特许期内，如果项目公司发生因自身原因经营不善，或由于其他原因导致供水中断或供水质量不符等情况，将造成严重经济损失和不良社会影响。因此，在市政供水 PPP 项目中，如何通过 PPP 模式设计避免项目公司在运营过程中可能发生的不良和意外情况，是该类项目独特的核心关键问题。本文通过对比欧洲医疗保险模式，设计了在市政供水领域最适合 PPP 运营的"磐石水模式"。

市政基础设施领域是 PPP 模式实施较早和较成熟的领域，主要涉及供水、污水、固废和供热等行业，尽管同属市政基础设施项目，供水项目和污水、固废和供热等其他市政项目相比有较强的自身特点。市政供水项目直接涉及国民的日常生活及社会秩序稳定和可持续发展，自来水水质安全和正常供应必须保障，因此供水项目的运营管理一直是政府比较关注的国计民生问题。

在 PPP 模式下，政府授权项目公司特许经营权，由项目公司负责供水项目的投资、建设和运营管理，在特许期内，如果项目公司发生因自身原因经营不善，或由于利益问题违反特许协议规定要求水价上涨、与政府不能达成协商一致等导致供水中断或供水质量不符等类似情况，将造成严重经济损失和不良社会影响。因此，在市政供水 PPP 项目中，如何通过 PPP 模式设计，避免项目公司在运营过程中可能发生的不良和意外情况，是本文讨论的主要问题。本文将以吉林省磐石市应急供水 PPP 项目为例，探讨在供水项目中较契合公共利益的 PPP 模式。

一、项目背景

磐石市应急供水 PPP 项目是磐石市第一个 PPP 项目，和国内大多数城市一样，磐石市以往市政基础设施和公用事业都采用传统政府投资建设运营管理的模式。磐石城市供水由市供水公司负责，水源为地下水，目前处于采补平衡状态，不适宜再增加供水量。根据磐石市2020年用水量预测，随着城市发展和人口增长，现有的供水量无法满足2020年的需水量，需开辟新水源并整合目前城市的供水能力满足城市用水需求，适应城市的综合发展，因此，存在的供水缺口需要通过该项目弥补。在当前政府支持并推动PPP项目的政策背景下，为解决城市的供水问题，同时缓解政府财政压力，发挥社会资本融资、专业、技术和管理优势，磐石市发展和改革局提出了实施PPP模式的建议，拟通过引进社会资本投资、建设、运营和管理该项目。

为避免出现国内有些地方采用PPP模式后水价暴涨的情况，最大限度保障公共利益，磐石市政府做了大量研究工作，不断探寻既能最大程度保障公共利益，又能根据国家本轮PPP要求推进项目开展的适用模式。

二、经营模式及分析

现行体制下，国内自来水行业多数以政府投资—建设—运营管理供水项目为主。该模式下只涉及政府和公众两个主体，政府既是生产者又是监督者。在这种模式下，供水项目的运营不以盈利为目标，水价较低，经营完全由政府兜底，政府承担所有的风险，因此，容易出现冗员、效率不高等弊端。

在传统模式下，政府要进行项目扩建，一般通过集团化改制引入社会资本的股权转让模式、现有资产TOT+BOT模式、单纯BOT模式和2014年以前的BT模式，这些模式具备的特点详见表1。

表1 政府引进社会资本传统模式的特点

模式类别	说明	优点	缺点	案例
股权转让模式	政府背景的水务企业通过改制，转让部分股权，引入投资者解决效率低下、资金紧张和管理水平低等问题	1) 不设固定回报，没有固定的股利负担； 2) 风险共担、利益共享	1) 对股权转让设计的要求高； 2) 经济发展中地区无法吸引社会资本	天津市北水业公司部分股权转让项目

续表

模式类别	说明	优点	缺点	案例
BOT模式	由社会资本控股的项目公司与政府签订特许经营协议，由项目公司负责项目的投资、建设和运营管理，期满移交给政府方	1) 能够保持市场机制发挥作用；2) BOT合同体系为政府监管提供了有效的途径	1) 社会资本会要求较高的投资回报率；2) 自来水项目容易出现公共安全问题（责任承担主体是政府，运营权在社会资本）	榆佳工业园供水BOT项目
TOT+BOT模式	资产整体转让给国内专业水务公司，由大型企业负责项目投资建设运营扩建工程	1) 盘活存量资产，适宜增量扩建；2) 可以综合TOT和BOT优点	转让价格如果太高，会将水价成本全部转移给消费者，导致公众负担过重	浙江钱江水利收购舟山自来水公司项目
BT模式	政府控股投资公司负责投资建设，政府控股的供水公司负责运营	避免社会资本要求过高融资成本	目前已被政府全面禁止	上海国际汽车城污水管网BT项目

三、欧洲医疗保险模式借鉴

磐石市发展改革委通过深入研究，认为欧洲的医疗保险模式可以对该项目PPP模式设计提供借鉴（见图1）。

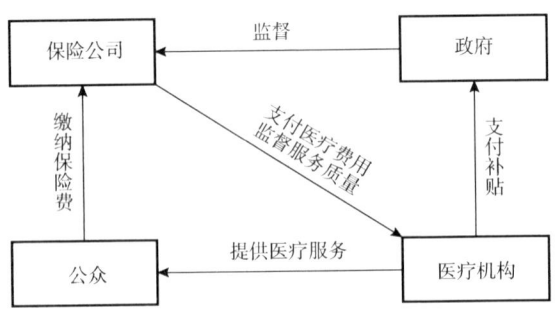

图1 欧洲医疗保险模式

欧洲医疗保险模式涉及政府、医疗机构、保险公司和公众四个主体。模式运行机制为：医疗机构通过运营管理向公众提供医疗服务，公众不直接支付医疗费用给医疗机构，医疗机构的收入来源为保险公司支付的医疗服务费用和政府支付的财政补贴；公众自主选择保险公司，向保险公司缴纳保险费用；保险公司与医疗机构谈判签订协议，监督医疗机构运营情况，在保证医疗质量的前提下降低医疗成本，减少运营支出，借此获得利润，同时，保险公司受政府相关部门监督。在这种模式下，医疗保险由保险公司以市场化方式经营，极大提高了医疗机构的运营效率和服务质量，同时保险公司在政府监督下通过市场竞争来获取公众保单，确保公众在获得优质医疗服务的同时享受低廉的医疗服务价格。

在供水领域的整体PPP模式中，政府与社会资本控股的项目公司签订特许经营协议，由项目公司负责供水项目的投资、建设和运营管理。政府依据相关法律法规和特许经营协议对项目公司进行监管。

与这种政府和项目公司两方制约模式相比，欧洲医疗保险模式引入第三方保险公司，构成政府—医疗公司—保险公司三方制约模式。通过引入保险公司，医疗机构收入和公众不再直接关联，通过绩效运营监管避免了诸如服务价格上涨、服务质量降低、运营成本增加、管理不善和冗员问题等现象。因而，三方制约模式是本文认为提供公共服务保证公共利益的最佳模式。

四、磐石水模式

磐石供水项目PPP模式设计参考借鉴了欧洲医疗保险模式，以下简称"磐石水模式"（见图2）。

其模式要点如下：

(1) 通过公开招标确定投资的社会资本独资成立项目公司1，与政府授权的实施机构签订《特许经营协议》，负责该项目的投资、建设和运营管理。项目公司1负责工程建设，同时该项目运营的自来水厂发生经营问题时，政府的行政处罚对象为项目公司1。

(2) 在项目公司1和政府签订《特许经营协议》的同时，项目公司1同时与项目公司2（由社会资本和政府共同成立）签订《委托运营合同》，委托项目公司2进行新建自来水厂的运营工作。

(3) 项目公司2负责项目的日常运营维护和供水收入代收，项目公司1通过绩效考核向项目公司2支付委托运营费。特许经营期满后，项目公司1将项目设施无偿、完好移交给政府指定接收单位。

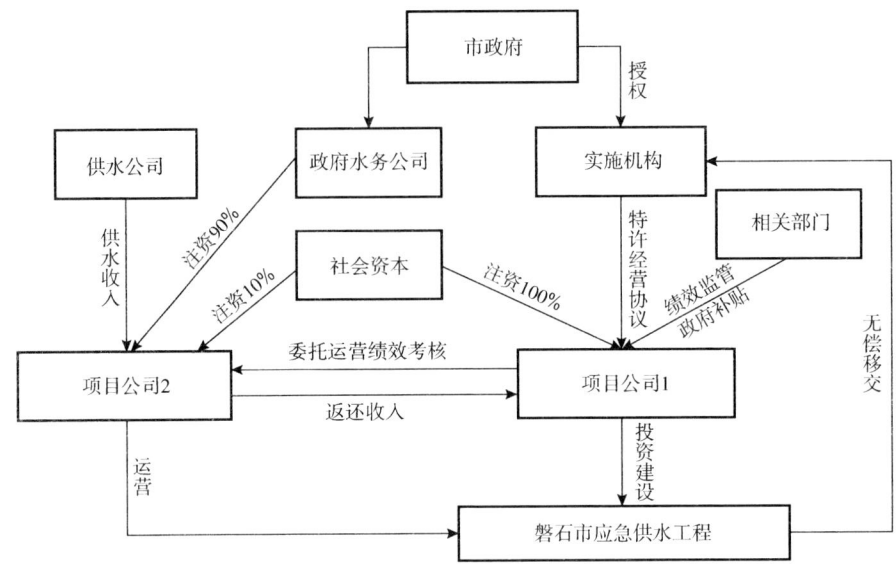

图2 磐石应急供水项目PPP模式结构

对比欧洲医疗保险模式，可以将磐石水模式简化成以下格式（见图3）。

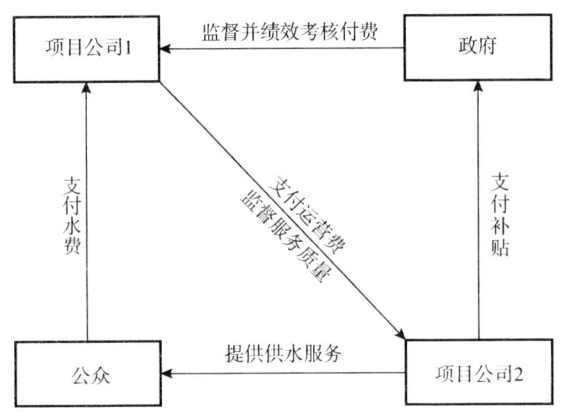

图3 简化版磐石应急供水项目PPP模式结构

通过前后对比，可见磐石水模式与欧洲医疗保险模式有很大相同点：

(1) 项目公司1相当于欧洲医疗保险模式的保险公司；

(2) 项目公司2负责提供供水服务，相当于欧洲医疗保险模式的医院方；

(3) 项目公司1通过监督项目公司2的服务质量，相当于有一个可与项目公司2进行对等谈判的主体，监督项目公司2的服务质量，有利于提高项目公司2的服务质量。

同时,磐石水模式还有如下特点需要说明:

(1) 因为出现问题第一责任主体是项目公司 1,所以项目公司 1 才是运营考核主体,因此该项目符合 PPP 要求,而不是 BT 模式;

(2) 本轮 PPP 可简述为"无绩效不 PPP",因此政府对项目公司 1 要有绩效考核的要求,考核其运营业绩;

(3) 政府在保障公共利益前提下,对项目公司 2 有接收权限。

综上所述,在磐石水模式下,由政府水务公司控股的项目公司 2 运营该项目,比项目公司 1 直接运营在承担社会责任和维护公共利益方面更为可靠。在发生供水安全问题时,政府接收 PPP 项目相对容易、便捷,可以保证供水的持续性并保障公众的利益。同时,本模式又通过项目公司 1 绩效考核项目公司 2,促使其提高运营效率,避免传统模式的效率低下和冗员问题,因此本文认为,磐石水模式是在经济发展中地区的自来水行业实施 PPP 的有效模式,适合当前国情。

(本文以"供水 PPP 项目模式探讨——磐石水模式"为题原载于《中国投资》2016 年 1 月刊,收入本书时有修改)

儋州市滨海新区供排水一体化 PPP 项目

章 雯

阅读提示

PPP 项目的实施首要目的是增加公共服务和产品的供给，核心价值是提高项目效率，包括投资效率和运营效率。供水和污水项目 PPP 实施中，如何解决厂、网一体化建设与区域发展相协调一致，儋州市滨海新区供排水一体化 PPP 项目提供了一定经验和借鉴。该项目是财政部第三批示范项目，将供水与排水、厂区与管网打包交由一家社会资本投资、建设、运营。为保证项目具有高效的投资效率和运营效率，PPP 方案设置了有效的项目约束机制，主要包括：结合区域整体考虑厂网一体化实施，强调项目运营水平和服务质量，制订严格的绩效考核办法，对管网投资建设实行全过程造价跟踪审计，设置有效的价格调整机制和提前终止补偿机制以减少不确定风险等。

在国家一系列政策的支持和指引下，在供水、污水等公共领域中，各地政府部门纷纷通过与社会资本合作模式积极推动政府职能转变和投融资模式创新改革。2016 年 9 月 15 日，北京金准咨询有限责任公司承担咨询服务的儋州市供排水一体化 PPP 项目正式签约，本文以该项目作为案例分析，探讨 PPP 模式在供排水领域的应用。

一、项目概况

儋州市滨海新区位于海南省儋州市西北部，规划用地总面积 59 平方公里。根据儋州市"十一五"发展规划纲要，儋州滨海新区定位为："依托洋浦、服务洋浦、挖掘优势、发展儋州"。充分利用洋浦和儋州滨海新区二者综合互补优势，计划到 2020 年，初步建成一个人口规模 20 万，面向东南亚的对外开放门户和新兴城市。

根据儋州市城市总体规划（2011—2030 年）的要求，以及为响应国家政策，创新城镇化投融资体制、增加公共产品和服务供给的需要，市政府决定启动儋州市滨海新区供排水一体化 PPP 项目，该项目是儋州市首个落地 PPP

项目，也成功入选财政部第三批示范项目。

该项目包括供水工程和污水处理工程，为新建项目。供水工程为新建滨海新区白马井供水厂及其配套管网，一期工程设计规模5万立方米/天，远期规模为10万立方米/天，新建11.3千米原水管道和特许经营区域内的自来水配水管网，可研估算投资额约2.27亿元（不含自来水配水管网）；污水处理工程为新建滨海新区白马井污水处理厂及其配套管网，一期设计规模为4万立方米/天，远期规模为8万立方米/天，新建1776米进场污水主管，管径d1350，出水标准为一级A标，可研估算一期投资额约2.39亿元（不含配套管网）。

二、项目的交易结构

基于项目的实际情况，该项目交易结构设计如图1所示。

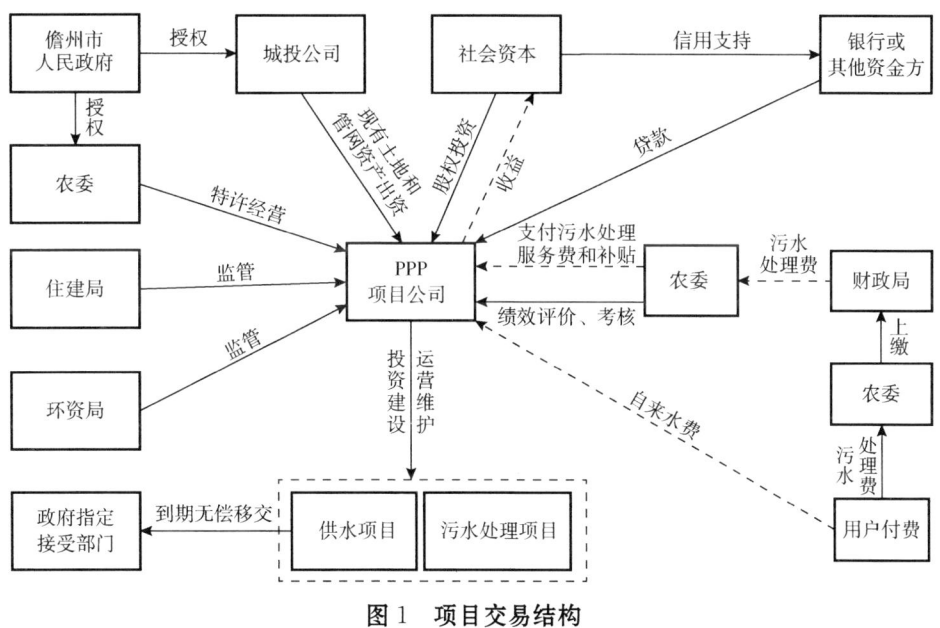

图1　项目交易结构

（1）政府授权农委与项目公司签署《特许经营协议》，授予项目公司该项目特许经营权。

（2）由中选社会投资人与政府授权出资人（城投公司）共同出资成立项目公司，投资、建设、运营维护滨海新区白马井供水厂及其配套管网和白马井污水处理厂及其配套管网。运营维护范围包括政府投资建设完成投入到项目公司的供水和污水收集管网。

(3) 特许经营到期后，项目设施无偿移交给政府指定机构。

三、厂网一体实施，区域整体考虑

随着滨海新区的开发建设，用水企业和人口增加，集中供水需求量也将随之增高，特别是海花岛的开发建设，现有规模水厂已远远不能满足滨海新区的开发用水需求，建设滨海新区供水工程已经迫在眉睫。同时由于自来水管网覆盖率低，绝大多数管道还未敷设到位，为防止水厂有水供不出现象，相关的配套管网也必须同步实施滨海新区供水工程。目前，滨海新区没有城市污水处理厂，没有完整的排水系统，为改善城市环境，建设污水处理厂及其配套管网也是刻不容缓的工作。

然而，管网的投资建设是供水和污水处理行业卡脖子的一环，无论是新建管网还是老旧管网的更新改造，都需要巨额资金投入，如将厂区和管网分离，由社会资本来投资建设运营，由政府来负责实施管网，政府的建设投资压力也较大，且很难做到管网与厂区的协调发展，运营管理也存在效率低的问题。

为解决项目所需管网后续建设、投资的需要，做到厂网协同建设发展，在滨海新区现有自来水管网和污水收集管网的基础上，该项目明确由项目公司负责新增自来水管网和污水收集管网的投资建设非常必要。这也符合国家住建部推行的"厂网一体"的水务项目运行模式。该项目要求项目公司负责项目特许经营区域内新增自来水管网以及项目污水处理厂配套管网的投资和建设，进度不低于滨海新区的发展需要，2017年必须满足海花岛、启迪科技城等滨海新区重大项目的需求。同时，将管网与污水处理厂的运营结合起来，督促社会资本对管网进行日常养护、维修和更新，以确保管网的正常运转，从而确保供水厂水质、污水处理厂的出水水质和污水处理量达到合同要求。

四、回归PPP的核心——重运营和服务

政府部门由于缺少相应机制来提高运作公共项目的效率，使得基础设施建设和运营效率较低，而PPP模式允许政府将运营职能转移给高效的社会资本，同时保留和完善监管及监督等核心职能，体现"专业人做专业事"。社会资本进行投资或取得业务机会的目标很明确，即实现利润最大化，而利润主要通过提高投资和运营效率来获得。这种框架如得到正确实施，可减少政府的现金支出，为消费者提供优质的服务和产品。

因此，政府方不仅要求该项目投资人具有相当雄厚的资金实力，也对投资人的运营和服务质量设置了高标准条件。在项目投资人采购阶段，将投资人必须具有类似项目的运营管理经验这一条件作为投资人投标的基本要求，并在招标文件中设置与运营管理经验挂钩的加分项。另外，该项目的特许经营协议明确约定了供水水质标准和污水出水水质标准以及运营维护范围，如运营服务标准和质量不能满足协议的约定要求，政府方可要求项目公司承担相应的违约与赔偿责任。

五、设置相关机制，减少不确定性分析和交易成本

1. 管网的投资控制

目前滨海新区自来水管网敷设率不高，只能部分满足白马井供水一期工程的需要。滨海新区污水管网现状覆盖率约为30%，污水管网工程处在项目建设的前期，预计到2020年污水管网覆盖率将提高到满足项目区域内供水和污水处理的需求。管网建设应根据城镇的发展进行敷设，建设太早则投资沉淀，增加成本；建设太慢则不能满足城市服务的需要。同时，管网设计还会根据城市规划的调整而调整，现阶段很难将整个59平方公里供水和污水处理服务区域所需要的管网全部进行设计、编制概算，以确定的概算金额进行竞争性磋商选择投资人。该项目污水厂区配套管网的竞争报价指标为管网投资内部收益率，同时以施工图预算政府审定后实施，合理控制投资和进行风险分担设置。

该项目中的厂区投资，所有投资风险全部由项目公司承担。也就是说，政府只按投标确定的补贴额和协议约定的服务费进行支付。超出投资全部由项目公司承担。对于新增污水配套管网投资的控制，我们设计的机制为：

事前控制。首先是设计控制，特许经营协议中已经明确，管网设计必须"提交政府主管部门审核、审批并备案。经政府主管部门审核、审批并备案的设计文件方可采用"。其次，管网开工建设时，项目公司应将施工图预算送市审计局审计，进行事前造价控制。

事中控制。方案要求市审计局对管网建设的全过程造价进行跟踪审计。

事后控制。特许经营协议要求项目公司应将竣工结算、竣工决算送政府市审计局审计。政府方最终以竣工决算审计的投资和中标的内部收益率计算管网的购买服务费。通过以上机制，将新增管网的投资控制在合理的范围内。

2. 价格的调整机制

为了防止人工成本、物价水平的变动导致项目公司的收益发生较大的变化，该项目的特许经营协议中，对供水厂的自来水价和污水厂的污水处理服务费都设置了调整机制。项目公司供水成本的审核及调价按照《城市供水定价成本监审办法（试行）》等国家或地方法律法规的要求进行。由于物价因素、工资水平等因素的变动，项目公司可根据协议的约定向政府方提出污水处理服务费调价申请。

3. 设置提前终止和终止后处理机制

该项目的特许经营期为 30 年，是一个漫长的周期，风险难以预料，政府和社会资本是长期的合作伙伴关系，风险共担，需要在协议中明确政府方和社会资本在合作过程中关系破裂时双方的权利和责任。该项目协议中设有提前终止及终止后处理的条款，该条款也是财政部颁发的 PPP 项目合同指南中的重要内容，对 PPP 项目的实施而言多了双重保障：一是可使社会资本方在项目建设和运营阶段规避部分风险，增强其投身 PPP 项目的积极性；二是由于事先在协议中约定了导致项目提前终止的各方违约责任划分以及终止后的补偿分配，避免了在项目实际建设或运营过程中发生提前终止时政府方和社会资本方互相推诿责任。

（本文以"供排水领域 PPP 模式借鉴"为题原载于《中国投资》2016 年 12 月刊，略有修改）

水环境综合治理 PPP 项目机制创新探讨

李 菲 刘大庆

阅读提示

党的十九大将污染防治作为决胜全面建成小康社会三大攻坚战之一，水环境治理是"十三五"期间的重要任务。水环境综合整治项目一般包括河道综合治理、河道景观、截污治污、黑臭水体整治、海绵城市等，具有综合性、系统性强，实施难度大，项目投资大，直接经济效益低，政府支付压力较大的特点。本文针对大型水环境综合治理项目的特点和难点，为促进和保障此类 PPP 项目实施落地提出若干建议措施，主要包括：突出水环境综合治理规划的统一引导，统筹资源，促进项目目标实现；充分利用多种资金渠道，创新融资模式，降低资金成本；合理设置社会资本准入门槛，实现市场充分竞争；探索资源补偿模式的实施路径，降低财政支付压力；积极推进项目受益属地政府分担 PPP 项目支出，体现"谁受益，谁付费"的原则。

2015 年 4 月国务院发布《水污染防治行动计划》（以下简称"水十条"），"水十条"将实施最严格的源头保护和生态修复制度，全面控制污染物排放，全力保障水生态安全。财政部、环境保护部随即联合印发《关于推进水污染防治领域政府和社会资本合作的实施意见》（财建〔2015〕90 号），明确提出在水污染防治领域大力推广运用 PPP 模式，并鼓励对项目有效整合，打包实施 PPP 模式，提升整体收益能力，扩展外部效益。

水污染防治领域常见的 PPP 项目，有污水处理厂、污水管网、河道综合治理、河道景观、生态湿地建设等单体项目，PPP 运作模式较为成熟，可参考成功案例较多。单体项目采用 PPP 模式的优点在于：边界条件清晰，目标明确，回报机制和风险分配机制相对简单，有利于规范、公平、透明化操作。从市场角度看，单体项目一般规模较小，服务内容单一，社会资本参与单体项目的门槛低，有利于提高社会资本的积极性，促进市场的有效竞争，降低项目成本。其缺点主要在于，对于整个流域而言，如果流域内单体项目过多，会导致责任主体分散，单个项目之间难以统筹协调，不利于流域内项目的整体协同和资源共享，可能出现重复投资或者流域治理留白现象，同时降低治理效果和资金使用效率,增加政府监管成本和监管难度。基于水污染防治领域的系统性特点,在鼓励打包实施 PPP 政策的引导下,涌现了一大批把河道综合治理、河道景观、截污治污、黑臭水体整治、海绵城市等相关单体项目整体打包实施 PPP 招商引资的水环境综合治理项目。

一、水环境综合治理 PPP 项目落地难的两大突出特点

一是项目本身的综合性、系统性强,实施难度大。每个水环境综合治理项目一般都包括多个子项目,涵盖内容广,且各子项目之间不是简单的相加,子项目之间相互关联影响(如截污的效果直接影响水体治理的效果,河道综合治理与城市景观结合提高城市品质等),需要整体统筹规划,甚至应结合城市发展和生态旅游等需求综合考虑,把社会效益和经济效益相结合,提高项目建设和运行的成功率。

二是项目投资大,直接经济效益低,政府支付压力较大。水环境综合治理项目由于建设内容多,涵盖范围大,一般投资规模较大,且项目本身基本没有财务收益。从政府方角度看,此类项目的社会效益和环境效益更为突出。因此在实际操作过程中,此类 PPP 项目大都以政府付费为主,财政支付压力较大;从社会资本投资角度看,由于项目的非经营性(无使用者付费),其收入完全依靠当地政府的财政支付能力,因此在实际项目执行过程中,一般金融机构需要社会资本具备 SPV 公司(特殊目的实体)信用支持和担保,才可能实现项目融资。与国外项目融资社会资本仅承担出资的有限责任的情况不同,国内此类项目由于政府信用和当地实际经济状况等因素的影响,其融资风险更大,造成项目落地困难。

二、水环境治理 PPP 方案创新机制探讨

PPP 方案是项目实施的指导性文件,在方案设计阶段即应充分考虑项目的特点,提出针对性的处置方案,以有效控制风险,增强市场接受程度,促进项目的顺利实施。基于此,笔者总结多个水环境综合治理项目的经验,在 PPP 方案设计阶段针对水环境综合治理项目突出特点,提出以下机制创新思路:

1. 编制水环境综合治理规划实施方案,统一规划,统筹资源,促进项目目标的实现

按照"政府主导、社会资本参与"的基本原则,建议包括多个子项目的

水环境综合治理项目编制水环境综合治理规划实施方案，统一规划，统筹资源。规划实施方案是项目实施的前提条件，是体现社会资本专业性的关键环节。一个好的规划实施方案是项目实施的纲领性文件，是保证项目实现建设、运营目标的关键，在项目实践中规划实施方案也越来越受到政府方的重视。建议在社会资本的甄选阶段，规划实施方案至少要做到如下深度：明确项目功能定位、建设运营目标、建设内容、建设规模、推荐工艺路线、运营管理方案、配套服务措施及服务承诺、达到的环境指标及资源节约指标等，且边界清晰，目标明确，措施得当。在社会资本采购甄选过程中，把规划实施方案（含方案落实的具体措施）作为重要的评分项目，真正体现专业人做专业事的核心理念，增强项目的可操作性，实现项目实施目标。

2. 创新融资模式，降低社会资本准入门槛，增强市场竞争

在中央政策的支持下，地方政府推广 PPP 的热情高涨，但是项目落地情况却不容乐观，融资难、融资贵的问题较为普遍。对于经营性、准经营性项目，由于项目公司有较为稳定的现金流，更容易获得银行等金融机构的融资。对于水环境综合治理这种公益性项目，一方面政府付费收益低，周期长，另一方面社会资本对于地方政府的履约意愿和履约能力持保留态度。同时在资产权属上，这类项目的 SPV 公司一般仅拥有项目的使用权和收益权而非所有权，如果没有社会资本的信用支持或担保，这类项目很难得到金融机构的青睐。为此国家采取了一系列措施，包括财政部成立 1800 亿元的 PPP 基金，国务院批复给国家开发银行 1.2 万亿 PPP 专项基金，其目标之一就是给项目和地方政府增信。大型水环境综合治理项目积极引进政策基金、产业基金等股权投资机构，以股权等方式直接参与项目，解决项目的资本金问题，不失为一种降低准入门槛、增强市场竞争、提高政府资金使用效率的有效途径。

3. 积极探索资源补偿模式的实施路径，降低财政支付压力

水环境综合治理项目一般投资规模较大，多地的项目经验显示，完全靠政府购买服务支付方式，财政支付能力有限，支出压力较大。为提高项目对社会资本的吸引力，同时缓解政府支付压力，需要深度挖掘项目的盈利能力，或者采取资源补偿方式实施项目，最常见的就是把项目周边的建设用地资源、生态旅游资源与项目捆绑。

把项目周边特定地块的开发权以资源补偿的方式提供给社会资本，即土地开发与 PPP 项目捆绑模式。根据类似项目的市场测试，此模式市场可接受程度较低，分析原因主要有以下四个方面：

（1）土地捆绑 PPP 项目的模式，要求社会资本同时具有承担水环境综合治理和土地开发的资质和能力，门槛高，容易把有实力的水务专业公司排除在外，不能形成有效的市场竞争。

（2）土地资源的估值不确定性高，社会资本和政府双方都存在较大的风险。

（3）此模式在政策支持上还有一定的局限。虽然近期相继出台的《国家发展改革委关于印发〈传统基础设施领域实施政府和社会资本合作项目工作导则〉的通知》（发改投资〔2016〕2231 号）、《住房城乡建设部等部门关于进一步鼓励和引导民间资本进入城市供水、燃气、供热、污水和垃圾处理行业的意见》（建城〔2016〕208 号）以及《国土资源部办公厅发布的〈产业用地政策实施工作指引〉》（国土资厅发〔2016〕38 号），都对项目本身的建设用地竞争出让和社会资本采购环节的合并实施进行了肯定，但对于项目以外的土地出让与 PPP 项目社会资本甄选的捆绑采购招标尚没有明确的政策，有一定的政策风险。

（4）对于生态旅游开发项目，其开发周期长，见效慢，成功案例较少。

综合考虑项目的市场可接受程度、风险和政策合规性多种因素的影响，对于 PPP 项目周边影响范围内的土地资源的开发权以及生态旅游资源的开发，建议由政府方统一规划，统一实施，其收益定向用于 PPP 项目后期政府方付费的来源保障，水环境综合治理 PPP 项目的付费机制仍应以政府付费为主。

4. 按照"谁受益，谁承担费用"的原则，调动项目属地政府的积极性，积极推进受益属地政府分担 PPP 项目支出，降低政府支付风险

考虑水环境综合治理项目的治理效果，一般此类项目的覆盖区域较广，项目的受益方可能涉及不同的市、区、县等独立财政单位。基于土地资源补偿的政策性障碍，同时考虑项目周边土地增值、生态旅游开发的最终受益者为项目属地政府的实际情况，在进行项目支付来源设计时，建议由项目属地政府共同分担，以有效提高财政承受能力，降低政府支付风险，促进项目的落地实施。

（本文以"水环境综合治理 PPP 项目方案设计创新机制思路研究"为题原载于《中国投资》2017 年 1 月刊）

河流综合治理 PPP 项目几个典型问题思考

徐 亮

阅读提示

当前 PPP 领域的法律政策体系虽然庞杂，但一些政策在不同利益相关方之间仍存在理解性差异，很多实践问题的解决也依旧存在政策依据的空白。同时，项目交易结构、回报机制等方案设计中被大量应用的一些处理方式，实际上也仍值得推敲并存在调整、优化的空间。本文基于财政部某生态建设和环境保护类示范项目的实操经验，选取投资成本调整、国家专项建设基金政策落地及税务处理等问题加以分析，分享相关思考，并阐述最终的解决方案。

PPP 项目投融资、建设、运营所涉及的工作繁杂，项目准备阶段的方案设计，虽无法穷尽对未来项目实施各具体环节及其变化的预估，但仍应努力着眼项目操作的可行性和合理性，并针对可能的政策调整预留应对空间。

笔者曾主持多个基础设施 PPP 项目咨询，本文结合某地级市河流综合治理 PPP 项目工作，就几个在 PPP 方案设计阶段的典型性问题进行思考探讨，以期抛砖引玉。

一、项目简况

某地级市 A 河流域综合治理 PPP 项目（系财政部第三批 PPP 示范项目），现已顺利完成社会资本采购，进入项目执行阶段（建设期）。该项目总投资约 32.7 亿元，拟对 A 河约 13 公里河道进行综合整治，包含河道疏浚，新建防洪堤坝、生态河滩、驳岸及配套绿化，并建设一整套生态环境物联感知与管理系统。项目建设期为 4 年，建成后将提高 A 河防洪标准，修复生态水环境，打造城市生态景观走廊，支持所在城市实现拓展发展空间、提升城市价值、培育经济发展新引擎等战略目标。

该项目系非经营性基础设施，回报机制属于典型的政府付费类，相比于国内 PPP 领域类似项目，基本交易结构并无特别之处，具体为：政府方实施机构通过招标采购选定的社会资本与政府方指定主体合资设立项目公司，后者作为项目法人实施项目投融资、建设与运营维护；政府方在建设期和运营期内由实施机构牵头开展绩效考核，利用纳入预算的市本级财政资金，基于绩效考核综合结果向项目公司按约定支付"可用性服务费"和"运维绩效服务费"，其中运营期绩效考核结果纳入对全部服务费实际支付额度的核算体系中，以期最大限度地实现公益性目标导向。

二、关于完善"可用性服务费"的调整机制

一般而言，非经营性基础设施类 PPP 项目采取政府付费的回报机制，鉴于社会资本方（含项目公司，下同）投资建设了符合验收标准的公共产品，政府因"购买"公共产品的"可用性"，基于绩效考核向社会资本方的付费部分一般称为"可用性服务费"，社会资本方主要通过"可用性服务费"收入实现投资回收和相应的合理回报。

财办金〔2017〕92 号文要求"审慎开展政府付费类项目"，我们认为，不应据此对政府付费类 PPP 项目作出负面性判断，在通过财政承受能力论证并满足各项合规性要求前提下，该类项目仍可正常实施，以实现 PPP 项目物有所值的目标。

"可用性服务费"的概念，决定了这类 PPP 项目在运营期初势必需要根据项目的实际总投资额对项目采购时所确定的可用性付费额进行一次性调整。国内实践领域的常见做法有：一是设计一个形式为"F（可用性服务费报价，实际总投资额）"的函数模型（包含若干给定系数）进行调整核算；二是除政府审核的工程变更外，原则上不对"可用性服务费"报价作出调整。

上述第一种模式的 F 函数所包含的系数为固定值，核算操作简便，但我们判断，实际总投资额的变动会导致项目各项内部收益率指标的变动，虽然影响机制比较复杂，但不能排除存在社会资本方的寻租空间；后者的实质是将项目投资控制的主要责任交给了社会资本方，我们理解，这种操作的前提至少是项目达到了一定的设计深度，具备以相对可靠的概预算数据作为采购报价基础。

鉴于该项目 PPP 采购时暂未获得初步设计批复，我们采取了相对审慎的运作方式，即由政府主导投资成本控制权，采购时的服务费报价仅用于评标比选及确定成交内部收益率水平。具体操作上，一方面细化了政府方对于项目投资各类成本的审计核定原则，另一方面制定了基于政府未来所审定的总投资额对可用性付费额进行调整的具体核定办法（并非简单的函数公式，纳

入PPP合同附件）。

我们注意到，为合理设定投资控制机制，在其他一些项目案例中，结合项目所在地建设行政管理的政策或惯例，采用设定"降造率""总价包干率"等标的的方式，也能够实现通过发挥社会资本专业优势有效控制工程投资、预防概预算超支和节约财政支出等目标。

三、关于优化"专项建设基金"参与项目机制

该项目PPP准备阶段，恰逢国家推出"专项建设基金"的落地高潮期。专项建设基金是2015年以来国家推出的一项投资支持政策的载体，即由国家开发银行、农业发展银行在中央财政贴息的支持下向邮储银行发债融资，再将所筹集资金通过国开发展基金或农发基金以股权或债权形式投入国家重点支持领域的项目，其优势在于融资成本低、可用作资本金等。

该项目启动伊始，政府方即已确定专项建设基金将以股权方式参与项目；该基金的收益要求为每年按1.2%的股息率获得优先股利，退出方式则是定期向政府方出资主体逐步转让股权，后者按约定支付股权回购对价（资金来源为市本级财政向政府方股东增资）。

如何将专项建设基金无缝嵌入PPP运作体系，是该项目方案设计的重大课题。为此我们进行了以下探索：

第一，将该基金作为PPP项目的既定招商条件，定位为独立于政府方出资主体之外的股权出资方，且特别注意在核定采购标的时，对社会资本出资部分的资本金IRR进行了单独核算。

第二，鉴于该基金股权投入将形成该项目长期资产，因此我们将该基金退出时需要政府方出资主体支付的回购资金也纳入市财政针对该项目的PPP支付义务和财政承受能力论证范畴，另外政府方核定项目"实际总投资额"时，将扣减该基金股权出资总额后作为核算"可用性服务费"实际支付额的依据，以避免政府重复支出。财政部有关政策多次强调PPP项目不得设定"政府或政府指定机构回购社会资本投资本金或兜底本金损失"，该项目中专项建设基金并非社会资本或其联合体成员，因此相关的回购行为不构成违规操作。

第三，在项目公司治理结构、决策机制、分配机制安排上，始终保持社会资本方的实际控制权，使其不随基金逐步退出及政府出资主体股权比例不断增加而发生实质性变动。

针对PPP项目公司股权结构问题，财金〔2014〕156号等规范性文件中

"政府在项目公司中的持股比例应当低于50％且不具有实际控制力及管理权"被广泛视为PPP项目合规性要求。我们认为，强调社会资本在项目公司形式上的控股具有合理性，但以该项目为例，专项建设基金作为国家支持重点领域投资的阶段性政策载体，如以股权形式参与PPP类项目，则将"先天"地造成项目执行阶段后期政府方形式上控股项目公司的情形，对此则不应单纯以政府控股比例机械性地判断项目的合规性，而是应关注届时项目公司实际控制权的相关约定，如果社会资本方自始至终主导项目运营，则并不违背PPP项目合理分担风险、提高公共服务效率质量的实践初衷。

事实上，相比于股权参与方式，专项建设基金若以债权方式投入PPP项目，上述复杂的项目结构或将得以大大简化：一是基金、政府出资主体、项目公司之间借款与本息偿还的资金流转关系清晰化；二是避免了股权频繁变动带来的重复性工作和复杂的公司治理设计；三是使财政不必考虑如何安排专项资金给政府方出资主体（用于回购基金股权），完全以可用性服务费形式支付给项目公司即可。

股权参与方式在基金收益的获取环节也存在问题。纯政府付费类项目的财务特点决定了PPP合作前中期各年度无法产生足够的利润以供基金股东分配，虽然专项建设基金提出该等情形下须由政府出资股东承担"补足"股息支付义务，但具体承担方式、支付形式、多出来的税费成本等，有关金融机构均没有深入的考虑。基于上述经验教训，据了解专项建设基金在该项目所在省后续相关项目更多地采用了债权方式操作。

由此可见，"专项建设基金"及未来类似的投资支持政策如何在PPP项目层面落地，尤其是在国家严控政府债务规模、严禁政府兜底PPP项目回报的大环境下，如何对其合规、合理地加以高效利用，保障各方利益，值得政府、社会资本、金融机构和咨询顾问共同深入探讨。

四、关于审慎处理涉税问题

在深化财税体制改革特别是"营改增"的大背景下，税收政策对于PPP项目实践是重要且敏感的影响因素。遗憾的是，虽然业界时有呼吁，但与PPP相适应的税收政策迟迟没有系统性出台。同时，大量PPP项目的咨询经历使我们深感各地税务机关对于PPP模式的理解认识和税收政策运用的差异也比较大。

首先仍以"可用性服务费"为例对其增值税处理方式进行简单探讨。我们认为，"可用性服务费"与社会资本方"销售商品或提供服务"相关，且不符合"政府补助"的"无偿性"原则，因此应按照"收入"而非"政府补助"来探讨增值税及所得税等税收问题。

而PPP项目中社会资本方所从事的投融资、建设管理、运营维护等行为性质在税法体系下如何界定，对于确定税收适用政策至关重要。实践中，以该项目所在地为代表的一些地方的国税部门认为，存在"可用性服务费"的PPP模式应视为项目公司向政府提供建筑服务，因此项目公司获得的"可用性服务费"适用11％的增值税率。我们认为这种理解值得商榷，至少客观上绝大多数PPP项目公司仅是作为项目法人承担建设管理责任，并没有取代工程承包单位而直接开展"自行建造"。

其次是"销售额"的确定问题。根据财政部PPP中心《PPP项目会计核算案例》《PPP项目会计核算方法探讨》所提出的建议，参考企业会计准则解释第2号，该项目投资宜确认为金融资产，项目公司在合作期内获得的"可用性服务费"现金流入应按相关规则仅将其中一部分确认为利息收入。这是否意味着"可用性服务费"适用于"按差额确定销售额"的情形？当然以上只是参考有关BOT项目的会计准则解释的会计处理方案，税法如何认定，暂没有共识性结论。

回到该项目方案设计中，在PPP项目所适用税收政策暂不明晰的情况下，我们不得不暂时依照当地国税部门的理解和要求对项目进行财务测算，即对项目"可用性服务费"收入全部确定为"销售额"并按11％的税率计算销项税，据此设定采购标的。在现行分税体制下，这种处理对本级财政一般预算收支的影响是显而易见的。为此，我们在实施方案和PPP合同中也专门约定了出现税收政策变更后的政府付费调整机制，以期在稳定社会资本方收益水平预期的同时，降低本级财政支付压力。

最近国务院法制办公开发布了《基础设施和公共服务领域政策符合社会资本合作条例（征求意见稿）》，业内专家及政企各方实践者纷纷建言献策。我们相信并期待，随着国家层面政府和社会资本合作法律制度的不断完善和实践经验进一步丰富，在各方共同努力下，目前阶段PPP运作实施中存在的相关政策问题、认识问题和方法问题，将逐步得到妥善解决。

（本文以"优化设计，注重项目可行合理"为题原载于《中国投资》2017年9月刊，略有修改）

第五篇
医养及其他PPP案例与思考

医疗养老行业 PPP 模式应用情况

童 玫

阅读提示

本文为作者应清华大学政府和社会资本合作研究中心的邀请为《中国 PPP 年度发展报告（2017 年）》撰写，文中所使用的相关数据和资料截至 2016 年底。本文在分析我国医疗养老行业面临的阶段性矛盾的基础上，提出通过 PPP 模式引入社会资本、扩大供给能力、提高供给效率的建议，并进一步阐明现阶段实施医疗养老 PPP 项目所面临的政策法规有待明晰、专业人才资源匮乏、投资方市场尚待培育等问题。

一、医疗养老行业特点分析

1. 我国医疗养老领域供需矛盾突出

中国是拥有 13 亿人口的大国，且人口结构正逐渐进入老龄化阶段，医疗、养老设施的供需矛盾十分突出。根据《2015 年社会服务发展统计公报》，截至 2015 年底，全国 60 岁及以上老年人口 22200 万人，占总人口的 16.1%，其中 65 岁及以上人口 14386 万人，占总人口的 10.5%。2016 年 7 月，中国市长协会、国际欧亚科学院中国科学中心共同发布《中国城市发展报告（2015）》，预测到 2050 年，中国 60 岁以上人口的比例将占总人口的 34.1%。老龄化趋势的加剧促使未来 30 年对医疗养老的需求进一步提高。

2015 年国务院办公厅发布的《全国医疗卫生服务体系规划纲要（2015—2020 年)》明确到 2020 年我国每千常住人口医疗卫生机构床位数达到 6 张，其中医院床位数 4.8 张，基层医疗卫生机构床位数 1.2 张，而截至 2013 年底，我国每千常住人口拥有医疗卫生机构床位 4.55 张，距离 2020 年的床位目标还有约 25% 的缺口。"十三五"规划确定的养老目标是"城市日间照料社区全覆盖，农村覆盖率超过 50%，每千名老人拥有养老床位 35 张到 45 张"，即到 2020 年我国养老床位数量应在 800 万张以上，目前国内每千名老人拥有养老床位约 26 张，城市日间照料社区覆盖率 70%，农村覆盖率为 37%，整体床位缺口高于 200 万张。①

2. 传统建设模式急需改进

我国医疗、养老体系的构建以公立为主，传统的医疗、养老设施的建设基本上都是由财政出资、行政事业单位（医院或养老院）作为项目主体负责项目建设管理的传统模式，这种建设模式存在较为明显的弊端：一方面是项目建设受政府财力影响较大。项目完全由政府出资，项目能否建设主要取决于财政是否能筹措到足够资金，而不是取决于市场需求，不能有效应对我国跨入老龄化社会所面临的日益迫切的医疗养老需求。另一方面是项目建设管理效率不理想。项目业主方作为工程管理的第一责任主体，在工程建设领域的经验积累有限，面临设计方案把关、设备选型等方面往往难以做出最优决策。如果采用代建制，尽管代建机构拥有丰富的工程管理经验，但又很难站在经营管理者（使用者）角度思考和决策问题。

3. 养老供给方式与市场需求错位

养老市场存在一个比较尴尬的现象，一方面是养老床位与老龄化人口相比较，床位保有量存在较大缺口，而另一方面目前养老产业的经营情况并不理想。中国老龄科学研究中心发布的《养老机构发展研究报告》数据显示，全国养老机构平均空置率达到 48%，约 40% 的养老机构处于亏损状态，只有 9% 是盈利的，而其中 78% 的机构盈利率只有 5%。主要原因在于目前大部分养老服务机构为公立养老院，其服务定位是只提供吃、住服务，基本护理人员都很难配备足。这样的服务很难得到大多数老年群体的认同。而一些设施和服务均较为完善的私立养老机构，由于完全脱离了政府的补助和支出，其服务价格又难以为大多数老年人接受。

从未来的整体需求看，急需通过"医养结合""政府与社会资本合作"等将医疗资源与养老资源相结合，提供价格适中、实现"医、养、娱"一体化的服务，以满足老龄化社会的需要。

二、医疗养老行业政策分析

2012 年 7 月 24 日，民政部《关于鼓励和引导民间资本进入养老服务领域

---

① 《中国健康养老产业发展报告（2016）》。

的实施意见》（民发〔2012〕129号）民间资本举办的养老机构，可区分营利和非营利性质，也即民办非企业单位和企业两种法人登记类型。民间资本举办养老机构合理安排用地需求，符合条件的，按照土地划拨目录依法划拨。对民间资本举办的非营利性养老机构，可给予一定的建设补贴或运营补贴。对民间资本举办的养老机构或服务设施提供的养护服务免征营业税。民间资本举办的非营利性养老机构或服务设施提供的养老服务，其价格实行政府指导价。营利性养老机构提供的服务，根据其提供的服务质量，实行企业自主定价。

2012年11月12日，民政部、财政部《关于政府购买社会工作服务的指导意见》（民发〔2012〕196号）实施老年人、残疾人社会照顾计划，为老年人和残疾人提供生活照料、精神慰藉、社会参与、代际沟通等服务，构建系统化、人性化、专业化的养老助残服务机制。购买程序：编制预算、组织购买、签订合同、指导实施。

2013年9月6日，国务院出台《关于加强发展养老服务业若干意见》（国发〔2013〕35号），充分发挥市场在资源配置中的基础性作用，逐步使社会力量成为发展养老服务业的主体，营造平等参与、公平竞争的市场环境。支持社会力量举办养老机构，在资本金、场地、人员等方面，进一步降低社会力量举办养老机构的门槛，简化手续、规范程序、公开信息，行政许可和登记机关要核定其经营和活动范围，为社会力量举办养老机构提供便捷服务。政府投资兴办的养老床位应逐步通过公建民营等方式管理运营，积极鼓励民间资本通过委托管理等方式，运营公有产权的养老服务设施。

2014年1月16日，民政部、国家标准化管理委员会、商务部、国家质量监督检验检疫总局、全国老龄工作委员会办公室发布《关于加强养老服务标准化工作的指导意见》（民发〔2014〕17号），提出在基础通用标准方面，要加紧制定养老机构分类与命名、养老服务基本术语、养老服务图形符号等标准。在养老机构管理服务方面，加紧制定养老机构设施设备配置规范、养老机构内设医疗机构服务质量控制规范等标准。要继续加大已发布标准的宣传贯彻力度，实施好《养老机构基本规范》《老年人能力评估》等标准，以及养老护理员等国家职业技能标准。

2014年8月26日，财政部、国家发展改革委、民政部、老龄工作委员会办公室发布《关于做好政府购买养老服务工作的通知》在购买机构养老服务方面，主要为"三无"（无劳动能力，无生活来源，无赡养人和抚养人或者赡养人和抚养人确无赡养和抚养能力）老人、低收入老人、经济困难的失能半失能老人购买机构供养、护理服务。

2014年9月12日，国家发展改革委、民政部、财政部等发布《关于加快推进健康与养老服务工程建设的通知》(发改投资〔2014〕2091号)，提倡在公立资源丰富的地区，鼓励社会资本通过独资、合资、合作、联营、参股、租赁等途径，采取政府和社会资本合作（PPP）等方式，参与医疗、养老设施建设和公立机构改革。养老机构用电、用水、用气、用热按居民生活类价格执行，养老机构可以按照税收法律法规的规定，享受相关税收优惠政策，对非营利性医疗、养老机构建设要免于征收有关行政事业性收费，对营利性医疗、养老机构建设要减半征收有关行政事业性收费，对养老机构提供养老服务要适当减免行政事业性收费。

2014年9月23日，财政部发布《关于推广运用政府和社会资本合作模式有关问题的通知》(财金〔2014〕76号)，指出具有价格调整机制相对灵活、市场化程度相对较高、投资规模相对较大、需求长期稳定等特点的医疗和养老服务设施适宜采用PPP模式。

2015年1月19日，国家发展改革委、民政部《关于规范养老机构服务收费管理促进养老服务业健康发展的指导意见》(发改价格〔2015〕129号)指出，民办营利性养老机构服务收费项目和标准均由经营者自主确定，政府有关部门不得进行不当干预；民办非营利性养老机构服务收费标准由经营者合理确定，政府有关部门可结合对非营利机构监管需要，对财务收支状况、收费项目和调价频次进行必要监督。

2015年2月，民政部、发展改革委、教育部等十部委联合发布了《关于鼓励民间资本参与养老服务业发展的实施意见》(民发〔2015〕33号)，支持采取股份制、股份合作制、PPP等模式建设或发展养老机构。对按《城市居住规划设计规范》《老年人居住建筑设计规范设计标准》等建设标准规划建设的适老社区和老年公寓项目，其配套的符合独立登记条件的养老机构按规定享受相应的扶持政策。

2015年4月14日，民政部、国家开发银行发布《关于开发性金融支持社会养老服务体系建设的实施意见》(民发〔2015〕78号)，关于项目筹资规定：养老项目的资本金来源含政府补助资金、借款人自有资金和纳入项目总投资的借款人非货币资产等，资本金占比应不低于总投资的20%，不足部分可申请贷款；项目资本金应与贷款资金同比例到位。

2015年4月22日，民政部办公厅、老龄委办公室综合部发布《关于进一步做好养老服务业发展有关工作的通知》(发改办社会〔2015〕992号)指出各地要优化投资结构，进一步加大政府投入，支持养老服务体系建设。要确保将政府用于社会福利事业的彩票公益金50%以上用于养老服务业。同时发挥好政府投资引导作用，积极支持社会资本进入。

2015年5月19日，国务院办公厅转发了财政部、发展改革委等部门关于《公共服务领域推广政府和社会资本合作指导意见》（国办发〔2015〕42号），再次将PPP模式上升为公共服务领域国家战略部署，其中养老是十三个重点推进领域之一。

2015年11月18日，国务院办公厅转发卫生计生委等部门《关于推进医疗卫生与养老服务相结合指导意见的通知》（国办发〔2015〕84号）指出拓宽市场化融资渠道，探索政府和社会资本合作（PPP）的投融资模式，国家选择有条件、有代表性的地区组织开展医养结合试点，规划建设一批特色鲜明、示范性强的医养结合试点项目。各地要结合实际积极探索促进医养结合的有效形式，每个省（区、市）至少设一个省级试点地区，积累经验、逐步推开。

2016年12月7日，国务院办公厅印发《关于全面放开养老服务市场提升养老服务质量的若干意见》（国办发〔2016〕91号）指出，到2020年，养老服务市场全面放开，养老服务和产品有效供给能力大幅提升，供给结构更加合理，养老服务政策法规体系、行业质量标准体系进一步完善，信用体系基本建立，市场监管机制有效运行，服务质量明显改善，群众满意度显著提高，养老服务业成为促进经济社会发展的新动能。

国土资源部《养老服务设施用地指导意见》（国土资厅发〔2014〕11号）、《产业用地政策实施工作指引》（国土资厅发〔2016〕38号）为营利性、非营利性养老服务机构的土地供应方式及相关优惠政策提供了政策依据。

三、医疗养老行业 PPP 应用情况

1. 医疗养老行业 PPP 项目概况

自2014年以来，截至2016年11月30日，财政部全国PPP综合信息平台项目库入库项目共10828个，其中医疗、养老项目757个，占全部入库项目的7%。从入库项目的分部看，各省推出的PPP项目数差距较大，项目数量最多的是贵州128个，其次是山东105个。较多省份的项目数量在20个左右，有些省份仅仅为个位数，上海、天津、西藏等地甚至没有入库的医疗养老类项目。从实际需求来看，并非这些省份没有医养PPP项目需求，而是受限于前期工作进度，或者在项目入库上报时采取了较为审慎的决策机制等原因。

从项目进度情况看，绝大多数项目（89.6%）还处于识别和准备阶段；有 45 个项目（约 5.9%）处于采购阶段；仅有 34 个项目（约 4.5%）进入了实施阶段。

2. 医疗养老 PPP 项目实施路径

从财政部全国 PPP 综合信息平台项目库入库项目中医疗、养老类项目的类别来看，绝大多数 PPP 项目主要为新建及改扩建项目，但也逐渐出现了一些服务类项目，如沈阳市区域人口健康信息平台 PPP 项目。从 PPP 模式看，大多数项目采用 BOT 和 BOO 模式。在项目的盈利模式方面，主要有股权合作、托管运营、非核心业务经营等模式。

（1）股权投资。由社会资本参与公立医院股份制改革，出资新建或扩建医院项目，并通过项目营运收回投资。这是社会资本方参与其他基础设施建设领域 PPP 项目最常见的模式。然而这一模式在医疗养老领域虽有所应用，但很难成为主流。在前些年的公立医院股份制改革中，出现过引入社会资本参股公立医院的做法，虽然改制后的医院经营状况得到很大改善，但仍然面临公众对政府举办营利性医院的质疑。[①] 在近年的 PPP 模式医疗项目中，面临的是政策上的困境。如果改制后的医院定位为营利性医院，则不符合 2009 年新医改方案要求"政府在每个县（市）重点办好 1—2 所县级医院（含中医院）"的要求；如果改制后的医院定位为非营利性医院，则社会资本方的投资回报无法通过正常渠道实现，往往只能通过上下游供应链实现收入。随着医疗改革"去以药养医"政策的逐步落实，上下游收入能否合法实现也成为未知数。

（2）托管运营（又称公建民营）。由政府出资兴建医院或养老设施，项目所有权归政府方拥有。项目的具体运营工作由社会资本的管理团队负责，项目运行初期由政府进行财政补贴，运行后期由社会资本自负盈亏。该模式在养老项目中更习惯称之为公建民营，这种模式应用于养老领域具有明显的优势：由于具有养老机构经营经验的社会资本方往往为个体或民营企业，其资金筹措能力有限，采用公建民营模式可以使社会资本方摆脱资金压力，专心负责运营。托管运营模式在医疗领域也有应用，该模式引入社会资本方灵活

[①] 2004 年实施的江苏省南通市通州区人民医院实施股份制改革，通过公开竞拍，引进江苏大富豪啤酒有限公司作为医院大股东持股 45%，还有股份为国有资本 30% 和职工持股 25%。改制后的 10 年间，该医院的建筑面积从 4 万平方米增加到 10 余万平方米，床位从不足 400 张增加到 1600 余张，国有资产增值 132%。但有人质疑改革后的"人民医院"顶着"人民"的招牌却属于私人，不能保证公立医院的公益性身份。

的管理机制,有利于提高医院营运管理效率。[①] 但托管模式也存在一定局限性:一是项目的建设仍然要依靠政府,在缓解资金压力提高建设效率方面没有改善;二是托管费如何收取、收取依据,以及如何激励等缺少政策支撑;三是托管后如何监管以保障医院的公益性。

(3)非核心业务(又称非临床业务)经营模式。由社会资本控股的项目公司出资负责项目的融资、建设。项目建成后,项目公司负责医院的物业管理、后勤服务等项目非核心业务的经验管理。医院的临床医疗业务由公立医院负责。这一模式在英国等国家的医疗PPP项目中广泛采用,也符合我国现行法规,在近两年的医疗PPP项目中得到较多应用。但该模式在实施中需要对项目激励和风险分配模式进行细化,以促使社会资本方在建设项目中充分发挥其资金专业优势,保障项目建设质量。

3. 医疗养老行业投资方构成

目前活跃在医疗养老领域的投资方主要有四类:施工承包商、产业链上下游供应商、专业营运管理机构和资本型投资人。

第一类是建造施工类企业。和其他基础设施和公共服务领域的PPP项目一样,医疗养老类项目绝大多数为新建项目,建造施工类企业具备相关优势,对于参与医疗养老产业也表现出比较积极的兴趣。然而,不同于其他基础设施项目,医疗养老类PPP项目的建设风险和难度并不高,项目能否发挥效益更多要依靠项目建设完成的管理营运。这就要求施工承包商类社会资本积极转型,通过整合自身的一些现有资源,新建运营团队,或通过引入第三方对项目进行运营管理。无论是自行建立运营团队还是引入第三方,都需要一定的项目积累和磨合,才能为医疗养老PPP项目提供全生命周期的优质服务。

第二类为专业营运机构。受医疗养老PPP项目巨大市场的吸引,大量过去经营民办医院、私立养老项目的机构纷纷尝试与政府合作,参与PPP项目。这类投资人的优势在于具有丰富的行业经验,能够较好地把握现有医疗养老行业的盈利点,也有相对比较成熟的运营模式,对于目前的医疗行业改革也有自己独特的见解,通过探索一些新的盈利模式比如收取管理费、供应链收

[①] 2010年,门头沟区医院与凤凰医疗集团合作办医,北京门头沟区医院将公立医院纳入社会的集团化运营。取消院长行政级别,建立理事会领导下的院长负责制。凤凰医疗集团组成管理团队,门头沟政府每年支付其200万管理费。改革实施两年后,医院床位从252张增至502张,副高职称人员由48人增至60人;从百姓就医来看,2012年,医院门诊急诊人数达到48万人次,同比增长28.6%;次均住院费用远低于同级同类医院平均水平9.84%。

益等保障医疗养老行业 PPP 项目的成功。

第三类为行业上下游供应商。受 PPP 带来的行业运营模式变化的冲击，医疗行业的上下游供应商纷纷加入项目投资人行业，最为典型的是医药企业和医疗器械供应商。和施工承包企业一样，这类企业仅仅在行业产业链的某一环节具有优势，尚需通过资源整合提升竞争能力。

第四类为资本导向型企业。一方面缘于国家政策导向，一方面缘于资本对盈利点的敏锐嗅觉，越来越多的大型投资企业和保险企业开始关注医疗、养老等领域。但是由于自身并无相关投资经验和部分政策不够明朗，投资型企业对于医疗养老行业投资持既想参与又担心政策风险的矛盾心态，大多处于观望阶段，希望能够有一两种比较成熟的模式之后再进行复制。可以预见随着行业盈利模式的日益清晰，基于资本对其他资源的整合优势，这类投资人会逐渐成为医疗养老行业 PPP 项目潜在社会资本的主要力量。

四、医疗养老 PPP 项目实施难点

1. 行业政策法规有待明晰

任何一个行业 PPP 项目的实施，都必须严格依照行业的法律框架。但我国医疗体制改革尚在进行中，尚未形成严密、稳固的法规体系。这是医疗养老 PPP 项目实施中遇到的最大障碍。例如在社会资本参与公立医院的建设方面，尽管国家医改政策所释放出的信号清晰，鼓励社会资本办医、破除以药养医、允许医生多点执业等，但由于缺乏实施细则，许多较为谨慎的社会资本方还处于观望状态，当然他们最担心的是地方实施细则和对国家政策的解读出现差异。这种担心不无道理，在笔者参与的一个医疗项目中，当地卫计委对"社会资本负责医院的建设和非核心业务的经营"这样的安排提出质疑，原因就是该省某份正在征求意见的文件中有禁止社会资本以任何形式参与公立医院建设管理的表述。

2. 专业人才资源匮乏

医疗养老项目市场需求量巨大，对专业人员的需求同样巨大。特别是在养老项目中，机构住养老人对照料护理的专业化服务需求与机构中专业护理人员严重不足的矛盾日益凸显。一是由于社会职业培训机构养护专业数量不足，培养的专业人才少，二是受限于护理人才在养老机构无法注册护理资格等政策因素，一些经过护理培训的专业人才也不愿意在养老院就业。

3. 投资方市场尚待培育

在医疗养老领域推广采用 PPP 模式，最终目标是利用市场对资源的配置作用，将最优的管理引入项目的投资、建设、运营和管理环节，以促进医疗养老领域服务水平的提高。成熟的市场供给资源是实现这一目标的前提。与目前广大的市场需求相比，如前所述，尽管目前关注医疗养老领域的各类社会投资方比较多，但还需要行业经营的积累和磨合。与巨大的潜在项目需求相比，医疗养老行业成熟、合格的投资方远远供不应求。

（本文原收录于清华大学政府和社会资本合作研究中心出版的《中国 PPP 年度发展报告（2017 年）》）

江苏如东县中医院医养融合 PPP 项目

朱亚洲　童　玫

阅读提示

医疗体制改革和养老保障体系建设是当下我国公共服务领域的两件大事。2015年11月，李克强总理主持召开国务院常务会议，指出"推进医疗卫生与养老服务相结合，是深化医改、应对老龄化、增进亿万家庭福祉的惠民举措"，并要求在全国广泛开展医养结合试点示范工作。江苏如东县是曾经的计划生育红旗县，因而面临比全国其他地区更先到来的养老设施供给不足的矛盾。为此如东县在中医院迁建时同步开展机构养老设施的建设，以实现以医促养、以养辅医。如东县中医院医养融合 PPP 项目是全国第一个医疗养老类 PPP 项目，该项目通过完善的合同体系，明确了项目边界条件，厘清了政府和社会资本方的权责，为项目顺利建成和提供优质的医疗养老服务奠定了良好的基础。

江苏省如东县中医院始建于1958年，地处如东县掘港镇，是如东县境内规模较大、功能较全、技术力量雄厚的"二级甲等中医医院"；该医院集医疗、急救、科研、教学、康复为一体；医疗服务覆盖如东全县100多万人口的医疗、康复和保健服务。为改善医疗条件，提升服务能力，如东县中医院拟进行整体迁建。

如东县中医院医养融合项目（又称如东县中医院整体迁建项目）位于如东县城新区中心位置，项目分两期建设。一期为医疗中心项目，新建医疗中心总床位1000张，设计年接待门急诊号次45万人次；总建筑面积为114180平方米；总投资额为人民币约7.1亿元。二期为养老中心项目，拟建成具有中医特色"医养结合"的集医疗、养老、养生、健教、康复、护理于一体的中高档综合养老社区；计划总投资约7亿元，其中二期项目的首期项目，计划投资不少于2亿元（不含土地使用权取得成本）。

项目一期工程于2013年9月开工，预计2016年末全部完工投入使用。经如东县人民政府研究决策，该项目采用 PPP 模式运作。2014年12月，该项目列入财政部首批政府和社会资本合作（PPP）示范项目。

一、PPP 实施模式

项目采用 PPP 模式运作,由如东县政府授权如东县国有公司作为政府出资人并授权其与引入的社会资本共同出资成立一期医疗中心项目公司(SPV1)和二期养老中心项目公司(SPV2)。如东县政府与两个项目公司分别签署 PPP 项目特许经营协议。其中一期医疗中心项目采用移交—运营—移交模式(TOT 模式)(参见图 1)。项目由政府方负责建设,工程竣工验收后,由 SPV1 支付项目建设成本,并取得一定期限内特许经营权。合作期限暂定 20 年。在项目特许经营期内,由如东县中医院负责核心医疗业务的运营及管理,由 SPV1 负责非核心医疗业务的运营取得相应的收入,并获得政府基于绩效考核支付的购买服务费用。特许经营期结束后,由 SPV1 按既定的移交标准向政府方指定的部门移交。

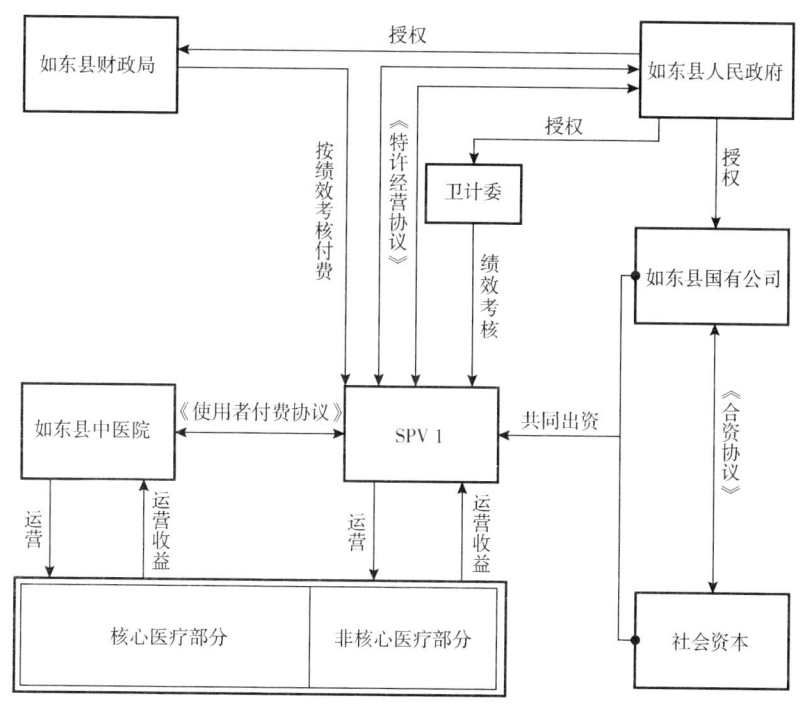

图 1 一期项目交易结构

二期养老中心项目采用设计—建设—运营—移交模式(DBOT 模式)实施(参见图 2)。由政府提出建设规模、时间等要求,由 SPV2 负责设计、可研、工程招标及建设全过程,建设资金由 SPV2 负责筹措。合作期限暂定 20

年。项目的设计、建设、运营均由 SPV2 负责。项目主要采用使用者付费模式经营，同时，政府基于绩效考核，给予 SPV2 一定年限内的政府可行性缺口补助。政府指派如东中医院作为该项目的医疗服务支撑单位，为该项目的运营提供相应的医疗服务，SPV2 根据双方协议价格向其支付服务费用。特许经营期结束后，由 SPV2 按既定的移交标准将项目设施全部移交给政府方指定机构。

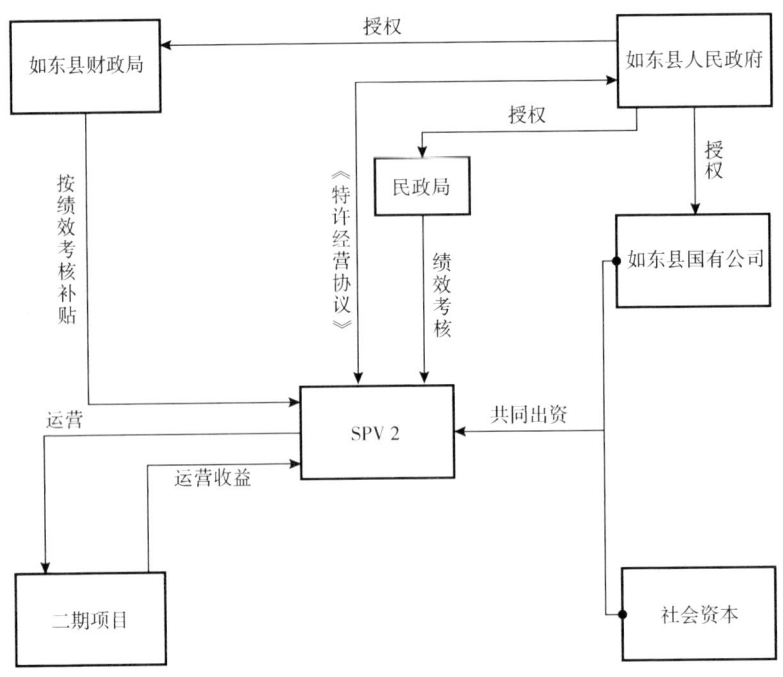

图 2　二期项目交易结构

注：图中未包含与中医院的医疗服务协议。

二、实施过程回顾

如东县政府高度重视该项目的实施，专门成立了如东县中医院 PPP 项目工作领导小组及项目办，负责项目推进。项目办于 2015 年 9 月以竞争性磋商方式公开选择 PPP 咨询机构，选定北京金准咨询公司为项目提供 PPP 咨询服务。金准咨询公司于 10 月初正式开展工作，在进行了充分的方案研究、市场测试等准备工作后，于当月底提交了项目实施方案送审稿。项目办及时组织实施方案的评审工作，于 2015 年 11 月 22 日完成了实施方案审批，并将审批文件及实施方案报省财政厅备案。项目社会资本采购通过竞争性磋商方式进行，通过资格预审、竞争性磋商、确认谈判等程序，于12月28日选定了社会资本方。2016年1月15日，如东县政府与社会资本方签署了PPP项目合同（协议），标志着项目前期准备和社会资本的采购工作正式完成，项目进入执行阶段。

三、经验分享

项目自2014年12月列入财政部首批PPP示范项目，到2015年12月确定社会资本方，历经整整一年时间。从时间进程看，不算慢，也不算快。从目前的实施效果来看，入选的社会资本方从资金实力、发展战略、经营理念等均与该项目较为契合，为政府与社会资本合作奠定了坚实的基础。回顾这一年所开展的工作，有如下经验值得借鉴：

1. 部门紧密合作有效推动PPP实施

政府与社会资本合作项目的实施往往涉及政府多个部门，该项目尤其突出。作为已经开工的存量项目，项目立项和建设主体是如东县中医院；由于横跨医疗和养老两个领域，按我国现行行政管理体系，项目的行业主管部门分别是卫计委和民政局；项目以PPP方式实施，还需要财政部门的直接参与；此外，项目的实施还涉及发改、住建（规划）、国土、法制、税务等相关部门。为保障各部门间沟通协调工作的顺畅，如东县由分管副县长牵头，由县财政局、卫计委、民政局等相关部门指定专人参与，组建了如东县中医院PPP项目领导小组及其项目实施办公室。办公室全过程深度参与了项目方案研究，及时进行问题反馈与决策，为该项目快速、成功落地提供了有力保障。

2. 挖掘项目潜力，增加项目对社会资本的吸引力

基于项目情况及我国现行医疗管理制度，一期医疗中心项目核心医疗业务仍然由如东县中医院经营，不适宜向社会资本方开放。社会资本方只能参与医院的非核心医疗业务。在方案研究时，包括中医院领导层在内的全体项目办成员，一致同意将目前经营效益较为可观的非核心医疗所有业务纳入SPV1公司管理经营服务范围，从而增加项目对社会资本的吸引力。在2期养老项目SPV2公司治理的方案设计中，采取的是政府尽量少参与，给予社会资本方最大的投资份额和自主决策权，使社会资本方经营理念在项目中得到充分的发挥，最大程度调动其经营积极性和发挥其专业能力。

3. 完善的合同体系构建项目全周期风险管理体系

该项目相关主体比较多的特点决定了项目交易结构的复杂性。相应地，需要构建严密的法律体系，保障项目风险分配方案的有效落实。

咨询公司为项目设计了 4 个层级的法律结构体系：第一层级是《如东县中医院医养融合 PPP 项目合作框架协议》，由县政府和社会资本方签署，约定项目基本条件和社会资本方的投资责任。第二层级是《如东县中医院医养融合 PPP 项目股东合作投资协议》，由政府指定的国资公司和社会资本方签署，约定政府出资方和社会资本方在两个 SPV 公司中的出资义务及公司治理规则。第三层级是《如东县中医院医养融合 PPP 项目 1 期医疗中心项目特许经营协议》《如东县中医院医养融合 PPP 项目 2 期医疗中心项目特许经营协议》，明确政府方和 SPV 公司之间的法律关系。第四层级是《如东县中医院医养融合 PPP 项目 1 期医疗中心项目使用者付费协议》《如东县中医院医养融合 PPP 项目 2 期养老中心项目医疗服务协议》，分别由两个 SPV 公司和如东县中医院签署。

此外，还专门制定了《1 期医疗中心绩效考核暂行管理办法》《2 期养老中心绩效考核暂行管理办法》，并将其列为特许经营协议附件，为后期政府实施绩效考核管理提供依据。

4. 咨询公司专业公正的服务加快了项目 PPP 落地

在 PPP 项目的实施中，项目合作模式、风险分配、财务分析等工作都是由咨询公司完成的。社会资本方介入后，往往需要另行组建专门力量，依据自身经验数据加以分析和核算，作为最终决策依据。该项目最终成交的社会资本方较晚参与该项目，留给其决策分析的时间并不充裕。在此情况下，通过与咨询机构的沟通后，社会资本方基本认可咨询方案的公平性和测算的合理性，并以此为基础进行投资决策，大大提高了决策速度，竞争性磋商工作最终取得圆满成功。

5. 宜尽早选择咨询机构进场提供专业服务

作为后续 PPP 项目的改进借鉴，由于政府方选择 PPP 咨询机构进入服务的时间较晚，导致在该项目实施前期，政府方项目办耗费了大量时间和精力与各家社会资本方洽谈；尽管项目办的相关前期工作为后续 PPP 实施奠定了坚实和良好的基础，但总体上分析，此类工作如从一开始即交由咨询机构承担，将更有利于推动项目进程。及时选择 PPP 咨询机构，尽早进场提供 PPP 服务，对于项目成功实施十分必要。

（本文以"PPP 助力医养融合——如东县中医院医养融合 PPP 项目经验"为题原载于《中国投资》2016 年 2 月刊）

长沙市某县扩容提质基础设施 PPP 项目

龚 维

阅读提示

非经营性 PPP 项目的重点和难点首先在方案的设计,要做好项目的风险分配,并将风险分配落实到合同条件上;其次要构建合理的支付体系,满足项目的基本收益要求和融资要求;最后需有一个完善的法律文件体系,将所有风险和收益分配厘定清晰。对于完全政府付费的非经营性 PPP 项目,在清晰界定政府和项目公司投资边界、责任边界和风险边界基础上,在 PPP 合同中设置完备科学的投资计价和控制体系十分必要而重要。

一、概念界定

《国家发展改革委关于开展政府和社会资本合作的指导意见》(发改投资〔2014〕2724 号)在 PPP 操作模式的选择上,根据项目是否有收益及收益是否实现投资成本的全覆盖,区分为经营性项目、准经营性项目和非经营性项目三类。根据《指导意见》对非经营性项目的定义,是指缺乏使用者付费基础、主要依靠政府付费收回投资成本的项目。

在我国现阶段操作实践中,非经营性项目(包括非营利性公园、市政道路、桥梁等)多由地方政府发起,一般采取以下方式运作:

1. 委托运营(O&M)

该模式是指政府将存量公共资产的运营维护职责委托给社会资本或项目公司,社会资本或项目公司不负责用户服务的政府和社会资本合作项目运作方式。政府保留资产所有权,只向社会资本或项目公司支付委托运营费。

2. 建设—运营—移交(BOT)

该模式是指社会资本负责基础设施的建设和融资,项目建成后资产所有权归属政府，在特许经营期内政府将资产的运营维护职责委托给项目公司，由项目公司按约定提供运营服务并收取运营费用及前期投资成本。特许经营期到期后，项目无偿移交给政府。

3. 建设—移交—租赁（BTL）

该模式是指社会资本负责基础设施的建设和融资，项目建成后所有权归属政府，在特许期内特许权人将项目出租给政府使用，租期届满后政府完全取得项目。

4. 设计—建设—融资—运营（DBFO）

该模式是指项目从设计开始就特许给社会资本，直到项目经营期满收回投资和取得投资效益。

在目前实施的PPP案例中，非经营性项目大部分采用的是第二种，即BOT方式。本文选取长沙市某县扩容提质项目及株洲市某城市道路项目，主要针对非经营性项目中采用BOT模式实施的结构设计进行分析。

二、案例选取及交易结构分析

1. 项目概况

长沙市某县扩容提质基础设施项目，包含市政道路、桥梁、公园等29个子项目，估算投资40亿元。各子项目建设期不超过两年的按两年计算，超过两年的按实际建设期计算。

2. 项目的交易结构

项目实施方式为PPP，相关政府通过政府采购流程（公开招标）进行PPP项目采购，选择社会投资人。项目的社会投资人依法能够自行建设的，在遵循相关法律法规的前提下由社会投资人负责施工。政府授权出资人与社会投资人共同出资组建PPP项目公司，政府授予项目公司特许经营权，由项目公司采用"投资建设—运营—移交"（BOT）方式投资、建设、运营和维护相关项目。在满足可用性付费的条件下，在特许期内政府方按政府付费方式向项目公司支付费用，项目公司收回投资并取得回报。特许经营到期后，项目设施移交给政府指定机构。该项目的交易结构参见图1。

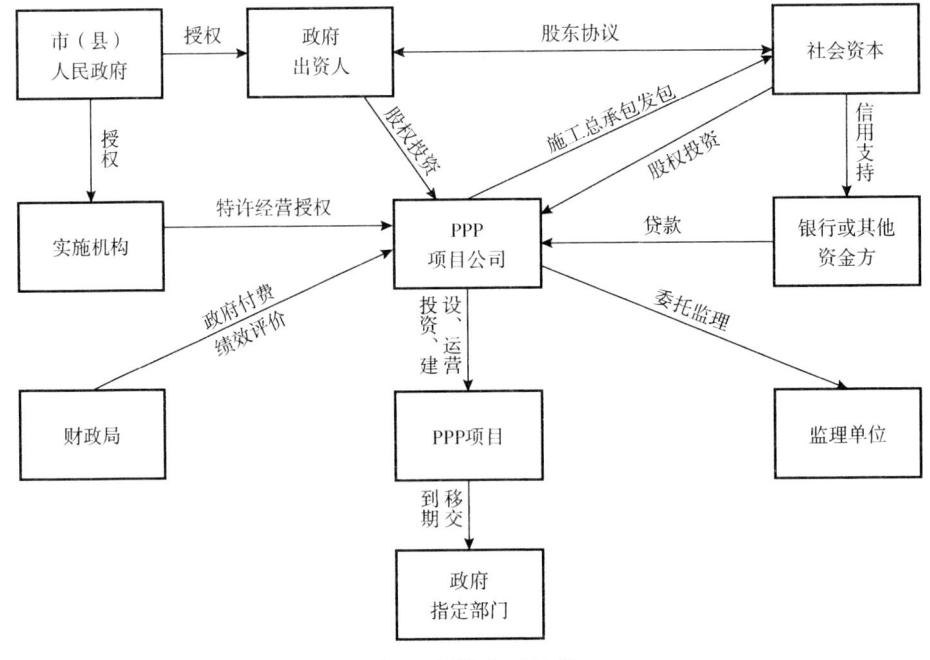

图 1 项目交易结构

3. 项目的付费机制

项目的回报机制采用政府付费的支付方式。项目付费包括可用性服务费及运维绩效服务费。政府及时安排财政将支付可用性服务费及运维绩效服务费纳入年度预算和中期财政规划,并通过人大对预算的审批。

4. 项目的风险分配

项目的风险管理秉承"由最有能力管理风险的一方来承担相应风险"的风险分配原则设计风险分担机制。具体风险分配见表1。

表 1 项目的风险分配

风险类别	风险因素	政府承担	社会资本承担	备 注
政治风险	政治条件变化	√	√	
	宏观经济变化	√		
	政策调整	√	√	
	项目审批			
	土地使用权	√		

续表

风险类别	风险因素	政府承担	社会资本承担	备注
资金风险	财政支付能力	√		
	项目融资		√	
	利率调整		√	
设计风险	设计质量		√	可转移给设计单位
	设计进度		√	
建设风险	工程地质		√	
	发现文物		√	
	环境污染		√	
	施工质量		√	
	施工成本		√	
	工期滞后		√	
	缺陷与隐蔽工程		√	
	工程变更		√	
	施工事故		√	
运营维护风险	项目运营		√	
	维护质量		√	
不可抗力风险	不可抗力	√	√	共同分担
法律变更风险	重要法律变更	√	√	共同分担

5. 项目合同体系

（1）《PPP合同（即特许经营合同）》。由政府授权机构与项目公司、社会投资人签署。明确各方的权利和义务、特许经营范围和期限、项目建设和运营、项目付费、终止和补偿等事项，为项目主合同。

（2）《股东协议》。由政府授权出资人和中选社会投资人签署。约定项目公司的出资方式、治理结构、决策机制、收益分配等事项，以及社会投资人的退出机制、融资责任和风险承担事项等。

（3）《施工总承包合同》。由项目公司与施工总承包单位签署。

（4）《勘察合同》《设计合同》《监理合同》《造价咨询合同》《检测合同》等项目前期和项目实施过程中有关的管理、服务类合同。由政府方与相关服务单位签订。

（5）项目的《融资合同》《保险合同》等其他合同。由项目公司按国家有关法律法规要求与各当事人签署。

三、经验借鉴

截至目前,该项目已成功落地,进入建设阶段。该项目值得借鉴的主要经验有:

1. 要建立有力的政策保障体制

一个 PPP 项目实施过程中,往往会涉及财政、国土、审计、建设、法制等若干部门及政府平台公司的配合,如果政府方在实施 PPP 项目的过程中,没有建立一个有力的政策保障体系,将大大降低项目实施的效率,甚至导致项目停滞。所以,政府方在项目实施前需要制定一系列保障项目实施的政策文件,包括 PPP 相关机构的设定、PPP 项目的实施指导性方案,各部门的职责分工等。该项目能在较短时间内成功落地,很大程度得益于政府方政策的有力保障。

2. 借助专业咨询服务

为保证项目的顺利实施,长沙市某县及株洲市政府充分发挥专业咨询机构作用,为项目实施方案、财务分析报告、特许经营合同、股东协议等文件的编制提供支持;同时,在项目实施的每个阶段,都由咨询机构提供专业的咨询意见,指导项目的推进,这对项目决策科学化和操作规范化发挥了积极作用,也为项目成功运作奠定了坚实基础。

3. 设置科学的回报机制

上述项目主要为城市道路、公园、桥梁等公益性基础设施,基本无经营性收入,政府付费是社会资本方取得投资回报的主要途径。在实施方案的制订过程中,应重点考虑项目的支付体系及保障方式,应尽量明确项目的付费来源,将政府付费依据现行制度纳入财政预算,在纳入预算的情况下,还需要设计有关条款以保障政府方履约,同时便于项目公司进行融资,保证项目的顺利实施。

4. 在项目招标前做好市场测试

在一个非经营性 PPP 项目的实施过程中,政府方会多方综合评估该项目的社会效应、政府自身的财政承受能力;从社会资本的角度来看,也会考虑项目的收益性、政府的支付能力等。如何平衡好两者之间的利益是项目能否成功的关键因素。政府方在项目边界条件制订过程中，应经过详尽调查和分析，充分了解潜在投资人的意愿。在实施方案初步完成之后，仍应就实施方案中提及的核心点与潜在投资人进行详尽的讨论，最终形成共识。该项目在实施方案的制订过程中与潜在投资人进行了多次沟通与洽谈，这为项目后续采购工作的顺利开展奠定了坚实基础。

（本文以"非经营性项目采用PPP模式经验借鉴"为题原载于《中国投资》2016年8月刊，收入本书时略有修改）

某县公共信息平台 PPP 项目

李 刚

阅读提示

某县公共信息平台 PPP 项目于 2015 年落地实施，是为该县建设"智慧城市"而新建的信息化基础平台。对于公共信息项目实施 PPP，通过机制设计调动社会资本充分发掘和开发信息数据资源，一方面可提升项目价值，利用数据资源服务社会大众，同时也可有效减少政府对此类项目的补贴支出。该项目 PPP 方案针对数据商业开发在投入及分成机制方面进行了深入研究和明确规定，激发和调动了 PPP 合同执行期间项目公司开展数据商业开发的积极性和能动性。在运营机制的设计上，该项目设置了"前端标准控制、后端绩效评价"的绩效考核指标体系，政府付费与绩效考核评价结果挂钩，实现按效付费。目前该项目已进入运营阶段，运营状况良好。

截至 2015 年 4 月，住房和城乡建设部先后公布了三批共 340 个智慧城市试点城市（区、县、镇）。据不完全统计，超过 9 成的副省级城市及逾 7 成的地级城市提出或在建智慧城市。智慧城市建设的重要组成部分——城市公共信息平台的建设，将有利于提升城市管理水平，推进城镇化发展，引导"政府引导、社会参与"的多元化投融资模式创新。2015 年 7 月 22 日，北京金准咨询有限责任公司承担的智慧城市试点城市某县公共信息平台 PPP 项目正式签约。此项目的签约，成为智慧城市类的非经营性 PPP 项目的代表作之一，为类似项目的投融资模式创新提供了新的参考。

某县公共信息平台 PPP 项目是在该县政府信息化建设成果现有基础之上，整合云计算、大数据、物联网和移动互联网技术等先进信息技术，并结合政府各单位的信息化需求，为建设某县"智慧城市"而新建的信息化基础平台。新建公共信息平台主要建设内容为云计算中心、云管理体系、云保障体系、基础网络建设、平台服务、数据服务、应用服务等。项目建成后将实现县内各机关 IT 软硬件设施的统一建设、统一维护、统一提供，解决条块分割、资源分散、重复建设等问题，促进互联互通、资源共享、协同合作，实现"大机房""大网络""大数据"三大信息化建设。

为实现智慧城市建设有效落地,某县成立了智慧城市领导工作小组,政府各部门统筹协作推进项目实施。公共信息平台PPP项目作为智慧城市首个基础性子项目率先启动:明确了电子政务办为项目建成后的业主及监管单位,住建局为项目实施机构,投资评审中心负责审核项目总投资,城投公司为政府方的出资代表与中选社会投资人合资组建项目公司。

一、回报机制:政府付费

政府各部门作为公共信息平台的直接使用者之一,同时肩负着利用公共信息平台服务于公众的政府责任。传统模式下,政府财政有义务承担公共信息平台建设的投资与维护补贴责任。以PPP模式实施公共信息平台项目,引入社会投资人参与公共信息平台的投资、建设、运营与维护,实现了从"财政补贴"到"按效付费"的转变,有利于更好地分配市场资源和提高社会经济效率。

PPP模式下的公共信息平台项目公司投资回报主要来自两个方面:一是基于项目公司建设及运营效果付费的"年服务费",二是基于项目公司对于信息平台数据进行的合理开发所获收益。

政府委托咨询机构进行成本分析、财务测算后设置"年服务费"上限价,并最终通过社会投资人在招标环节的投标文件来确定该项费用。

1. 年服务费的组成

考虑了特许经营期内的初始建设总投资费用均摊、年度运营维护成本、项目公司合理收益三部分的综合服务费指标。

2. 信息平台数据商业开发投入及收益基本原则

公共信息平台及利用该平台产生的数据所有权归政府所有。项目公司在合理授权范围内进行信息系统大数据的商业开发。信息平台的部分数据为涉及国家安全、群众利益的敏感信息,政府对数据所有权进行一定监管是十分必要的。

鉴于当前我国宏观层面对于政务及公共数据的开发尚处于探索阶段,不确定因素较多,所以该项目对社会投资人的招商阶段未明确公共信息平台数据的商业开发范围,但针对数据商业开发投入及分成机制进行了设计和明确,为后续数据商业经营埋下了伏笔。

二、投资效率：招标环节充分竞争

该项目投资规模相对较小，潜在投资人广泛，可参与度高；专业技术市场成熟，属于充分竞争市场。因此，通过公开招标的形式遴选社会投资人，既能有效降低政府支出，又能实现政府对投资人的择优选择，最终带来投资效率和运营能力的双重提高。该项目在公开招标的资格预审环节对投资人筛选条件进行优化，吸引了较多的优质投资人参与；在招标环节对投资人竞价进行策略优化，提高了政府投资效率。

1. 设置合理投资人筛选条件

在满足信息平台建设技术要求、运维保障能力要求的基本条件下，尽可能吸引更多投资人参与信息平台建设及运营的项目角逐。

2. 设置初始建设投资控制指标

在调研了类似项目的平均建造成本、利润率后，招标文件设置了合理的初始建设投资优惠率指标，在社会投资人充分竞争后实现初始建设总投资的有效降低。

3. 年度运营维护成本、合理收益的控制

根据经过市场调研的维护成本及运维收益水平设置上限指标，通过招标环节充分竞争。

三、运营效率：前端标准控制，后端绩效评价

以PPP模式践行该项目，在提高投资效率、降低财政支出的同时，运营效率更是PPP机制设置关注的焦点之一。信息平台的建设主要为硬件设备的安装调试、软件系统的开发调试，其建设标准及质量对运营效果将产生直接影响，因此，在运营机制的设计上，以前端标准控制、后端绩效评价的双重模式来衡量项目的运营效果。

1. 前端标准控制

前端标准控制即除了设计文件的详细技术要求、系统硬件的参数及品质要求、建设内容的具体要求，在招标之前对运营服务范围、各项参数标准、

运行绩效考核办法也应做出明确要求和设计。财政部《政府和社会资本合作项目政府采购管理办法》（财库〔2014〕215号）要求，采购文件应当包括PPP项目合同草案。该项目在招标之前，政府电子政务部门、设计单位、行业专家及咨询机构共同研究、探讨，就机房硬件、平台服务、数据服务、应用系统服务、云管理、协调、培训十部分内容提出了详细的运营服务标准，并将这一系列标准在招标采购阶段就在PPP项目合同草案中予以明确。

2. 后端绩效评价

后端绩效评价主要为运营期运维团队的绩效评价、运营维护效率评价。政府按月、年对项目公司运营绩效进行考核。运维团队的绩效评价，就团队的人员数量、专业配置、工作经验、资质能力、驻场时间等内容分别细化要求。运营维护效率评价，制定了3级8类27项标准，就运维的事件响应、处理、服务质量及保证、文档管理、服务等方面提出了详细要求及考核指标标准。年服务费的支付根据政府动态的量化指标考核结果对应相应的奖惩机制，最终实现对年服务费的动态调整。

四、大数据的商业开发：PPP的深远意义

以PPP模式引入社会投资人实施公共信息平台（智慧城市）项目，长远来看，其战略意义在于利用建成后的信息平台进行数据资源的整合及开发。PPP模式下对公共信息数据进行的合理商业开发，提高了数据维护及利用效率，节约了财政支出，提高了数据管理的安全性和专业性，有利于市场资源的高效配置。

当前来看，信息平台的大数据商业开发可以服务于城市建设、城市管理、公众服务、产业发展等众多领域，并在交通数据、地理空间数据、人口数据、法人数据、经济数据、建筑数据、医疗数据等方面有所突破和作为，是一笔社会公众的宝贵财富。政府鼓励和引导项目公司面向市场在合理范围内进行大数据、云计算、互联网应用等运作及开发，社会投资人与政府按照其在项目公司中的股权比例分享所得收益、共担开发风险。

五、结束语

对于缺乏经营收入支撑的PPP项目，更应该关注项目的投资效率、运营效率，通过科学的机制设置，实现政企共赢，最终为民造福。公共信息平台

数据取之于民，服务于民。数据的合理开发，对于提高整体政务服务水平、推动新兴产业发展、促进地方经济结构调整具有重要意义。政府需要从"顶层设计"层面做好规划和引导，商业数据的开发是必经之路，公共信息平台PPP项目从"政府付费"向"资源收益自我补偿"机制转变是未来趋势。

（本文以"智慧城市PPP项目：关注投资及运营效率"为题原载于《中国投资》2015年11月刊，收入本书时略有修改）

平潭综合实验区地下综合管廊干线 PPP 项目

林　彦　匡思维

阅读提示

平潭综合实验区地下综合管廊干线工程（一期）PPP 项目总投资约 38 亿元，综合管廊全长约 33 公里，是住建部确定的 2016 年综合管廊试点项目。该项目入选了财政部第三批 PPP 示范项目。

质量管理、进度控制和造价控制是所有建设项目管理的三大重点。市场测试表明对该项目感兴趣的潜在社会资本方基本为施工承包商。在施工承包商既是项目投资方也是项目工程承包方的情况下，更需在 PPP 方案设计、PPP 招标和 PPP 合同约定层面高度重视和合理安排项目投资、质量和进度"三大控制"管理方式。该项目在方案设计论证基础上，在 PPP 招标阶段即安排在工程投资控制目标方面形成有效竞争，明确了相关投资控制责任；在工程质量管理方面，通过合同约定明确质量要求、控制程序及各方工作边界，并辅以绩效考核方法以提高工程质量和建设效率；明确了工期节点要求，并重视对各潜在社会资本所提供施工组织方案、项目进度控制方法的评价。相关安排和机制最终在 PPP 合同中得到落实，为工程建设实现"三大控制"目标奠定了坚实的履约基础。

平潭综合实验区地下综合管廊干线工程（一期）PPP 项目是平潭综合实验区的首个 PPP 项目，也是住建部确定的 2016 年综合管廊试点项目，广受业界关注。项目于 2016 年初以招标方式选定北京金准咨询有限责任公司为 PPP 咨询机构。通过项目实施机构、平潭 PPP 管理机构及金准咨询公司近 10 个月的辛勤工作，项目成功选定了社会资本方，标志着该 PPP 项目准备阶段和采购阶段工作顺利完成。

回顾项目所经历的立项、实施方案确定、申报试点城市、三大协议（"特许经营协议""合作协议""投资协议"）确定、社会资本采购等重大环节，不仅要严格依照《政府采购法》《政府采购法实施条例》及国家发展改革委、财政部等相关规章规定和要求进行，更需要结合项目特点精心组织和策划。本文仅就该 PPP 项目实施过程中为保障项目成功落地需要重点关注的投资控制、施工质量、进度控制三个方面进行简要的分析。

一、项目概况

福建省平潭综合实验区位于福建省东部,与台湾岛隔海相望,是中国大陆距离台湾岛最近的地方。平潭综合实验区有"福建的马尔代夫"之称,同时也是著名的渔业基地,在2010年已经有平潭海峡大桥和大陆相连,还是著名的"隧道之乡",平潭的民营施工企业几乎承包了中国八成隧道工程。

平潭综合实验区地下综合管廊干线工程(一期)项目符合《平潭综合实验区总体规划》(2010—2030年)发展要求,项目的建设将有效降低盐雾腐蚀对金属物的破坏风险,提升管线的抗震及抗台风能力,减少维护成本,增加使用寿命,同时对美化道路、节约城市空间起到重要作用。

平潭综合实验区地下综合管廊干线工程(一期)PPP项目总投资38.18亿元,综合管廊全长33.43公里(含5.58公里缆线管廊),建设内容分为两个子项(见表1)。

表1 平潭综合实验区地下综合管廊干线工程(一期)PPP项目子项目

子项目名称	管廊里程(公里)	入廊管线类型	概算总投资(亿元)
环岛路绿道及管线工程	26.34	电力、通信、给水、中水、燃气,局部雨水、污水等	28.28
坛西大道南段电力管廊及市政化改造工程	7.09	电力、通信、给水、中水、燃气,局部雨水、污水等	9.90
总 计	33.43		38.18

1. 环岛路绿道及管线工程

道路工程总长22.58公里,新建地下综合管廊总长为26.34公里(其中:新增大型综合管廊20.76公里,缆线管廊5.58公里),大型综合管廊纳入电力、通信、给水、中水、燃气、局部雨水、污水,新增慢道标准宽3.5m,局部宽6.5m,双侧布置总长42.74公里,概算总投资约28.28亿元。

2. 坛西大道南段电力管廊及市政化改造工程

道路工程总长6.98公里,新建大型综合管廊全长7.09公里,纳入电力、通信、给水、中水、燃气，局部雨水、污水，新增道路两侧辅道：辅道单侧两车道＋人行道＋非机动车道，按照规划做预留路口，补充完善市政管线，概算总投资 9.90 亿元。

环岛路绿道及管线工程、坛西大道南段电力管廊及市政化改造工程已完成可研报告、水保和环评、初步设计方案及概算编制审批。

二、项目实施

平潭综合实验区管委会授权平潭综合实验区交通与建设局（以下简称"区交建局"）为项目实施机构，负责采购社会资本，代表政府签署相关协议、监管项目实施。区管委会授权平潭综合实验区交通投资集团有限公司（以下简称"区交投集团"）与社会资本共同出资组建 PPP 项目公司，其中区交投集团占股 20％，社会资本占股 80％。区交通与建设局依法授予项目公司特许经营权，由项目公司负责项目的投资、建设及项目管廊部分的运营、管理及维护。特许经营到期后，项目公司将该项目资产无偿移交给实验区管委会指定机构。特许经营期内，项目公司与各管线入廊单位签订入廊协议，项目公司通过收取管线入廊单位的入廊费（一次性费用）、管廊维护费（年费）和获得政府可行性缺口补助回收投资成本和取得合理投资回报。该项目交易结构详见图 1。

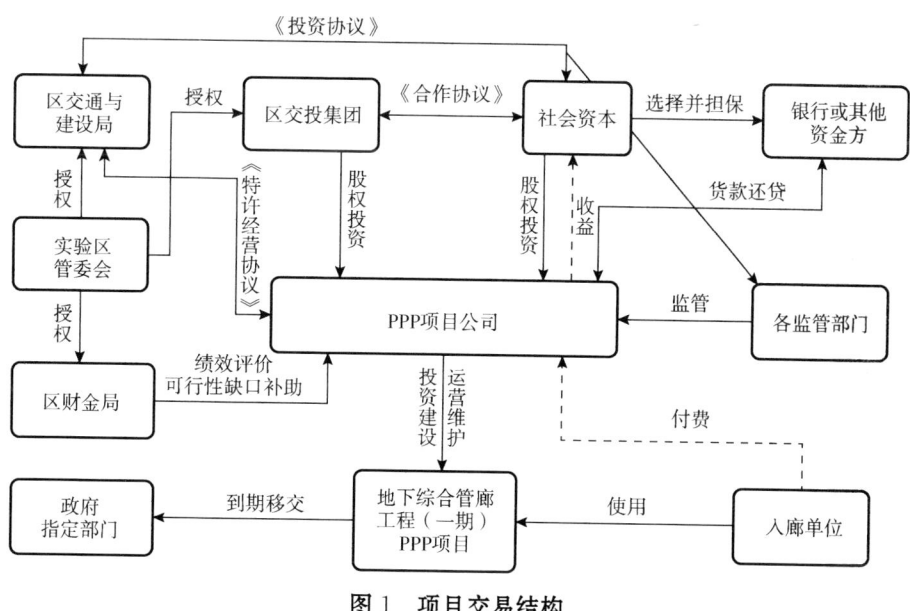

图 1　项目交易结构

该项目PPP实施工作于2015年12月启动，平潭综合实验区2016年4月入选住建部第二批全国地下综合管廊试点城市，2016年4月底完成资格预审，2016年10月实施机构完成竞争性磋商以及采购结果确认谈判工作，后续将完成社会资本的最终确认签约以及项目的投资建设过程。

三、PPP实施的几个关键点

平潭综合实验区地下综合管廊干线工程（一期）PPP项目作为平潭综合实验区的首个PPP项目，项目实施机构区交通与建设局及平潭综合实验区政府和社会资本项目合作（PPP）管理中心在北京金准咨询有限责任公司的专业协助和技术支持下，积极地探索如何更好地实施PPP项目。在整个PPP项目实施过程中，重点关注如下问题：

1. 如何有效控制政府可行性缺口补助？

由于该项目总投资较大，且地下综合管廊项目尚无可供参考的成熟盈利模式，在项目市场测试过程中发现，对该项目感兴趣的潜在社会投资方多为大型施工企业。PPP项目区别于以往的BT类或传统投资施工类项目，其涵盖的内容包括项目的投资、建设以及后期管廊部分运营（道路部分建设完工直接移交政府）、管理以及移交的全生命周期。当PPP项目的社会资本和施工承包方为同一主体时，如何有效控制项目建设成本，合理减少政府方在整个项目周期内的支出，保证政府方以最少的投资完成整个项目就成为项目实施方案研究的重点和难点。

金准咨询公司通过专业的财务测算，设定投标控制价来规避政府方投资控制的风险。投标控制价由三部分构成，第一部分：政府可行性缺口补助控制价（包含道路部分的政府购买服务付费控制价和管廊部分政府可行性缺口补助控制价），第二部分：以项目建安造价下浮率（以决算下浮率，设定控制价下浮率不低于5%）、资本金收益率6%和贷款利率（以5年期基准利率4.9%）作为控制价测算基础；第三部分：管廊在运营期的维护费控制价。

其中政府可行性缺口补助控制价通过财务测算得来。由于道路部分在建设完工后直接移交区交投集团，管廊部分由PPP项目公司负责继续运营管理，在测算时将建设和运营分别进行测算，依据行业现有全投资收益率作为标准，以政府方财政评审确定的竣工决算金额为投资基数测算政府可行性缺口补助控制价，分开独立计算，能较好实现对投资进行控制的目标。

通过引入控制价作为上限价，配合第二部分投资人报的造价下浮率，一方面可以让投资人充分竞争以降低政府方建安造价及资金成本，另一方面也可以核算出社会资本是否是合理报价，排除恶意低价的可能。而作为运营期最主要的成本，管廊运营期的维护费由于平潭地区物价管理部门还未给出相应的标准，通过委托专门的管廊公司以平潭地区物价为准专门测算出了管廊维护费控制价，给予投资人单独报价以降低投资人运营风险，使其实现合理回报。通过这样的报价方式，能够较好地实现合理竞争降低政府可行性缺口支出，同时保证合理低价，实现政府和投资人双赢的目的，保证项目的顺利进行。

2. 如何保证项目的质量管理？

不同于过去大型基础设施建设项目业主往往为政府职能部门或当地国资企业的情况，PPP项目的业主是由社会资本方控股的项目公司。在此模式下，对于设计使用寿命达数十年的地下综合管廊项目，如何保证项目的建设质量十分重要。

项目的特许经营协议是PPP项目实施过程中政企双方均需遵照执行的"基本法"，因此，为保障项目质量，该项目特许经营协议专门从三个方面进行了约定：一是在协议正文中加入专门的质量控制管理办法章节，对项目工程质量、工程保修、质量保证和质量控制等加以明确；二是将项目绩效考核办法列为协议附件，明确项目绩效考核指标及项目绩效具体考核办法；三是将详细的工程分包管理办法列为协议附件，明确工程分包的具体总则、分包范围及要求、审核备案流程、管理要求及职责分工等内容。

上述三方面互相补充，形成严密的合同体系，有效规避了项目质量控制的风险，从而保证了整个项目的质量控制。

3. 如何落实项目进度控制？

平潭综合实验区作为住建部第二批全国地下综合管廊试点城市，必须在保证质量的同时完成住建部第二批试点城市进度任务。因此如何保证社会资本能够按住建部关于试点城市建设任务的进度及质量要求完成平潭地下综合管廊建设也是项目实施机构极为关注的。

为有效保障项目实施进度，一方面，在竞争性磋商文件中将项目的施工工期计划、开工点等内容列为项目基本条件，政府方和社会资本都要严格按照计划完成相应的关键节点；另一方面，将潜在社会资本方的施工组织方案、项目进度控制方法等内容作为竞争性磋商综合评审时的评分项，以保障中选的社会资本方在施工组织方面具有良好的经验和方法,保证项目顺利完成建设任务,圆满完成住建部关于试点城市的要求。

(本文以"地下综合管廊PPP项目实施三大关键点"为题原载于《中国投资》2016年11月刊)

片区综合开发 PPP 项目土地问题实务操作思考

彭奕晖　王海涛

阅读提示

片区综合开发 PPP 项目土地问题是实务操作中的重点和难点。厘清土地整理服务、土地收储及招商引资的边界，设计合法合理的边界条件是规范实施片区综合开发 PPP 项目的关键。招商引资项目不属于公共服务领域；单纯土地收储只有建设，无实质运营内容，二者都不宜采用 PPP 模式实施。土地整理服务可纳入 PPP 项目实施范围，且社会资本可作为项目承接主体参与。本文分析认为，项目实施范围内符合土地储备资金支出范围的预期土地出让收入可作为 PPP 项目的支付来源，从政府性基金预算中安排。

一、土地的重要性

在国家鼓励集聚开发、促进县域经济发展的大背景下，各地兴起了片区开发、特色小镇、田园综合体的建设热潮，片区综合开发 PPP 项目也越来越受到地方政府的青睐。地方政府想借此带动产业集聚发展，实现经济效益和社会效益的统一，社会资本则是看中了这块潜力和收益巨大的"蛋糕"。

片区综合开发 PPP 项目在实务操作中都绕不开土地问题。我国土地政策多且杂，需要针对不同项目对土地的需求及地方财力进行实际应用。

《国务院关于加强地方政府性债务管理的意见》（国发〔2014〕43 号文）出台之后，地方政府通过平台公司进行土地整理，以储备土地的预期收入或者土地抵押方式作为还款来源，发展城市基础设施建设的融资方式得到遏制。在当前严控新增政府债务，防范地方债务风险的新形势下，地方政府要厘清片区综合开发 PPP 项目中土地整理服务和土地收储、招商引资的边界，处理好片区综合开发 PPP 项目中的土地问题，设计和实施合法合规的 PPP 项目，给前景广阔的片区综合开发 PPP 项目找个好婆家。

二、处理土地问题应遵循的基本原则

近年来,国家鼓励政府和社会资本合作采取组合项目、连片开发等多种形式,各部委发布的政策文件对土地储备管理、土地储备资金财务管理、产业用地土地使用方式以及PPP项目主体参与土地前期开发等方面提出了越来越规范和严格的要求。

实施片区综合开发PPP项目在涉及土地问题时应遵循以下几个基本原则:

(1) 商业地产开发、招商引资项目不属于公共服务领域,不属于采用PPP的范畴;单纯土地收储和前期开发项目只有建设,无实质运营内容,同样不宜采用PPP模式实施。

(2) 土地储备的项目主体只有一个,即纳入国土资源部门土地储备名录管理的土地储备中心。土地储备机构需剥离政府融资、土建、基础设施建设、土地二级开发业务。社会资本或项目公司只能作为项目承接主体参与土地整理服务。

(3) 土地整理服务可以纳入PPP项目实施范围,即征地拆迁、"N通一平"以及形成建设用地条件有关的其他工作。

(4) 土地储备资金可用于土地征地拆迁费用和基础设施建设费用支付。土地储备资金纳入政府性基金预算管理,收支两条线。

(5) 片区综合开发PPP项目的政府支出责任可从政府性基金预算中安排,政府性基金预算支出可优先用作支付项目实施范围内形成储备宗地相关的征地拆迁补偿、基础设施建设费用(即可用性服务费)。

(6) 土地整理服务为实施片区综合开发PPP项目提供基本条件,以保障项目后续建设和运营工作的开展。从PPP项目全生命周期合作的要求来看,片区综合开发PPP项目仍需重点突出公共服务和产业培育等运营内容,发挥社会资本的运营优势,提升片区经济增长动力。

三、土地整理服务的处理思路

在实务操作中,涉及土地整理服务的处理思路如下:

(1) PPP项目公司提供土地整理服务,作为土地储备工作的承接主体,通过多种融资方式完成项目实施范围内的土地征拆、安置补偿、市政及公共服务基础设施建设等工作。

(2) 土地整理完成之后,由土地储备机构进行土地收储,将储备宗地纳入土地储备库和土地供应计划，由国土资源部门统一组织供地。以招标、拍卖、挂牌形式出让土地使用权的，取得的土地储备资金纳入政府性基金预算管理。

（3）财政部门根据项目实际情况和土地储备资金规定的支出范围，可将可用性服务费、运维绩效服务费（和产业发展服务费）分别纳入政府性基金预算支出和一般公共预算支出，根据绩效考核结果向项目公司进行支付。

四、问题探讨

（1）将项目预期土地出让收入作为 PPP 项目支付来源是否违反《关于联合公布第三批政府和社会资本合作示范项目加快推动示范项目建设的通知》（财金〔2016〕91 号）文中"PPP 项目的资金来源与未来收益及清偿责任不得与土地出让收入挂钩"的规定？

我们认为，将涉及土地整理服务的 PPP 项目支出纳入政府性基金预算，并不违反 91 号文的要求。首先，《关于在公共服务领域深入推进政府和社会资本合作工作的通知》（财金〔2016〕90 号）指出，"对于政府性基金预算，可在符合政策方向和相关规定的前提下，统筹用于支持 PPP 项目"；《财政部对十二届全国人大五次会议第 2587 号建议的答复》（财金函〔2017〕85 号）也明确指出："10％'上限'控制的仅是需要从一般公共预算中安排的支出责任，并不包括政府从其他基金预算或以土地、无形资产等投入的部分"。因此，项目实施范围内符合土地储备资金支出范围的预期土地出让收入可以作为 PPP 项目的支付来源。其次，91 号文禁止的是直接"以收定支"和"溢价分成"。而将 PPP 项目政府的支付来源之一明确为政府性基金预算支出，纳入政府预算管理，这部分支出是根据社会资本为实现项目可用性发生的实际总投资计算得出，并按照绩效考核结果进行支付的。这种方式与过去平台公司负责土地收储，在储备土地出让后，由财政进行土地出让收益返还、"溢价分成"的方式划清了界限，既未直接与土地出让收入挂钩，又符合土地储备资金的使用范围要求。

（2）PPP 项目形成的政府性基金预算支出如何列支？

财政部发布的《政府和社会资本合作模式操作指南（试行）》（财金〔2014〕113 号）约定了项目合同中涉及的政府支付义务，财政部门应将其纳入同级政府预算并按照预算管理相关规定执行，而《政府和社会资本合作项目财政管理暂行办法》（财金〔2016〕92 号）只对 PPP 项目财政预算的编制主体和编报程序做出了相应规定，但并未明确约定 PPP 项目支出责任纳入哪一预算科目。

五、案例分享

中部某产业新城 PPP 项目。该项目总投资约 204 亿元，实施内容覆盖设计、建设、运营、产业及投融资等环节在内的产业新城发展全生命周期，包括：土地整理投资服务、保障房及安置工程建设、市政基础设施建设、公共服务设施建设、市政基础设施和公共服务设施运营、产业发展服务等。

回报机制及支付来源设计：该项目使用者付费不能覆盖项目投资及运营的市政基础设施和公共服务设施采用可行性缺口补助的回报，合作范围内的经营性项目采用使用者付费的回报机制。该项目区级政府留成的土地出让收入中，进入一般公共预算的部分用于支付产业发展服务费；进入政府性基金预算的部分用于支付所整理的土地上所有基础设施等的建设和投资回报。

六、思考与建议

片区综合开发 PPP 项目不同于高速公路、污水处理厂等单一基础设施建设项目，此类项目投资规模大，投资收益率较高，实施内容更多元，包括提供土地整理、规划设计、市政基础设施和公共服务设施建设和运营、产业发展规划设计等综合服务。

进行财政承受能力论证时，未来土地出让收入的测算需要结合该地区土地利用规划、城乡发展规划和土地出让计划以及现行市场情况；若项目范围内预期土地出让收入形成的政府性基金预算不足以支付可用性服务费或者可能超过 10% 一般公共预算支出红线的，可约定按照《地方政府土地储备专项债券管理办法（试行）》（财预〔2017〕62 号）的规定发行土地储备专项债券，纳入地方政府专项债务预算管理；测算政府财政承受能力时，需要将可用性服务费、运维绩效服务费、产业发展服务费（如有）对应的是政府性基金预算支出还是一般公共预算支出区分清楚。

在设计项目支付机制时，政府方未足额支付当年可行性缺口补助的，可考虑计算资金占用费。按政府方当年应付未付金额予以"挂账"，转入下一年度支付。"挂账"资金计算资金占用费，由政府方与社会资本方协商确定。

（本文以"PPP 项目的土地问题"为题原载于《中国投资》2018 年 5 月刊）

PPP 模式在增量配电网领域将大有可为

宋 炜 罗 智

阅读提示

在电网领域放开配电端,引入社会资本参与增量配电网投资建设和运营,开启了电力供应全新的商业模式,有利于提高电力资产利用效率,释放电力体制改革红利。但此模式涉及政府与社会资本、上游电网企业、电力用户、售电企业等,利益格局相对复杂,需要在总结试点项目经验的基础上,在电力体制改革的总体框架下,不断完善相应的政策法规体系和运作模式。在项目识别、规划布局、建设规模等方面,前期阶段也应进行充分论证,基于增量配电网项目由电力使用者付费的特征,应创新 PPP 合作机制,努力使其成为增加政府财政收入的手段,而不是增加财政负担。

2016 年 11 月,国家能源局公布第一批 105 个增量配电网改革试点名单,标志电力配电网领域改革进入实质性阶段。增量配电网领域是我国电力体制改革的重要切入点,PPP 模式将是配电网领域投资建设的重要方式,也是打破电网企业垄断的重要举措。

一、增量配电网的界定

增量配电网包括新建的配电网络和非电网(国家电网和南方电网)企业产权的配网资产。根据国家能源局发布的《有序放开配电网业务管理办法》(发改经体〔2016〕2120 号),增量配电网原则上指 110kV 及以下电压等级电网和 220(330)kV 以下电压等级工业园区(经济开发区)等局域电网。"除电网企业存量资产外,其他企业投资、建设和运营的存量配电网,适用本办法。"增量配电网包括两种类型,一是新增用电负荷带来的变电站扩容、线路改造等,如新的工业园区、产业园区和经济开发区等配网业务;二是除了国家电网公司和南方电网公司两大电网公司外的存量配电网资产,均视同增量配电业务,主要包括现有高新产业园区、经济技术开发区和其他非电网资产。这是国家层面首次从电压等级、电网功能、产权归属三个维度对增量配电网进行界定。

二、增量配电网领域改革的政策引导

1. PPP 模式是电力体制改革的重要模式

国务院在《关于进一步深化电力体制改革的若干意见（中发〔2015〕9号）》（以下简称"9号文"）中提出"有序向社会资本开放配售电业务"，为了落实9号文改革内容，国家发展改革委、能源局等部门下发《关于切实做好传统基础设施领域政府和社会资本合作有关工作的通知》《关于在能源领域积极推广政府和社会资本合作模式的通知》等一系列文件（详见表1），鼓励和引导社会资本投资电力能源等领域，明确提出在电力能源领域推进 PPP 工作。社会资本通过股权合作、委托运营等方式获得增量配电网的运营权，使得配电网运营权不再集中于电网企业，这将打破市场中电网企业一家独大的局面。在当前国家大力推进 PPP 模式背景下，PPP 模式将是电力体制改革的重要推手，是打破电网垄断的重要模式。

表 1　国家层面增量配电网领域改革主要文件

序号	文 件 名 称	相 关 要 点
1	关于进一步深化电力体制改革的若干意见（中发〔2015〕9号）	逐步向符合条件的市场主体放开增量配电投资业务，鼓励以混合所有制方式发展配电业务
2	关于推进售电侧改革的实施意见（发改经体〔2015〕2752号）	鼓励以混合所有制方式发展配电业务。向符合条件的市场主体放开增量配电投资业务
3	关于在能源领域积极推广政府和社会资本合作模式的通知（国能法改〔2016〕96号）	能源领域推广 PPP 的范围包括但不局限于下列项目：电力及新能源类项目：供电/城市配电网建设改造、农村电网改造升级等
4	关于切实做好传统基础设施领域政府和社会资本合作有关工作的通知（发改投资〔2016〕1744号）	"供电/城市配电网建设改造"在传统基础设施领域推广 PPP 模式重点项目中排在第一位

续表

序号	文件名称	相关要点
5	关于请报送增量配电业务试点项目的通知（发改电〔2016〕503号）	拟以增量配电设施为基础单元，确定100个左右吸引社会资本投资增量配电业务的试点项目，发挥试点的引领示范作用
6	有序放开配电网业务管理办法（发改经体〔2016〕2120号）	"鼓励社会资本有序投资、运营增量配电网"；"配电网业务是指满足电力配送需要和规划要求的增量配电网投资、建设、运营及以混合所有制方式投资配电网增容扩建"；"配电网原则上指110kV及以下电压等级电网和220（330）kV及以下电压等级工业园区（经济开发区）等局域电网"
7	电力发展"十三五"规划	"积极引导社会资本投资"，"鼓励通过发行专项债券、股权交易、众筹、PPP等方式，加快示范项目建设"

2. PPP模式在配电网领域市场前景良好

配电网领域投资规模巨大，资金需求量大，适宜采用PPP模式。根据国家能源局《配电网建设改造行动计划（2015—2020）》(国能电力〔2015〕290号），"十三五"期间配电网投资不低于1.7万亿元。最新发布的《电力发展"十三五"规划》中明确提出电力领域的PPP模式，积极引导社会资本参与电力投资，通过PPP、专项债券等方式，加快示范项目建设。虽然配电网项目前期投资大，但商业模式清晰，现金流良好，是优质的投资项目，尤其是经济开发区和工业园区的区域配电网项目，将成为当前增量配电业务试点的主要方向之一。

三、增量配电网PPP交易模式

社会资本与政府签署协议，获得投资配电网的经营权并成立项目公司，负责区域内的增量配电网投资、建设和运营，并通过配网过网费、增值服务等方式获得收益（参见图1）。

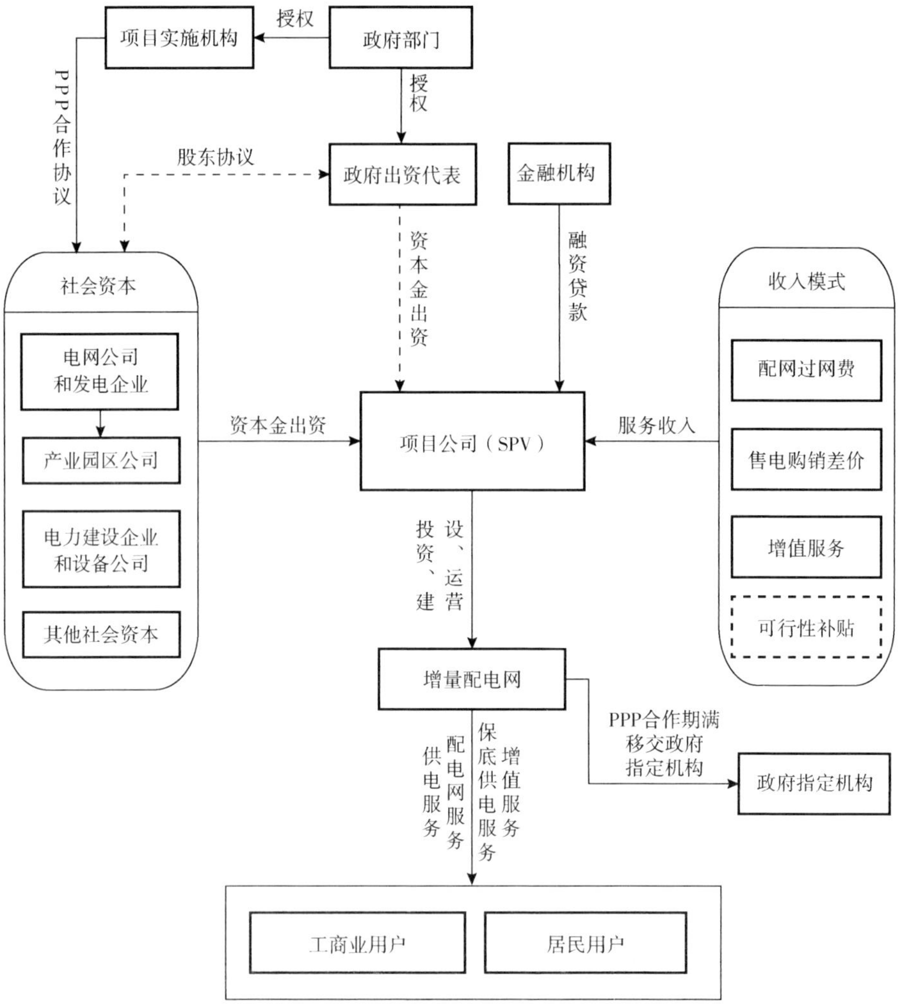

第五篇 医养及其他 PPP 案例与思考

图 1　配电网 PPP 模式交易结构

1. PPP 合作主要参与方

（1）项目实施机构。根据《有序放开配电网业务管理办法》，未来增量配电网的主导权将由电网公司转到地方政府能源管理部门。而根据国家发展改革委《关于开展政府和社会资本合作的指导意见》（发改投资〔2014〕2724号），政府授权的 PPP 项目实施机构可以是行业管理部门、事业单位、行业运营公司或其他相关机构，因此增量配电网 PPP 项目的项目实施机构有地方能源管理部门，如地方发展改革委、能源局等，也可以是地方政府委托的相关单位，如经济开发区、产业园区的管委会等。

(2) 社会投资方。由于历史原因，我国电力市场以输配售一体化为主，目前市场上拥有配电业务的企业相对较少，配电网领域投资是一项新业务，同时配电网是一项技术门槛高、资金密集型的业务，因此吸引的社会资本主要有以下几类：

一是传统电网公司和发电企业。主要有四类企业：①传统电网企业，即国家电网和南方电网两大区域电网企业；②地方独立电网企业，如蒙西电网、河北南网、重庆三峡水利电力和山西国际电力公司等地方电网公司；③发电集团，如各大国有电力公司和民营发电企业；④拥有自备电厂运营的部分企业，如魏桥集团、大庆油田等企业。这些企业因拥有配电网投资和运营经验，将是新增配电网领域的主要参与者。

二是高新产业园区、经济技术开发区等新兴的园区公司。根据相关规定，高新产业园区、经济技术开发区等拥有配电网存量资产绝对控股权的公司，未经营配电业务的，可以向地方政府能源管理部门申请开展配电网业务。园区公司依据自身的优势，积极开展新增配电业务的投资和运营，如珠海横琴能源公司，之前负责横琴地区的冷热供应服务，如果能够开展配电业务，依托冷热供应系统的基础，进行电、冷、热、汽、水等多能联供综合能源服务，将实现网架设计优化，提高资产利用率。

三是熟悉电力系统运营业务的电力设备供应商和电力建设企业。主要包括电网企业的工程装备或设备供应企业，如参与两网改造、涉足电力输配电市场、拥有齐全产品链和完整制造体系的供应商，以及中电建、中能建、中电工程等专业化建设单位，将依托原有的模式向下游配电网领域延伸。

四是有志于转型综合用电服务商企业的各类社会资本。由于配电网的技术性和投资金额需求，各类资本可能会与以上三类企业共同成立配电网投资联合体，或者投资并购园区配电网，实现配电网领域的投资、建设和运营。

(3) 政府出资代表。政府出资代表可以是配电网区域内的投资公司，也可以是政府指定的符合条件的其他国有企业。

2. 合作方式

根据采用的PPP模式的不同，结合配电网项目的特殊性，社会资本可以采用多种方式参与配电网项目，主要包括：

(1) 股权合作，即社会资本与政府共同出资成立项目公司，对增量配电网项目投资、建设和运营，并参与配电网业务的运营和管理，向用户提供服务。合作期满后，将项目资产移交政府指定机构。

(2) 参股分红，指社会资本出资参与项目的投资和建设，但不参与项目的实际运营,通过 PPP 合作协议相关约定,获得相应的收益。根据实际情况,可以安排中途退出机制,或合作期满后退出。

(3) 委托运营,指社会资本不参与项目的投资和建设,仅负责项目的运营和维护服务,这种方式主要集中在存量配电网项目。

3. 收入模式

配电网 PPP 项目的收入主要由项目公司运营收入和政府补贴收入两部分组成。

(1) 项目公司运营收入,包括以下三种类型:

一是过网费收入,即输配电价改革中的"准许成本加合理收益"(类似高速公路的过路费),其配网过网费＝用户受电电压等级输配电费－配电运营商接入电网电压登记的输配电费。

二是电价的购销差价,依托项目公司在园区内的优势,成立售电公司,通过代购代销模式,获得买卖差价。以某 10 亿千瓦时用电量的经济开发区为例,根据电力交易中心数据,2015 年通过竞价上网模式,售电公司平均获得 0.1 元/kW·h 的差价,年利润达 1 亿元。

三是增值服务收入,根据国家发展改革委、国家能源局《有序放开配电网业务管理办法》(发改经体〔2016〕2120 号),配电网运营者可有偿为各类用户提供增值服务。项目公司在运营区域内拥有用户用电习惯大数据,将有助于开展电力规划服务咨询、智能化用能服务等创新性业务。

(2) 政府可行性补贴收入。可行性补贴收入主要是指在项目的运营期,项目的各项收入覆盖不了投资及运营成本,导致项目收益水平达不到预期收益,如新的工业园区或经济技术开发区的企业入驻率与规划差距较大,电力需求达不到预期水平,导致过网费等收入下降,根据 PPP 合作协议相关约定机制,政府对项目公司进行补贴。

四、增量配电网 PPP 前景分析

1. 项目运营的未来现金流回收稳定

如果 PPP 合作采用特许经营的方式,可以进行排他性约定,由于每个园区只有一个配电网运营商,在服务范围内不存在竞争,未来现金流回收的确定性较强。从收入模式看,配网过网费、售电购销差价是配网公司较为成熟的现金流收入,过网费具体费率一般通过投资收益率测算方式,由政府核定,以控制或满足投资的合理收益水平。购销差价是配售一体模式下，代购代销电量并获得差价利润，随着售电市场化程度的提高，购销差价将向一个正常的收益水平集聚。

2. 配电网项目存在创新性业务收入

园区配电网具有一定的垄断属性，用户侧对配电网公司具有很强的依赖性，配电网企业通过用户用能信息大数据，创新业务范围，寻找新的利润增长点，为用户提供有偿服务，包括代理电力竞价、用户用电规划、智能优化用电、合同能源管理、冷热电多能联供等增值服务。以代理电力竞价服务为例，电力竞价是一个复杂的竞价过程，如果每个企业都成立一个专门的电力竞价部门，人力成本较高。而配电网企业可以代理园区的工业用户参与电力竞价，利用自身专业优势协助用户获得更低的用电电价，同时与用户协商获得电价降幅分成。

3. 新建园区的电力需求存在不确定性风险

新建园区配电网与存量园区的用电需求稳定性差别较大，新建园区的用电需求都是通过规划和测算获得，何时能达到规划值有较大不确定性，尤其是在一些城市，不考虑实际情况，新建大规模的工业园区，招商不成功，企业驻园率低，从而使配电网投资方面临市场需求风险。

虽然增量配电网项目运营过程中存在电力需求不确定性风险，同时对资金需求量大，技术水平要求高，但项目总体收益良好，收入模式清晰，现金流稳定，是优质的PPP项目。在目前资产荒的背景下，增量配电网投资将成为各类社会资本投资的必争之地，尤其在105个试点项目示范带动下，PPP模式必将在增量配电网领域大有可为。

专栏　配电网小知识

配电网是电力系统中重要的环节，起到分配电能的作用。配电网主要由架空线路、电缆、杆塔、配电变压器、隔离开关等一系列设施组成，通过配电设施将电能就地或逐级分配给各类用户。按服务对象划分，一般可以分为城市配电网和农村配电网，按电压等级划分，一般可以分为高、中、低压配电网三种。

> 配电网是电力传输的"最后 10 公里"。从电压等级来看,配电网指的是 110kV 以下的电压等级,负载率较大的地区,220(330)kV 电网也有配电功能。我国将 35—110kV 称为高压配电网,6—10kV 称为中压配电网,220(380)V 称为低压配电网。习惯上把 10kV 中压配电网看作是配电网的主干,由于 10kV 供电半径约在 10 公里左右,因此常说配电网是电力传输的"最后 10 公里"。

(本文原载于《中国投资》2017 年 2 月刊)

田园综合体 PPP 探索

刘 云 章 雯

阅读提示

韶山平里村田园综合体项目以公共服务供给作为界定 PPP 交易结构的核心,厘清政府责任与市场机制的边界,对于整个项目而言,回报机制为可行性缺口补贴。整个项目分为基础设施及公共服务项目和旅游经营项目两大类。为了厘清政府与市场边界,将回报机制根据项目的经营性质又进行明确细分,基础设施及公共服务项目投资 3.1 亿元,无经营性收入,由政府承担付费义务,政府向项目公司 A 提供补贴;旅游经营项目投资 7.1 亿元,市场化程度较高,财务收益较好,由使用者承担付费义务,项目公司 B 向使用者收取门票、停车费等费用然后支付给项目公司 A。对于政府而言,只承担了 3.1 亿元的付费责任,撬动了 7.1 亿元的旅游经营项目投资。

2017 年 2 月 5 日发布的中央一号文件《中共中央、国务院关于深入推进农业供给侧结构性改革加快培育农业农村发展新动能的若干意见》明确了"田园综合体"作为乡村新型产业发展的亮点措施,支持有条件的乡村建设以农民合作社为主要载体,让农民充分参与和受益,集循环农业、创意农业、农事体验于一体的田园综合体,通过农业综合开发、农村综合改革转移支付等渠道开展试点示范。这是中央文件第一次提"田园综合体"这个概念。2017 年 5 月 31 日,原农业部办公厅印发《关于推动落实休闲农业和乡村旅游发展政策的通知》(农办加〔2017〕15 号),大力扶持休闲农业发展,积极创新财政投入使用方式,探索推广政府和社会资本合作,综合考虑运用先建后补、贴息、以奖代补、担保补贴、风险补偿金等,撬动金融和社会资本投向田园综合体建设。在政策支持的背景下,韶山市政府以 PPP 模式打造平里村田园综合体项目,项目于 2017 年 6 月开始谋划,于 2018 年 1 月完成签约并组建项目公司,目前项目正在有序地开工建设;为迎接毛主席"125 诞辰",项目一期力争在 2018 年 11 月开放试运营。

一、项目概况

韶山平里村以乡村田园为生态基底,以韶山红色文化为核心特色,融合韶乐①的文化元素,以休闲农业、农创文旅和乡村旅游为产业支撑,构建生产、生态、生活"三生共融"的可持续性发展新型田园社区,打造集红色文化体验、爱国主义教育、文化民俗体验、艺术农创体验、田园休闲度假为一体的"平里·美丽田园综合体"。

湖南韶山平里村田园综合体 PPP 项目投资约 10.2 亿元,该项目分为基础设施及公共服务项目和旅游经营项目。基础设施及公共服务配套项目投资约 3.1 亿元,主要包括景区内部主次道路及绿道、水系生态恢复、公共厕所、景区停车场、标识系统、建设供配电、给排水、消防、绿化、环保等配套设施;使用者付费的旅游经营项目投资约 7.1 亿元,主要包括田园观光区、山乡度假区、艺术体验区、乡村休闲区、旅游服务核等。

二、核心机制

该项目将政府承担的资源保护、环境整治、生态建设、文化传承、游客咨询服务、公共设施建设等旅游公共服务事项与相邻相近相关的景区、商铺、停车场、物业、广告等经营性资源进行统筹规划、融合发展、综合提升,进而优化旅游公益性服务和公共产品供给,促进旅游资源保护和合理利用,以推动韶山旅游业提质增效和转型升级。在该项目操作过程中,以公共服务供给作为界定 PPP 交易结构的核心,厘清政府责任与市场机制的边界,进行核心机制设置。

该项目采用 BOT 方式运作,合作期为 30 年,其中建设期 2 年,运营期 28 年。韶山市旅游发展委员会(以下简称"市旅发委")作为项目实施机构,通过公开招标的方式选择社会资本方(允许联合体投标),并由政府方出资代表韶山旅游发展集团有限公司(以下简称"韶旅集团")与中选社会资本方在韶山市内设立 A、B 两家项目公司。

项目公司 A 由政府方出资代表与社会资本方按照 1∶9 的比例出资设立,政府方授权项目公司 A 负责项目的投资、建设,基础设施和公共服务项目的运营维护,合作期内使用者付费覆盖 7.1 亿元的投资及回报。项目公司 A 的

---

① 韶乐,史称舜乐,是中国的一种传统宫廷音乐,起源于五千多年前,为上古舜帝之乐,是一种集诗、乐、舞为一体的综合古典艺术。

回报机制为使用者付费（即 7.1 亿元的投资回报，由项目公司 B 支付）＋可行性缺口补贴（即 3.1 亿元的投资回报，由财政部门按绩效考核结果支付）。项目公司 A 中政府方出资代表机构与社会资本方按照股权比例参与分红。

项目公司 B 由政府方出资代表机构与社会资本方按照 50%：50% 出资设立。政府方授权项目公司 B 负责旅游经营项目的运营、维护，拥有取得相应经营收益的权利，并向项目公司 A 支付设施使用费用。项目公司 B 的回报机制全部为使用者付费，由项目公司 B 向游客收取门票、停车费等。项目公司 B 中政府方出资代表机构与社会资本方按照股权比例进行分红。

合作期届满后，项目公司 A 将基础设施及公共服务项目无偿移交给韶山市政府或其指定机构；项目公司 B 将旅游项目无偿移交给韶旅集团。

三、实施特点

1. 积极引入民营企业参与

2017 年 9 月国务院办公厅印发《关于进一步激发民间有效投资活力 促进经济持续健康发展的指导意见》（国办发〔2017〕79 号），2017 年 11 月国家发展改革委发布《关于鼓励民间资本参与政府和社会资本合作（PPP）项目的指导意见》（发改投资〔2017〕2059 号），从国家政策层面积极鼓励民间资本参与 PPP 业务。

该项目实施中积极研究考虑引入民营企业参与，中标社会投资人为景域国际旅游运营集团和上海绿地建设（集团）有限责任公司，其中景域国际旅游运营集团为民营企业，期待能在该项目中充分发挥，体现其专业能力和应有活力。

2. 以运营为导向，设计、投资、建设、运营一体化

以项目未来运营为导向，要求社会资本形成设计、投资、建设、运营一体化的全局观念，合理规划、合理设计、统筹建设、统筹运营，让"专业人做专业事"，发挥社会资本的综合能力。项目引入的社会资本是由建设单位和运营单位组建的联合体。上海绿地是综合型施工企业，景域集团为大型的景区运营企业，二者与韶旅集团合资组建项目公司，负责项目的投资、建设、运营。另外，项目的设计工作也交由项目公司负责，且设计方为运营方的全资子公司，可以很好地将设计理念与未来的运营融合考虑。

3. 针对不同主体利益诉求，设置两个项目公司

该项目针对社会资本不同诉求设置了两个项目公司。项目公司 A 由上海绿地、景域集团与韶旅集团合资设立，股权比例分别为 10％∶89％∶1％。项目公司 B 由景域集团与韶旅集团合资设立，股权比例分别为 50％∶50％。鉴于 B 公司承担向 A 公司支付 7.1 亿元的建设服务费义务，设置 A 公司中景域集团（运营方）象征性入股，股比 1％，确保在 A 公司股东会和董事会中有一席之地，少量参与 A 公司的经营管理，有部分的话语权即可。鉴于上海绿地承担的运营服务内容仅为基础设施及公共服务项目，而由 B 公司承担旅游经营项目的运营工作，上海绿地可以不参与 B 公司的经营管理，所以上海绿地未参股 B 公司。

4. 厘清政府与市场边界，回报机制划分明确

对于整个项目而言，回报机制为可行性缺口补贴。整个项目分为基础设施及公共服务项目和旅游经营项目两大类。为了厘清政府与市场边界，将回报机制根据项目的经营性质又明确细分为基础设施及公共服务项目投资 3.1 亿元，无经营性收入，由政府承担付费义务，政府向项目公司 A 提供补贴；旅游经营项目投资 7.1 亿元，市场化程度较高，财务收益较好，由使用者承担付费义务，项目公司 B 向使用者收取门票、停车费等费用，然后支付给项目公司 A。对于政府而言，只承担了 3.1 亿元的付费责任，撬动了 7.1 亿元的旅游经营项目投资。

5. 厘清各主体法律责任，合同体系复杂

通常的 PPP 项目往往只设立一家项目公司，甚至没有设立项目公司，而该项目具有鲜明特点，即成立了两家项目公司，意味着项目在实施中又多了一家主体单位，可以厘清各主体法律责任，必须要有一套合同体系加以明确。该项目的 PPP 合同体系具体安排是：上海绿地、景域集团与市旅发委会签订投资合作合同，上海绿地、景域集团与韶旅集团签订项目公司 A 股东协议，景域集团与韶旅集团签订项目公司 B 股东协议，市旅发委与项目公司 A 签订 PPP 合同 A，市旅发委与项目公司 B 签订 PPP 合同 B，项目公司 A 与项目公司 B 签订资产运营协议。

四、几点思考

首先，B 公司的回报完全为使用者付费方式，政府没有提供任何的保底

收益，风险完全自担，要求 B 公司具有较强的抗风险能力，那么旅游经营项目收益能否覆盖 B 公司每年向 A 公司支付的建设服务费？未来非常值得关注。

其次，A 公司负责基础设施及公共服务项目的运营，B 公司负责旅游经营项目的运营，实际操作中，基础设施及公共服务项目是服务于旅游经营项目，而旅游经营项目运营的效益也要依托于基础设施及公共服务项目，分别由两家公司各自运营，能否做到协调和统一？能否保证项目良好的运营效率，能否发挥整个项目最大的经济效益？我们将持续跟踪该项目未来建设运营情况，及时评估调整。

（本文原载于《中国投资》2018 年 7 月刊）

附录1：

本书相关文章作者简介

（排名以文章出现先后为序，作者信息以文章发表时为准）

姓　名	作者单位	职务和其他
陈宏能	北京金准咨询有限责任公司	董事长，国家发展改革委PPP专家
肖　靓	北京金准咨询有限责任公司	副总经理，国家发展改革委PPP专家
郑敬波	北京金准咨询有限责任公司	常务副总经理，国家发展改革委PPP专家，财政部PPP专家
李　莉	北京金准咨询有限责任公司	咨询总监
韩婷婷	北京金准咨询有限责任公司	咨询经理
李飞贞	北京金准咨询有限责任公司	咨询经理
任宇航	北京基础设施投资有限公司	融资计划部总经理；国家发展改革委PPP专家，财政部PPP专家
李成勇	成都轨道交通集团有限公司	副部长
郝伟亚	北京市基础设施投资有限公司	总经理
苑宝华	乌鲁木齐市建设委员会	副主任
刘利民	乌鲁木齐市建设委员会	处长
潘　安	乌鲁木齐城市轨道集团有限公司	副总经理
牛　嘉	乌鲁木齐市财政局	副局长
朱飞跃	北京金准咨询有限责任公司	咨询总监，财政部PPP专家
韩松延	长白山管委会财政局	副局长
李　菲	北京金准咨询有限责任公司	副总经理，国家发展改革委PPP专家

续表

姓　名	作者单位	职务和其他
李小豹	北京金准咨询有限责任公司	咨询经理
杨云和	株洲市垃圾处置监督管理处	处长
邓　蓓	北京金准咨询有限责任公司	咨询总监
王　燕	北京金准咨询有限责任公司	咨询经理
童　玫	北京金准咨询有限责任公司	副总经理；国家发展改革委PPP专家，财政部PPP专家
杜　鹏	北京金准咨询有限责任公司	咨询总监
王盈盈	清华大学PPP中心	国家发展改革委PPP专家，财政部PPP专家
张　贤	北京金准咨询有限责任公司	咨询总监
李　颖	江苏沛县财政局	局长
张　勇	江苏沛县财政局	科长
胡齐丰	北京金准咨询有限责任公司	咨询总监
魏保平	镇江市给排水管理处财务科	科长
柏　云	北京金准咨询有限责任公司	咨询经理
庄国永	泉州市泉港石化工业区建设发展有限公司	党组副书记
林麟育	北京金准咨询有限责任公司	咨询总监；国家发展改革委PPP专家，财政部PPP专家
张晓图	吉林省磐石市发改局	局长
章　雯	北京金准咨询有限责任公司	咨询总监
刘大庆	中国国际工程咨询公司	副处长
徐　亮	北京金准咨询有限责任公司	顾问
朱亚洲	江苏省如东县财政局	局长
龚　维	北京金准咨询有限责任公司	咨询总监
李　刚	北京金准咨询有限责任公司	咨询经理
林　彦	福建省平潭综合实验区政府和社会资本项目合作（PPP）管理中心	PPP中心主任

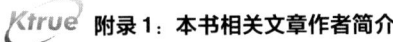

续表

姓 名	作者单位	职务和其他
匡思维	北京金准咨询有限责任公司	咨询经理
彭奕晖	北京金准咨询有限责任公司	咨询经理
王海涛	北京金准咨询有限责任公司	咨询总监
宋 炜	北京金准咨询有限责任公司	咨询总监
罗 智	北京金准咨询有限责任公司	咨询经理
刘 云	韶山旅游发展集团有限公司	董事长

附录 2:

北京金准咨询有限责任公司简介

一、基本情况

北京金准咨询有限责任公司创立于 2003 年。公司秉承"诚信是金，科学唯准"的行为准则，坚持投融资咨询、技术咨询和管理咨询紧密结合，为客户提供高水平咨询服务。

公司主营业务是基础设施和公共服务 PPP 咨询，在市政工程、水利工程、轨道交通、能源电力、环境基础设施、科教文卫等方面为客户提供全过程 PPP 咨询服务。公司自 2006 年开始即从事 BOT、TOT 等 PPP 咨询业务，至今已 10 年有余，为数百个项目提供了服务，是国内目前 PPP 咨询服务主力机构之一。公司与清华大学 PPP 研究中心等高校科研机构建立战略合作伙伴关系，更为公司始终保持高品质服务、不断创新进取奠定了前沿理论研究保障。

公司另一重点业务是能源电力领域的项目投融资咨询、工程技术咨询和"一带一路"国际项目咨询，为众多中央企业和大型能源电力项目提供了项目收并购、市场研究和投资决策、投融资策划和财务分析、项目后评价、专题技术咨询、行业技术标准编制等相关咨询服务。

目前公司员工约 200 人，高管和骨干团队多人毕业于清华大学等国内知名大学，70％以上咨询人员拥有硕士及以上学历。公司目前拥有国家发展改革委 PPP 专家、财政部 PPP 专家以及国家能源局等国家部委级专家多名。公司在长沙、成都、南京、广州、乌鲁木齐、南宁、上海、厦门、长春、贵阳、昆明、武汉、沈阳设有十多个分公司，形成范围广阔、响应快速的服务网络。

公司建立了 1000 人以上规模的专家库，专业面覆盖水电水利工程、火电和电网工程、市政公用工程、环境工程、轨道交通、投融资、经济财务、并购重组、项目管理、法律和政策等领域；公司与国内众多政府部门、投资公司、投资银行和金融机构、设计院、高校和科研院所等单位保持密切联系。公司有能力根据项目工作需要或客户要求，在全国范围内选聘组建高水平专家组参与相关工作，实现各方经验和资源的共享。

二、重大项目

公司近年承担了一系列大型、复杂和有影响力的项目，咨询质量和服务水平得到各方客户肯定，树立了金准咨询在大型基础设施投融资和PPP咨询方面提供专业服务的良好品牌和口碑，众多项目成为国家部委或行业推广的PPP标杆示范性案例，在业内形成较好影响。

在轨道交通领域，公司完成了北京地铁4号线PPP项目实施效果评价专题咨询，完成了北京地铁14号线（总投资约530亿元）、16号线（总投资约470亿元）、乌鲁木齐市地铁2号线（总投资约160亿元）、成都地铁18号线（347亿元）、成都有轨电车IT大道等项目的PPP咨询。由金准咨询首次提出并自主研发的"轨道交通PPP项目车公里补贴模式"已在乌鲁木齐轨道交通2号线、成都地铁18号线、北京首都新机场线等十余项轨道交通项目中得到应用，相关的理念和方法得到业界认可。

在城市建设和公共服务领域，公司近年在全国各地为约500个以上的城市水环境治理、污水和垃圾处理、城市道路、智慧城市、城市供水、供热、管道燃气、海绵城市、管廊、园区建设等项目提供了PPP咨询服务。公司完成的湖南杨家溪污水处理PPP项目、江苏镇江海绵城市PPP项目、江苏如东医养PPP项目等成为国家部委推广示范的标杆示范性案例。

在水利水电领域，金准咨询承担云南滇中引水工程（总投资约1000亿元）引入社会资本可行性方案和政策支持研究、新疆大石峡水利枢纽工程（总投资80亿元，最大坝高247米）PPP实施、江西省寻乌县太湖水库工程PPP项目实施等。承担了乌江白马航电枢纽工程、金沙江银江水电站工程政府和社会资本投融资合作和项目管理方案研究（两项目皆为国务院批复流域规划的重大工程）。担任中国银行深圳分行财务顾问和技术顾问，为湖北华清电力公司股权重组和债务重组提供了全方位咨询服务（涉及总债权规模约50亿元），相关经验可为引入PPP模式处理城市基础设施建设存量资产和债务方面提供借鉴。

在能源电力领域，金准咨询为各类电力客户提供了技术咨询、投资决策咨询和项目收并购咨询等服务，涉及水力发电、煤电、燃气发电和新能源等领域。为国家电网公司多个大型抽水蓄能电站提供了后评价咨询服务和现场专业技术咨询服务。

在国际业务领域，金准咨询配合电力央企"走出去"战略和国家"一带一路"倡议，已为数十项国际电力项目提供了风险和市场分析、投融资和财务论证、国际项目PPP咨询等服务。公司以联合体方式成为亚洲基础设施投资银行（AIIB）的服务供应商。

三、研究和研发成绩

在PPP政策研究方面，公司为国家发展改革委《政府和社会资本合作项目通用合同指南（2014年版）》承担了总体策划、初稿编制等大部分关键工作，该《指南》已成为国内PPP项目合同编制的重要依据和参考；完成《北京市市政公用事业特许经营实施研究》，为北京市规范特许经营项目实施提供了政策参考；完成"城市轨道交通行业引入社会资本的理论、方法与实证研究"等系列PPP课题研究。国家发展改革委、财政部和原国务院法制办等单位多次专函征询金准咨询公司对PPP相关政策的意见和建议，公司予以积极回复。

在PPP技术研发方面，公司首次提出并自主研发完成"轨道交通PPP项目车公里计价补贴模式""PPP项目影子价格物价风险通用调价方法"等成果，已在若干轨道交通PPP项目推广应用。公司开发了"金准投资分析系统KtrueIRRV2.0"计算机应用系统，为PPP项目实施提供高效、高质、快捷的财务分析工具。公司启动的"PPP项目监管技术标准研究"系列专题，部分研究成果已开始在PPP项目中得到应用。

我们相信，依托金准咨询有限责任公司在PPP领域和重大基础设施投融资咨询、技术咨询方面长期积累的实战经验，以及多年积累的大量数据资源、专家资源、技术资源和投资人市场资源等，我们有能力、有信心为相关省区、城市和行业基础设施和公共服务PPP发展贡献力量。

附录2：北京金准咨询有限责任公司简介

联系方式：

童　　玫　18611163407，tongmei@ktrue.com

郑　敬　波　15907331368，zhengjb@ktrue.com

通讯地址：北京市海淀区西直门北大街32号枫蓝国际中心A座1704室，
　　　　　邮政编码：100082

总机电话：010-63025466

公司邮箱：ktrue@ktrue.com

网址和微信公众号：www.ktrue.com